高职高专电子商务类专业系列教材——电子商务系列

商务数据分析基础

主　编　焦世奇　袁　亮

参　编　殷志扬　周　科　沈　捷　朱　莹

李　定　顾慧聆　韩　磊

電子工業出版社

Publishing House of Electronics Industry

北京 · BEIJING

内 容 简 介

Excel 被广泛地应用于电子商务、文秘办公、财务管理、市场营销、行政管理和协同办公等事务中，基于这个现状，本书采集企业实际应用案例与数据，根据不同的应用目标，生成 40 个应用任务。所有任务围绕数据输入、公式函数应用、数据查询、应用统计、绘图、办公自动化等功能而设计，知识系统全面、实例丰富、演示直观。确保读者学起来轻松，做起来有趣，在项目实践中不断提高自身水平，成为 Excel 的应用高手。

全书共分 8 个任务，40 个子任务，每次学习目标都是通过完成任务的方式来实现的，在学习过程中，配有对应的示例数据，并建有在线开放课程，读者可以花一本书的价钱获得两种学习方法，寓教于乐、物超所值！

本书可供广大使用 Excel 的办公从业人员，如文秘、行政、财务、人事、营销、技术人员，作为提高办公技能的参考用书，还可供培训班用作 Excel 培训教材。

图书在版编目（CIP）数据

商务数据分析基础 / 焦世奇，袁亮主编 . —北京：电子工业出版社，2020.6
ISBN 978-7-121-39033-3

Ⅰ . ①商… Ⅱ . ①焦… ②袁… Ⅲ . ①商业统计—统计数据—统计分析—高等学校—教材
Ⅳ . ① F712.3

中国版本图书馆 CIP 数据核字（2020）第 087510 号

责任编辑：贺志洪
印　　刷：三河市鑫金马印装有限公司
装　　订：三河市鑫金马印装有限公司
出版发行：电子工业出版社
　　　　　北京市海淀区万寿路 173 信箱　邮编 100036
开　　本：787 × 1092　1/16　印张：12.25　字数：313.6 千字
版　　次：2020 年 6 月第 1 版
印　　次：2021 年 7 月第 3 次印刷
定　　价：36.00 元

凡所购买电子工业出版社图书有缺损问题，请向购买书店调换。若书店售缺，请与本社发行部联系，联系及邮购电话：（010）88254888，85258888。

质量投诉请发邮件至 zlts@phei.com.cn，盗版侵权举报请发邮件至 dbqq@phei.com.cn。

本书咨询联系方式：（010）88254609 或 hzh@phei.com.cn。

前 言

在“大数据”的背景下，我们经常能听到“数据分析”这个词，那么，究竟什么是数据分析呢？通俗地讲，数据分析就是数据加分析，即对收集来的大量第一手资料和第二手资料进行技术分析，以求最大化地开发数据资料的功能，发挥数据的作用。

在这个网络发达的时代，要想企业能更好地发展，就必须通过各种渠道，收集行业相关数据，整体把握行业现状，并且对企业自身的各种数据进行科学和严谨的分析，通过分析结果的可靠性，制订切实可行的运营计划。因此，未来企业争夺的“能源”就是数据，由此可见数据分析在企业经营管理中的重要性。

正因如此，做好数据分析是每个从事数据分析工作的人必须认真对待的事情。尤其对于初涉数据分析行业的新人而言，更应该为此打下坚实的基础。

为了帮助更多的人了解商业数据分析，并掌握最常用的数据分析工具——Excel，我们编写了本书，非常感谢您选择《商务数据分析基础》这本书。

本书从江苏笛莎公主文化创意产业有限公司、扬州马德兰木业有限公司、扬州市百分百电子商务创意产业园的运营管理实践出发，介绍了在不同商务领域收集、分析数据的方法，尤其是在数据分析、绘图等方面，将商务领域实际的应用案例任务引入本书，以电子商务平台大数据为背景，以商务经济管理活动中的问题为对象，综合运用统计学、应用数学、管理科学（运筹学）、计算机软件应用和编程、数据挖掘、机器学习等学科知识，对商务经济管理活动中的数据进行处理，以实现数量化认知、预测分析和优化决策的目的。

本书配套数据和作业，可以从华信教育资源网（www.hxedu.com.cn）中下载。读者既可以在网站上观看课程教学视频，也可以参与互动教学。

本书由焦世奇和袁亮主编，具体分工如下：

本书子任务 1 至子任务 4 由常州工程职业技术学院周科编写，子任务 5 至子任务 8 由苏州农业职业技术学院殷志扬编写，子任务 9 至子任务 12 由九江职业技术学院沈捷编写，子任务 13 至子任务 40 由扬州工业职业技术学院焦世奇、袁亮编写，扬州市职业大学朱莹负责操作验证；江苏笛莎公主文化创意产业有限公司李定、扬州马德兰木业有限公司顾慧聆、扬州市百分百电子商务创意产业园韩磊为本书提供了数据和应用场景。扬州工业职业技术学院张宏彬教授详细认真审阅了本书的初稿，并提出了许多宝贵的意见。在此，对所有帮助过我们的同志一并表示衷心的感谢！

限于编者水平，本书在内容取舍、编写方面难免存在不妥之处，恳请读者批评指正。

编者

2020 年 4 月

目 录

任务 1　商务数据的收集与转换　/ 001

子任务 1　设计调查问卷收集数据　/ 002

子任务 2　设计电子调查问卷　/ 007

子任务 3　从电商平台后台导入数据　/ 011

子任务 4　手动输入商品信息　/ 017

任务 2　商务数据的清洗与编辑　/ 021

子任务 5　商务数据清洗　/ 022

子任务 6　浏览商务数据内容　/ 025

子任务 7　通过名称分析数据　/ 032

子任务 8　商务数据修饰　/ 035

任务 3　商务数据的计算与核查　/ 045

子任务 9　计算网店指标数据　/ 046

子任务 10　计算网店销售数据　/ 050

子任务 11　仓库存货盘点与核对　/ 053

子任务 12　计算跨境电商销售数据　/ 059

任务 4　商务数据的查询与筛选　/ 063

子任务 13　查找并更新商品数据库　/ 064

子任务 14　设计库存查询工具　/ 068

子任务 15　筛选销售数据　/ 072

子任务 16 计算条件筛选销售数据 / 077

任务 5 商务数据的汇总与统计 / 081

子任务 17 调整销售数据顺序 / 082
子任务 18 一维汇总销售数据 / 087
子任务 19 二维汇总销售数据 / 094
子任务 20 切片统计销售数据 / 101

任务 6 商务数据的图表分析 / 107

子任务 21 通过迷你图概览销售数据 / 108
子任务 22 通过柱形图对比月份销量 / 111
子任务 23 通过饼图分析店铺销售占比情况 / 117
子任务 24 通过折线图查看销量的增减变化 / 120
子任务 25 通过面积图对比商品的市场占有率 / 126
子任务 26 制作产品销售动态折线图 / 128
子任务 27 通过饼环图查看细分市场 / 133
子任务 28 制作工程进度甘特图 / 136

任务 7 营销数据分析与应用 / 141

子任务 29 分析人口结构对销售量的影响 / 142
子任务 30 分析广告对销售额的影响 / 145
子任务 31 根据销售额细分市场 / 149
子任务 32 多因素细分市场 / 152
子任务 33 根据市场调查图细分市场 / 158
子任务 34 市场销量预测 / 161

任务 8 生产管理数据分析与应用 / 167

子任务 35 产品质量分析 / 168
子任务 36 企业投资决策分析 / 171
子任务 37 企业销售利润最大化分析 / 173
子任务 38 企业投资风险最小化分析 / 175
子任务 39 规划求解生产问题 / 178
子任务 40 规划求解运输问题 / 181

参考文献 / 187

任务1

商务数据的收集与转换

任务说明

商务数据广泛存在于经济活动之中，进行商务数据分析之前，必须从经济活动中获取数据。

采集商务数据的方法有很多，比如通过问卷调查、网络爬虫、记录经济活动、直接购买商品数据等。获得商务数据之后，不能直接分析，必须将数据进行整理、清洗，便于后期处理。数据整理最常用的软件是微软公司的 Excel 软件，通过这个软件，可以实现商务数据分析的大部分任务。

本次任务需要设计调查问卷收集数据，并将数据整理后输入到 Excel 工作簿中，形成一个完整的数据文件。

子任务1 设计调查问卷收集数据

对产品的市场情况进行市场调查，是一项策划前期准备工作的重要组成部分，只有以深入彻底的市场调查为前提，营销策划和市场操作才有章可循，也只有这样才有可能获得成功。

在问卷调查中，设计问卷是非常重要的一个环节，甚至决定着市场调查的成功与否。本次任务要学习调查问卷的设计步骤，以及使用Excel工作表收集问卷调查的结果。

调查问卷又称调查表或询问表，是以书面问题的形式向调查对象收集信息的一种形式。问卷可以是表格式、卡片式或簿记式的。设计问卷，是询问调查的关键。完美的问卷必须具备两个功能，即能将问题传达给被问的人和使被问者乐于回答。要完成这两个功能，问卷设计时应当遵循一定的原则和程序，运用一定的技巧。

设计调查问卷的原则有：

原则一：题目由易到难。这样被调查的对象会觉得回答起来很轻松，当然题目不可以涉及个人隐私。

原则二：题目数量不要过多。控制题量，这样被调查者回答时不会感觉太累，乐于接受调查。被调查者在五分钟左右要求回答完毕，否则问卷答案会不准确、不完备。

原则三：题目描述要准确。这样更方便被调查者阅读与理解，准确回答。

原则四：题目的答案要尽量是有层次的、可量化的。有层次的答案更好统计，而量化的答案更方便调查者回答。

根据上述原则，可以着手设计一个调查问卷。例如，为眼镜公司设计一个关于眼镜的调查问卷，调查对象是在校大学生。

关于眼镜的调查问卷

亲爱的大学生朋友：

您好，为了更好地为大学生近视情况做出了解，我们正在进行一项有关大学生近视情况的调查，请您准确回答，您的资料我们会为您保密，请您放心填写。希望得到您的合作。谢谢！

Q1：单选题　您的性别

A. 男

B. 女

Q2：单选题　您戴眼镜多久了？

A. 一年

B. 两年

C. 三年

D. 四年

E. 四年以上

Q3：单选题　您的月生活费

A. 800 元以下
B. 800–1500 元
C. 1500–2200 元
D. 2200 元以上

Q4：多选题　你获取眼镜信息的渠道是
A. 互联网（不包括手机端）
B. 手机 APP 广告
C. 广播电视
D. 宣传单页
E. 家人朋友
F. 其他

Q5：单选题　您一般在哪里购买眼镜？
A. 眼镜店
B. 超市商场
C. 网上商店
D. 其他

Q6：单选题　您愿意购买什么价格的眼镜？
A. 300 元以下
B. 300–800 元
C. 800–1300 元
D. 1300 元以上

Q7：单选题　您一般多长时间更换眼镜？
A. 半年
B. 半年到一年
C. 一年到两年
D. 两年以上
E. 无固定时间

Q8：多选题　您换眼镜的原因是
A. 眼镜损坏
B. 度数上升
C. 看到自己喜欢的产品
D. 店铺促销
E. 其他

Q9：单选题　您比较喜欢哪种材质的镜片？
A. 玻璃
B. 树脂
C. PC 镜片
D. 其他

感谢您抽空接受我们的问卷调查！祝您学业有成！

收集有效调查问卷后，将数据输入到 Excel 中。工作簿文件是用户进行 Excel 操作的主要对象和载体。用户使用 Excel 创建数据表格、在表格中进行编辑及操作完成后进行保存等一系列操作的过程，大都是在工作簿这个对象上完成的。默认打开一个 Excel 程序窗口，里面有一个工作簿[①]。

启动 Excel 软件后，系统将自动创建一个工作簿，名称为“工作簿 1.xlsx”。

步骤 1：创建空白工作簿。创建空白工作簿有四种方法。

第一种方法：双击桌面上的“Microsoft Office Excel”快捷方式图标，这也是启动 Excel 软件最常用的一种方法。

第二种方法：单击【开始菜单—所有程序—Microsoft Office—Microsoft Office Excel】。

第三种方法：在桌面上右击【新建—Microsoft Excel 工作表】，如图 1.1 所示，这样可以在桌面上新建一个 Excel 工作簿。

图 1.1 新建 Microsoft Excel 工作表

双击此工作簿可以启动 Excel 软件；与此类似的方法是，双击现成的 Excel 工作簿，都可以启动软件，并编辑此工作表；这是编辑工作簿最常用的方法，对有数据的工作簿进行编辑修改，也采用这种方法。

第四种方法：单击【开始—运行】，在浏览窗口中找到 Excel 程序文件所在位置，一般存放路径是“C:\Program Files\Microsoft Office\OFFICE14\Excel.exe”，然后，单击【确定】按钮，系统会运行 Excel 程序，与第一种方法殊途同归。

创建了工作簿的同时，也创建了工作表，因为工作表只能存在于工作簿中。早期 Excel 软件一个工作簿默认包含三张工作表，名称是：Sheet1、Sheet2 和 Sheet3。Excel2016 版本软件一个工作簿默认包含一张工作表。

注意

1. 新建工作簿在进行保存时，会弹出“另存为”对话框。

2. 如果正在编辑的文件没有保存，在关闭或退出软件时，软件会提醒保存。

3. 单击【文件—关闭】选项，仅对正在编辑的文档而言，是结束正在编辑的文档，但是 Excel 软件仍处于运行状态。

① Excel2010（及以后Excel版本）程序窗口可以没有工作簿，通过新建工作簿可以创建。

提高

从 Microsoft Office 2007 开始，引入了 Open XML 格式，文件的扩展名默认加上“X”后缀，这类文件不能包含 VBA 宏和 ActiveX 控件，安全风险大大降低。扩展名中带“M”后缀的文件，可以包含 VBA 宏与 ActiveX 控件。

步骤 2：将光标移至窗口左下角工作表标签“Sheet1”上右击，在弹出的快捷菜单中选择“重命名”命令（或者双击直接重命名），将其重命名为“调查问卷数据”，按回车键确认完成，如图 1.2 所示。

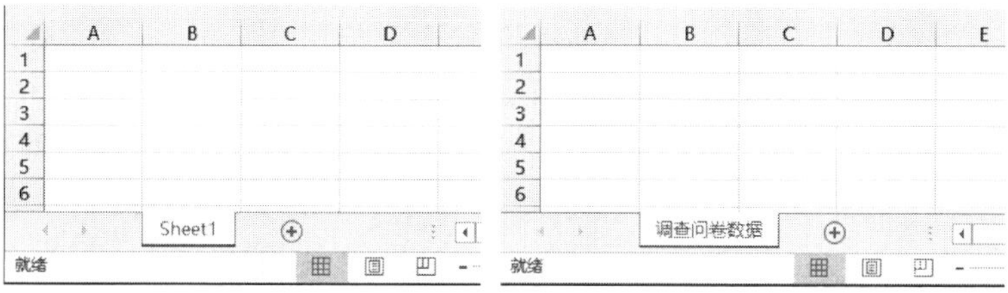

图 1.2　更改工作表名

技巧

1. 在工作表标签区域右击鼠标，在弹出的快捷菜单中选择【工作表标签颜色】命令，可以更改工作表标签颜色，如图 1.3 所示。

2. 在工作表标签区域右击鼠标，在弹出的快捷菜单中选择【隐藏】命令，可以将整张工作表隐藏；鼠标右击非隐藏工作表标签，在弹出的快捷菜单中选择【取消隐藏】命令，在弹出的对话框中再选择取消隐藏的工作表，则可以显示被隐藏的工作表。

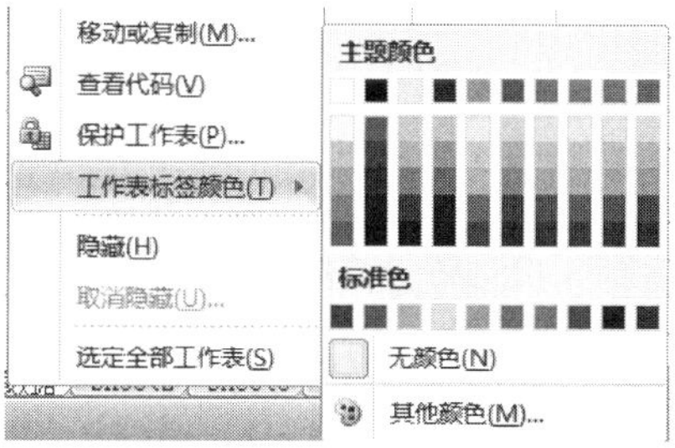

图 1.3　更改工作表标签颜色

步骤 3：将调查问卷汇总信息输入工作表中。在 B1 和 C1 中分别输入“男”和“女”；在 A2 中输入“性别”；并在 B2 和 C2 中输入汇总数据，如图 1.4 所示。

图 1.4　输入性别数据

剩余的问卷调查的内容，可以在同一个工作表中输入，也可以在不同的工作表中输入。

基础

1. 在输入内容的过程中，如果需要修改单元格内容，可以选择该单元格，再按F2键，进入内容编辑状态，进行内容的编辑；也可以双击该单元格进行编辑。

2. 如果选中某个单元格直接输入数据（不是内容编辑状态），则新内容会替换原单元格内容。

3. Excel 中，工作簿即使保存后，仍可以使用“撤销”功能，恢复工作表到上一编辑状态。

步骤 4：输入调查问卷中眼镜佩戴时间信息。

在 B4 中输入“一年”；在 C4 中输入“二年”；在 D4 中输入“三年”；在 E4 中输入“四年”；在 F4 中输入“四年以上”；在 A5 中输入“戴眼镜时间”，如图 1.5 所示。

	A	B	C	D	E	F
1		男	女			
2	性别	349	462			
3						
4		一年	二年	三年	四年	四年以上
5	戴眼镜时间	33	86	148	256	288
6						

图 1.5　问卷调查的佩戴眼镜时间数据

步骤 5：其他的问卷调查数据输入，依照步骤 3 和步骤 4，完成整个数据的录入，如图 1.6 所示。

	A	B	C	D	E	F	G
1		男	女				
2	性别	349	462				
3							
4		一年	二年	三年	四年	四年以上	
5	戴眼镜时间	33	86	148	256	288	
6							
7		800以下	800-1500元	1500-2200元	2200元以上		
8	月生活费	392	264	122	33		
9							
10		互联网	手机APP广告	广播电视	宣传单页	家人朋友	其他
11	眼镜信息的来源	562	384	156	87	82	165
12							
13		眼镜店	超市商场	网上商店	其他		
14	在哪里买眼镜	122	46	607	36		
15							
16		300以下	300-800元	800-1300元	1300元以上		
17	购买眼镜价格	213	462	104	32		
18							
19		半年	半年到一年	一年到两年	两年以上	无固定时间	
20	多长时间换眼镜	31	89	125	204	362	
21							
22		眼镜损坏	度数上升	看到自己喜欢的	店铺促销	其他	
23	更换眼镜的原因	152	204	336	216	34	
24							
25		玻璃	树脂	PC镜片	其他		
26	喜欢哪种材质的镜	35	259	508	9		

图 1.6　全部问卷数据

步骤 6：保存工作簿。

方法一：单击快速访问工具栏中的【保存】按钮。

方法二：单击菜单【文件—保存】，在弹出的对话框中输入文件名。

在“另存为”对话框中，单击【工具—常规选项】，如图 1.7 所示，可以对文件设置“打开权限密码”和“修改权限密码”，如图 1.8 所示；设置完后，再次打开文件时，工作簿会提示输入密码，否则不能打开。

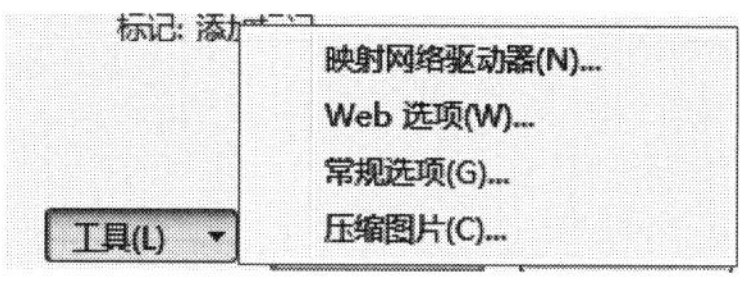

图 1.7　选择常规选项

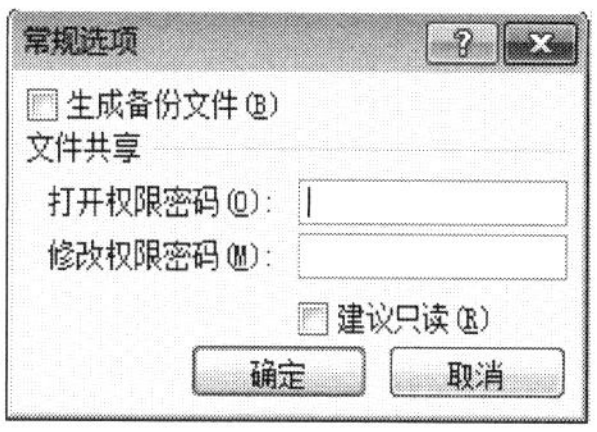

图 1.8　设置文件密码

子任务2　设计电子调查问卷

在子任务 1 中，调查问卷的印刷、发放、收集、统计都是人工完成的，没有发挥信息技术应有的作用。本次任务主要利用 Excel 软件，设计调查问卷，并通过电子邮件、网络等信息技术手段发放问卷，通过 Excel 软件来收集所有问卷调查的结果。

步骤 1：更改工作表显示效果，取消工作表中的网格线。

新建一个工作簿，在 Excel 窗口中，单击【视图—（显示）】，取消勾选

。

注意

1. 虽然网络线没有显示，但是工作表中的单元格仍然存在。
2. 工作表的操作，与是否显示网格线没有关系。

步骤 2：调出“开发工具”选项卡。

单击【文件—选项】，弹出“Excel 选项”对话框，单击左边栏的“自定义功能区”，勾选右侧栏中“主选项卡”中的“开发工具”，如图 2.1 所示。

勾选“开发工具”后，单击【确定】按钮，完成操作，这时，在功能区中会增加一个选项卡“开发工具”。

步骤 3：选中 A1：G1 区域，单击【开始—（对齐方式）—合并后居中】，在该区域中输入“关于眼镜的问卷调查”。

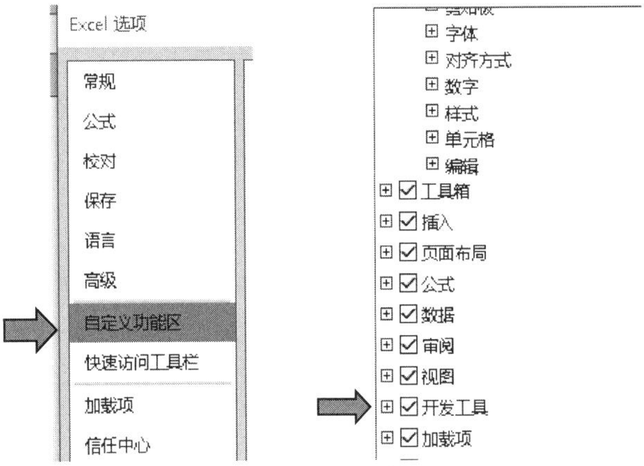

图 2.1　增加工发工具

步骤 4：选中 A2：G2 区域，单击【开始—（对齐方式）—合并后居中】，在该区域中输入“亲爱的大学生朋友：”，按 Alt+Enter 组合键，在单元格内换行，继续输入以下内容“您好，为了更好地为大学生近视情况做出了解，我们正在进行一项有关大学生近视情况的调查，请您准确回答，您的资料我们会为您保密，请您放心填写。希望得到您的合作。谢谢！”。

单击 A2 单元格，再单击【左对齐】按钮，将鼠标移至行号 2 与 3 之间，双击鼠标，调整行高，最终效果如图 2.2 所示。

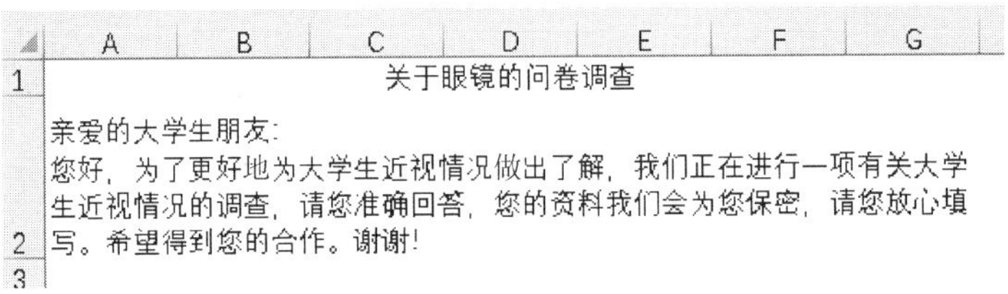

图 2.2　设置问卷开始部分

技巧

1. 将鼠标移至行号（即 1，2，3）之间，或列号（A、B、C）之间的位置时，鼠标形状会变成上下方向（左右方向）的双向箭头，可以拖动鼠标改变行高（列宽），也可以双击鼠标，得到最合适的行高（列宽）。

2. 可以单击【开始—（单元格）—格式】，在下拉菜单中，选择“行高”或“列宽”，然后输入相应数值，设置行高或列宽。

步骤 5：单击【开发工具—（控件）—插入—（表单控件）—分组框】，鼠标变成细十字形，在 A4：B8 区域拖动鼠标，产生一个分组框，分组框的名称是“分组框 1”，如图 2.3 所示。

在分组框上单击鼠标，选中分组框，再次单击分组框名，修改分组框名为“您的性别”，如图 2.4 所示。

步骤 6：单击【开发工具—（控件）—插入—（表单控件）—选项按钮】，鼠标变成细十字形，在“您的性别”分组框中，拖动鼠标，生成一个按钮，如图 2.5 所示；选中按钮，再修改按钮名称为“男”。

用同样的方法，增加一个按钮，并修改名称为“女”，如图 2.6 所示。

图 2.3　分组框

图 2.4　性别分组框

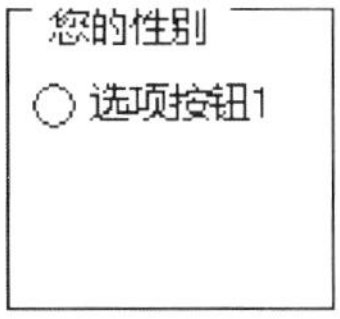

图 2.5　增加按钮

图 2.6　性别选项

步骤 7：将按钮结果链接到某个单元格。

在选项按钮“男”上右击鼠标，在弹出的快捷菜单中选择“设置控件格式”，如图 2.7 所示。

在弹出的“设置控件格式”对话框中，选择“控制”选项卡，值选择“未选择①”，如图 2.8 所示;单击“单元格链接”框右侧的按钮，直接单击 Sheet2 工作表的 A2 单元格，如图 2.9 所示。

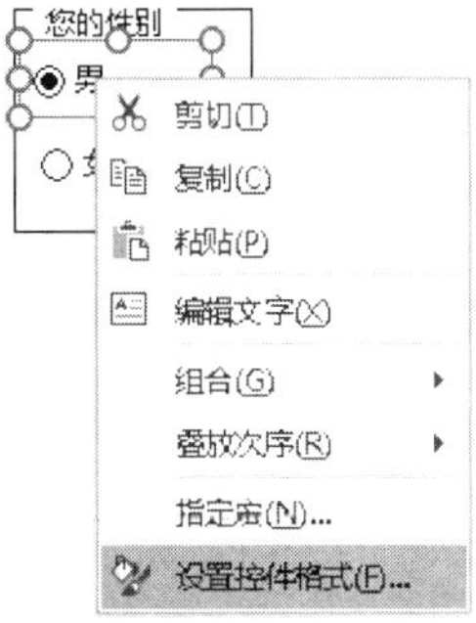

图 2.7　设置控件格式

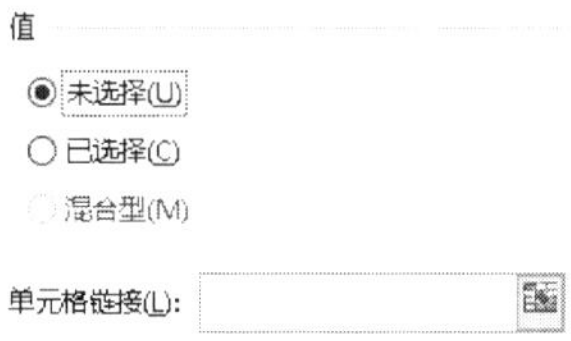

图 2.8　设置值及单元格链接

图 2.9　链接单元格

返回“设置对象格式”对话框②，单击【确定】按钮。

提高

1. 在性别分组框中，两个选项按钮只能选择一个，即“男”或“女”，如果选择“男”，则在 Sheet2 的 A2 单元格中，自动生成数值 1；如果选择“女”，则自动生成数值 2。

2. 如果重复产生某个控件，可以先选中，再按 Ctrl 键，拖动鼠标，就可以实现了。

① 不可以有默认值，以防问卷调查的结果有偏差。

② 此时，返回对话框的名称应与跳转前一样，应是“设置控件格式”对话框，但实际操作时，返回对话框的名称是“设置对象格式”，但内容是一样的。

调查问卷中的第 2 个问题“您戴眼镜多久了？”、第 3 个问题“您的月生活费”，都可以通过步骤 5 至步骤 7 实现，分别链接至 Sheet2 的 B2、C2，如图 2.10 所示。

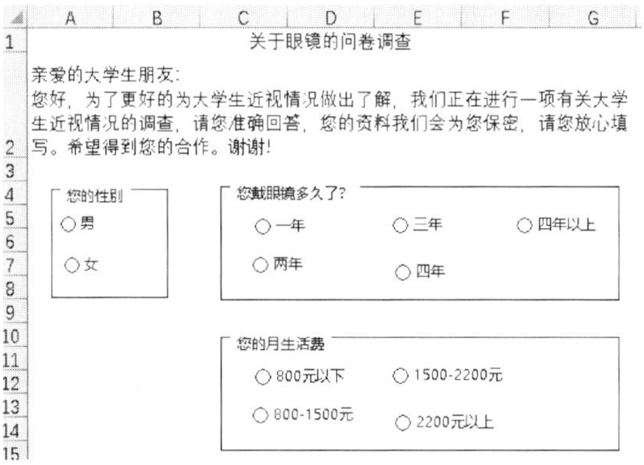

图 2.10　问卷调查的前三题

步骤 8：设置多选题。

单击【开发工具—（控件）—插入—（表单控件）—分组框 】，鼠标变成细十字形，在 A17：G22 区域拖动鼠标，产生一个分组框，修改分组框名称为“您获取眼镜信息的渠道”，如图 2.11 所示。

图 2.11　设置获取信息分组框

单击【开发工具—（控件）—插入—（表单控件）—复选框 】，鼠标变成细十字形，在“您获取眼镜信息的渠道”分组框中，拖动鼠标，产生一个复选框，如图 2.12 所示。

在产生的复选框上右击鼠标，在弹出的快捷菜单中选择“编辑文字”命令修改复选框名称为“互联网（不包括手机端）”，如图 2.13 所示。

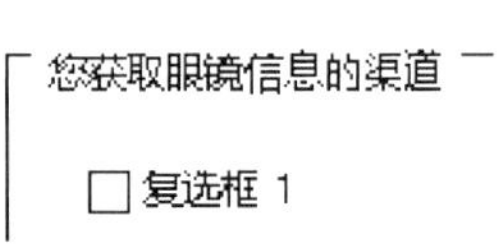

图 2.12　产生复选框

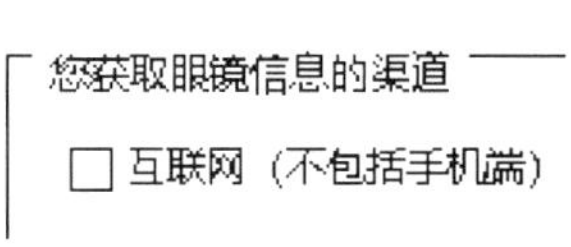

图 2.13　产生第一个选项

用同样的方法，产生剩余 5 个选项，如图 2.14 所示。

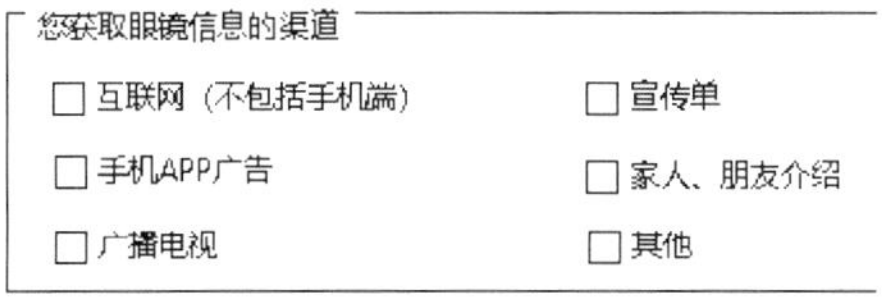

图 2.14　获取信息渠道复选项

步骤 9：将复选框链接至单元格。

右击第一个复选框“互联网（不包括手机端）”，在弹出的快捷菜单中选择“设置控件格式”命令，弹出“设置控件格式”对话框。在“控制”选项卡中，“值”选择“未选择”，在“单元格链接”框中选择 Sheet2 工作表的 D2 单元格，如图 2.15 所示。

图 2.15　设置链接单元格

用同样的方法，设置其他选项，链接单元格分别为 Sheet2 工作表的 E2、F2、G2、H2、I2；若复选框被选中，则链接单元格内容为 TRUE，否则为 FALSE。

步骤 10：完成剩下的调查问卷题目。链接的单元格为 Sheet2 工作表，从 J2 开始，依次往右。

步骤 11：调查问卷设计完成后可以发放给调查对象填写，发放的途径有电子邮件、QQ、微信、微博、网站等。回收调查问卷后，在 Sheet2 中，就有调查的结果数据，如图 2.16 所示。

这些数据还要经过下列操作，才能完善。

1. 增加标题，否则无法阅读。
2. 数据清洗，去除一些非法数据、无效数据、空白数据。
3. 替换相关信息，如 D 列的 TRUE，表示获取信息的渠道是“互联网（不包括手机端）”。
4. 汇总问卷调查数据。

	A	B	C	D	E	F	G
1							
2	1	2	4	TRUE	TRUE	TRUE	TRUE
3							

图 2.16　问卷调查结果数据（部分）

步骤 12：汇总数据。只需将 Sheet2 中的数据，复制并粘贴到一个工作表中即可。

子任务3　从电商平台后台导入数据

电子商务平台都会监测、记录本平台的运营数据。平台一方面记录消费者的数据，比如：消费者性别、年龄、购买商品的种类、金额、频率等；另一方面记录入驻商家的信息，如：商家经营范围、销售商品的类目、数量、价格、销售额等。每年的“双 11”“双 12”，平台更是将这些数据实时公布，用数据吸引眼球。

以淘宝网的 C2C 用户为例，登录平台的后台，导出本店铺的后台运营数据，如图 3.1 所示。

	A	B	C	D	E	F	G	H	I	J	K
1	订单编号	买家会员名	买家支付宝账号	支付单号	支付详情	买家应付货款	买家应付邮费	买家支付积分	总金额	返点积分	买家实际支付金额
2	18309155	兜兜娄	1.6E+10	20180625	支付宝: 5	56	0	0	56	0	56
3	16648187	长腿儿小	1.9E+10	20180624	支付宝: 2	26	0	0	26	0	26
4	16625061	最初你的	49418707	20180623	支付宝: 1	112	0	0	112	0	112
5	18232535	ysx52530	ysx52530	20180623	支付宝: 1	112	0	0	112	0	112
6	18201371	我乃阉人	34471946	20180623	支付宝: 1	118	0	0	118	0	118
7	17468125	lorna053	lorna053	20180621	支付宝: 5	59	0	0	59	0	59
8	18153651	75199212	1.5E+10	20180621	支付宝: 1	118	0	0	118	0	118

图 3.1　淘宝网后台导出数据（部分）

整个导出数据有 56 列，在做数据分析之前，只将有用（有效）数据复制出来。

步骤 1：单击“买家实际支付金额”所在的 K 列 K 买家实际支付金额，单击“K”列号后，整个 K 列被选中，按住 Ctrl 键，再依次单击 U 列、AH 列，则分别选中“订单付款时间”“是否手机订单”。

步骤 2：松开 Ctrl 键，在被选中的区域单击鼠标右键，在弹出的快捷菜单中选择“复制”命令，或者直接按 Ctrl+C 快捷键，复制选中列，单击工作表标签栏中的“新工作表” ⊕ 按钮，新建一个工作表，单击新工作表的 A1 单元格，直接按 Ctrl+V 快捷键，粘贴，如图 3.2 所示。

	A	B	C
1	买家实际支付金额	订单付款时间	是否手机订单
2	56	2018/6/25 8:46	手机订单
3	26	2018/6/24 15:45	手机订单
4	112	2018/6/23 23:20	手机订单
5	112	2018/6/23 16:39	手机订单
6	118	2018/6/23 9:21	
7	59	2018/6/21 23:03	手机订单
8	118	2018/6/21 22:45	手机订单

图 3.2　新工作表

步骤 3：单击选中 C 列，在选中的区域中单击鼠标右键，在弹出的快捷菜单中选择“插入”命令，结果如图 3.3 所示。

	A	B	C	D
1	买家实际支付金额	订单付款时间		是否手机订单
2	56	2018/6/25 8:46		手机订单
3	26	2018/6/24 15:45		手机订单
4	112	2018/6/23 23:20		手机订单
5	112	2018/6/23 16:39		手机订单
6	118	2018/6/23 9:21		

图 3.3　插入空白列

新插入的一列用来存放“订单付款时间”中的时间部分。

步骤 4：单击选中 B 列，再单击【数据—分列】，弹出“文本分列向导”对话框，在对话框中，选择“固定宽度”，单击【下一步】按钮，如图 3.4 所示。

单击“数据预览”标尺，将分隔线放在日期与时间中间，单击【下一步】按钮，如图 3.5 所示。

在向导第 3 步对话框中，单击“数据预览”的第一部分，即日期部分，再单击“列数据格式”中的“日期”，单击【完成】按钮，完成此步操作，如图 3.6 所示。

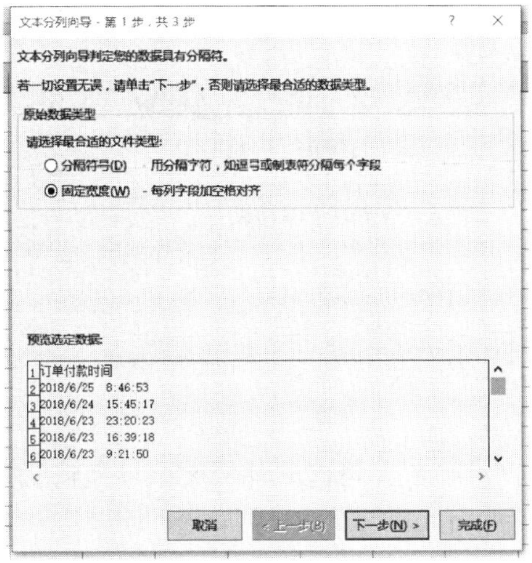

图 3.4　分列操作

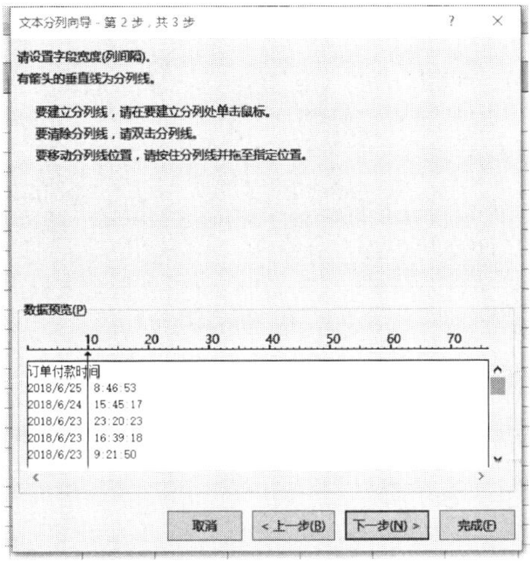

图 3.5　分隔日期与时间

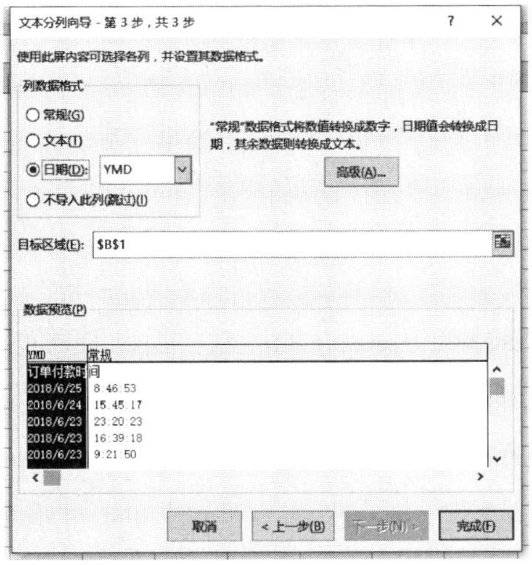

图 3.6　设置分隔后数据格式

数据分列后，得到付款日期与时间分隔的销售数据，以便进一步进行数据分析，如图 3.7 所示。

	A	B	C	D
1	买家实际支付金额	订单付款时	间	是否手机订单
2	56	2018/6/25 0:00	8:46:53	手机订单
3	26	2018/6/24 0:00	15:45:17	手机订单
4	112	2018/6/23 0:00	23:20:23	手机订单
5	112	2018/6/23 0:00	16:39:18	手机订单
6	118	2018/6/23 0:00	9:21:50	
7	59	2018/6/21 0:00	23:03:49	手机订单
8	118	2018/6/21 0:00	22:45:59	手机订单

图 3.7　分列后数据

步骤 5：如果数据事先已准备好，可以将外部数据导入到 Excel 中，以文本文件（TXT）文件为例，将数据导入到 Excel 中。

双击本书电子资源中文本文件“子任务 3(购买记录).txt”，可以看到文本文件内的数据。文本数据的第一行为标题行，从第二行开始，对应的是“代码”“买入单价”“买入数量”三个数据，如图 3.8 所示。

```
代码    买入单价        买入数量
600066  523.98  1617
600029  314.40  1932
600010  356.89  1134
600013  466.05  1266
600073  418.44  1056
600058  363.85  1299
600100  375.10  1222
```

图 3.8　购买记录文本

关闭该文本文件，然后继续操作。

单击新建工作表标签，再单击【文件—打开】，在“文件类型”框中，选择“文本文件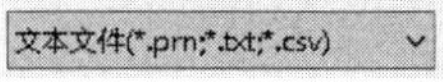

”，结果如图 3.9 所示。

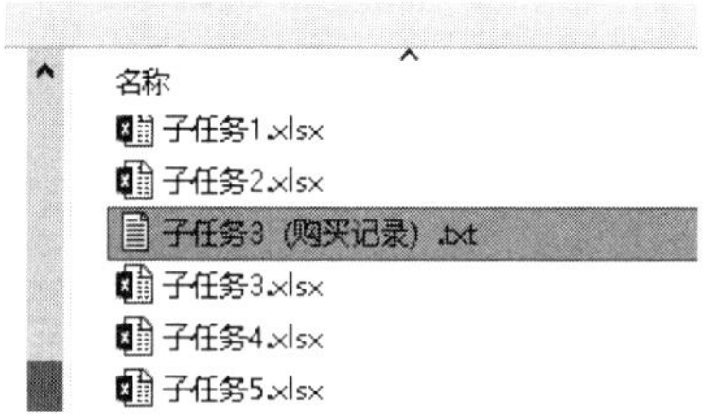

图 3.9　打开文本文件

选择文本文件后，单击【打开】按钮。

步骤 6：文本转换设置。

因为原始数据为文本，转换到 Excel 中时，软件要识别原文件是以什么符号分隔数据列的，或者以固定宽度来区别各列。

注意

1. 文本文件中使用的间隔符号可以是空格、Tab 键、短线（—）、顿号或者是特定的某个符号，这些间隔符号可以很有规律地来区分文字。

2. 导入到 Excel 中的文本文件的内容在排列上一定要有规律，这样才能正确地导入。

在弹出的“文本导入向导”对话框中，进行如下操作。

第 1 步，根据内容，选择“分隔符号”，即文本内容是通过符号分隔文字的，如图 3.10 所示。

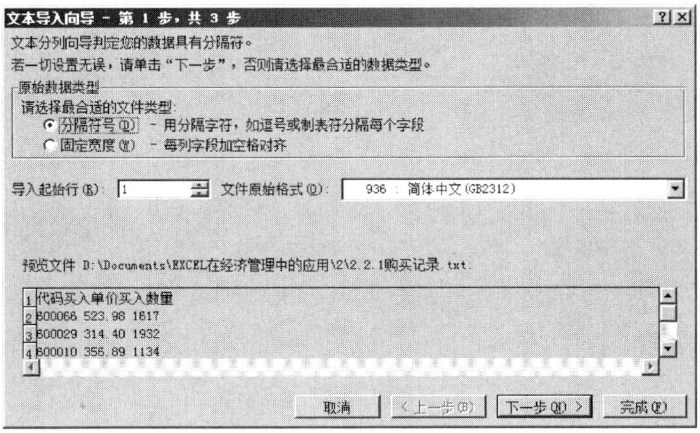

图 3.10　导入文本文件

导入起始行为第 1 行，即整个数据从第一行导入数据，选定后，单击【下一步】按钮，出现第 2 步对话框，如图 3.11 所示。

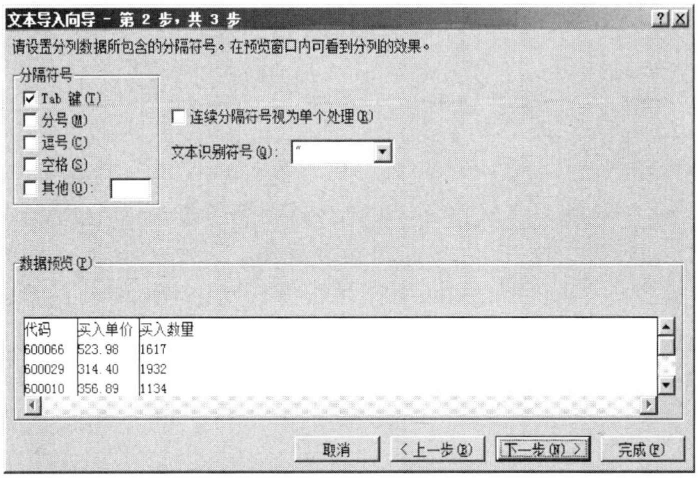

图 3.11　进一步导入文本文件

第 2 步，勾选“Tab 键”。

分隔符号可以是 Tab 键、分号、逗号或空格。Tab 键是一个制表位，相当于一个较大的空格。如果文本文件是以固定的符号为分隔符的，可以选择“其他”，并输入分隔符。

如果连续分隔符号出现在文本文件中，可以选择将多个分隔符当作一个分隔符来处理，此时要勾选“连续分隔符号视为单个处理”。

单击“下一步”按钮，出现第 3 步对话框，如图 3.12 所示。

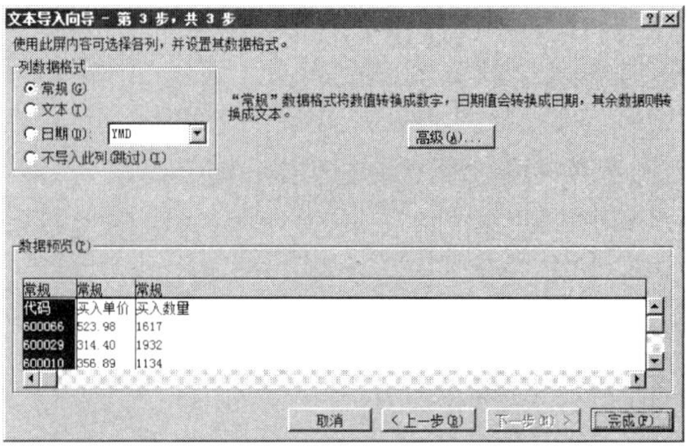

图 3.12　完成导入文本文件

第 3 步，点选“常规”选项。

对导入的数据格式进行设置。如果限定为文本或日期，就做相应选择，如果数值导入成为数字，日期值导入成为日期，其余数据转成文本，则选“常规”。

选择“常规”，单击【完成】按钮。这时文本文件导入到 Excel 中，构成数据清单，如图 3.13 所示。

代码	买入单价	买入数量
600066	523.98	1617
600029	314.4	1932
600010	356.89	1134
600013	466.05	1266
600073	418.44	1056
600058	363.85	1299

图 3.13　导入后的数据

提高

1. 在 Visual FoxPro 软件中，打开相应的数据库（.dbc）或数据表（.dbf），然后，回到命令窗口，输入命令“Copy to < 文件名 > type xls”则可以将原文件转成一个 Excel 工作簿。

2. 在 Visual FoxPro 软件中，也可以用菜单操作【文件—导出】，弹出“导出”对话框，在“类型”下拉列表中选择“Microsoft Excel 5.0 (XLS)”，输入文件名，单击【确定】按钮，即可完成转化。

3. 对于低版本的 Excel 软件，在 Excel 打开对话框中，可以选择 dBASE 文件，也可以打开上述数据库文件。

数据转换是计算机领域的一个重要话题，不同软件的数据如何相互转换一直是困扰我们的难题。有的软件提供了转换工具，有的则需要由第三方软件提供转换功能。

技巧

1. 一般的数据库软件都会支持与 Excel 的数据交换，或者在保存数据时，打开“另存为”对话框，在保存数据类型上，选择 Excel 文件即可。

2. 在 Excel 打开对话框中，可以选择不同的文件类型，将相应的文件打开，这样就可以避免格式转换带来的麻烦。

子任务4 手动输入商品信息

电商进货渠道通常分为线上、线下两种方式。线上方式是直接在商家网站平台上进行下单，实现网上批发进货；线下方式是从商品批发市场、实体店或生产厂家进货，从中选择适合自己店铺的优质商品进行网上销售。通过对线下供货商信息的有效管理和深入分析，卖家可以从中找到理想的商品进行销售，是实现科学化、合理化、准时化采购的重要保证，也可以打造电商平台的“爆款商品”“流量商品”。

步骤 1：单击快速访问工具栏中的“新建” 按钮，或者单击【文件—新建】，在打开的“可用模板”窗口中单击【空白工作簿】，如图 4.1 所示。

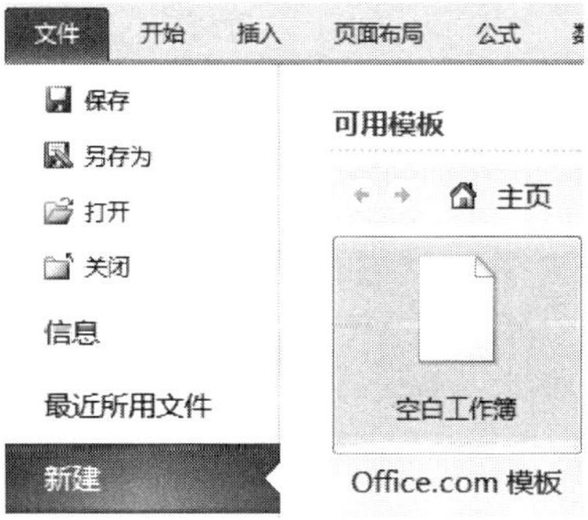

图 4.1 新建空白工作簿

步骤 2：将光标移至窗口左下角工作表标签“Sheet1”上右击，在弹出的快捷菜单中选择“重命名”命令，将其重命名为“商品信息”，按回车键确认完成，如图 4.2 所示。

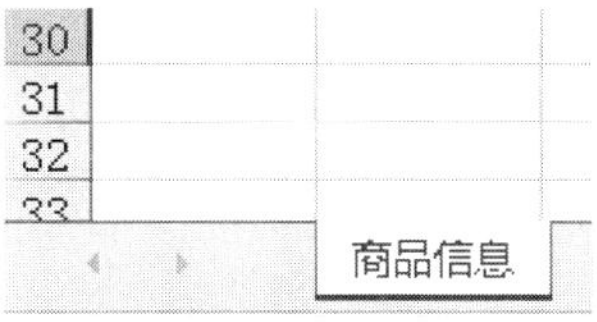

图 4.2 创建职工数据工作簿

步骤 3：在 A1 至 H1 单元格中分别输入日期、产品编码、产品名称、进货价、进货数量、供应商、联系人姓名、联系人电话。可以看出，上述数据是一个表格的第一行，在数据库管理中，称为“字段”或“属性”。

步骤 4：输入日期。

单击 A2 单元格，输入“2019-9-1”，也可以输入短日期“19-9-1”。

如果输入“9-1”，可以被识别为 9 月 1 日，但是年份由计算机系统时间决定。

基础

1.Excel 中输入当前日期可按 Ctrl+ ; 快捷键，输入当前时间可按 Ctrl+Shift+ ; 快捷键。

2. 可以在单元格中输入 NOW() 函数得到当前的日期时间，输入 TODAY() 函数得到当前的日期；这两个函数属于易失性函数，随工作簿的打开而更新结果。

3.Excel 有强大的自动识别技术，如输入：2/28，会被识别为 2 月 28 日，而输入 2/31，则被识别为字符串；这点需要读者细细体会。

步骤 5：输入产品编码。

单击 B2 单元格，输入“G12-1”，按回车键;单击 B3 单元格，输入“G12-2”，按回车键;依次类推输入数据；选中 B2：B3 区域，拖动填充柄，可以生成系列数据，如图 4.3 所示。

步骤 6 :单击 C2 单元格，输入“男式黄膜黑框圆片太阳镜”。单击 C3 单元格，输入“女式黑框树脂圆片 200 度近视镜”。单击 C4 单元格，输入“女式黑框玻片平光镜”。选中 C 列，双击 C 列与 D 列之间的单分隔处，调整为最合适列宽，如图 4.4 所示。

	A	B
1	日期	产品编码
2	2019/9/1	G12-1
3	2019/9/1	G12-2
4	2019/9/1	G12-3

图 4.3 快速生成数据

	A	B	C
1	日期	产品编码	产品名称
2	2019/9/1	G12-1	男式黄膜黑框圆片太阳镜
3	2019/9/1	G12-2	女式黑框树脂圆片200度近视镜
4	2019/9/1	G12-3	女式黑框玻片平光镜

图 4.4 输入产品名称并调整列宽

步骤 7：给商品名称增加图片批注。

单击选择 C2 单元格，在 C2 单元格右击鼠标，在弹出的快捷菜单中选择“插入批注”命令 插入批注(M)，Excel 产生一个空白批注，可以直接输入批注内容，如图 4.5 所示。

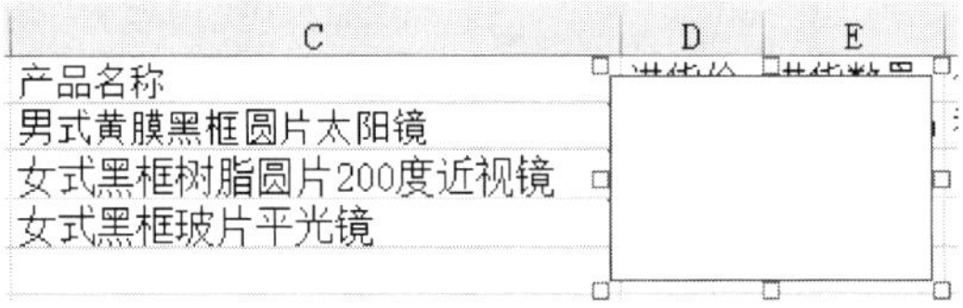

图 4.5 输入批注

不输入任何内容，用退格键（BackSpace）删除作者信息。

注意

1. 添加批注后，单击任意单元格，则批注消失；当光标移动该单元格时，批注显示。

2. 如果单元格有批注，单元格右上角会有批注标志（红色三角）。

3. 在单元格上右击鼠标，在弹出的快捷菜单中可以选择“编辑批注”、“删除批注”或“显示 / 隐藏批注”命令。

在编辑批注状态下，右击标注的边框，在弹出的快捷菜单中选择“设置批注格式”命令 设置批注格式(O)...，弹出“设置批注格式”对话框。选择“颜色与线条”选项卡，单击“填充”栏目的“颜色”下拉列表中的【填充效果】按钮，如图 4.6 所示。

弹出“填充效果”对话框，选择“图片”选项卡，单击【选择图片】按钮，选择相应的图片，再单击【插入】按钮。在返回的对话框中单击【确定】按钮。当将鼠标移至单元格时，会显示商品图片，如图 4.7 所示；其他商品的图片批注同样操作。

步骤 8：输入价格与数量信息。

单击 D2 单元格，直接输入 160.5。

单击 E2 单元格，直接输入 800。

单击 F2 单元格，直接输入“视界眼镜公司”。

单击 G2 单元格，输入“张经理”。

单击 H2 单元格，先输入半角英文状态的“'”，即单引号，再输入“13901234567 8”。

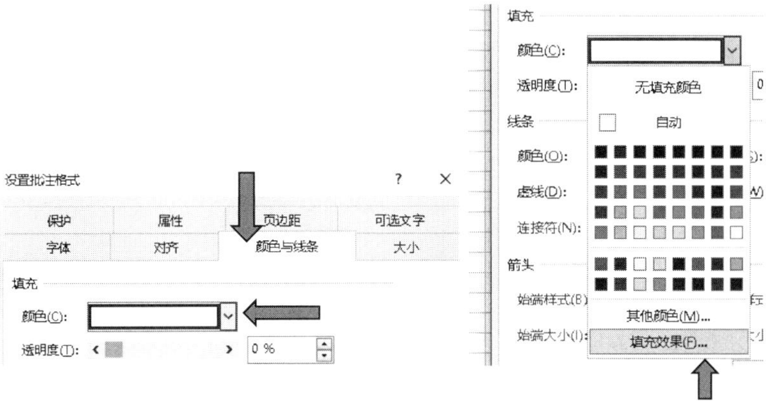

图 4.6　设置批注的填充效果

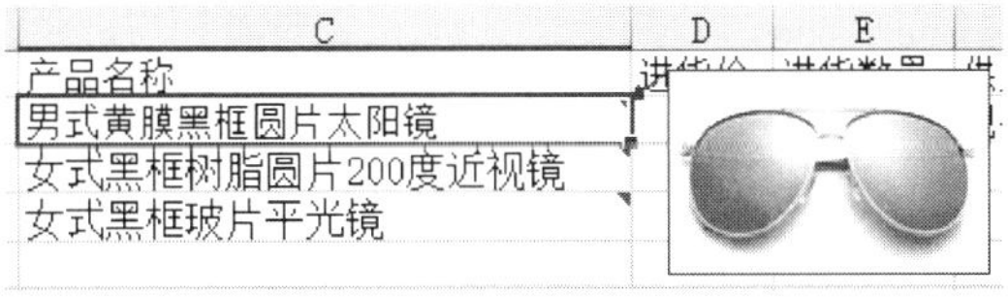

图 4.7　图片批注效果

提高

1.“进货价”列输入的都是代表数量的数字形式（工资数据可以称为货币形式），例如成绩、产值、身高、体重、温度等。数值可以是正数，也可以是负值，这些值都可以进行计算，如加、减、乘、除、求和、求平均等。

2. 在 Excel 中，一些特殊符号也被理解为 Excel 数值，如：百分号（%）、货币符号（￥）、千分号（,），以及科学计数符号（E）。

3. 联系人电话中的内容为电话号码，看起来似数字，但这类数字不代表数量，不需要进行数值计算，因此在输入时，当作文本来处理即可；除了电话号码，身份证号、股票代码、工号等，都属于文本型数值。

4. 在输入“文本型数值”时，为了与“数值型”数据区别开来，要先输入前导控制符“'”（英文单引号），输入的单元格左上角会有个绿色标记。

步骤 8：新输入数据行。

Excel 默认按回车键光标往下移动，如果想更改设置，可以单击【文件—选项—高级】来修改，如图 4.8 所示。

技巧

1. 在输入产品编码或产品名称时，如果要输入本列的重复值，可以按 Alt+ ↓快捷键，在下拉菜单中选择即可；使用此方法，上下数据之间不可以有空行。

2. 在单元格内输入文本数据时，若要换行输入文本，即手动换行，可以按 Alt+ 回车键。

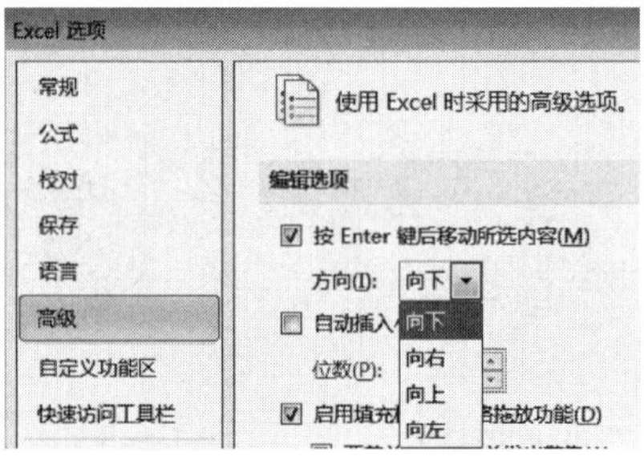

图 4.8 更改光标移动方向

提高

1. Excel 中一个单元格中的数字有效位数总和最大为 15 位。整数部分超过 15 位，则显示为 0；小数部分超过 15 位，则截去超过部分。

2.Excel 中时间与日期是以 1900 年 1 月 0 日 0 时为基准的（这个日期不存在），基点后每过一天，计数 1，以此类推，32 则为 1900 年 2 月 1 日，1/24 则为 1 小时；一个数字，如 20.5，根据用户的设置，显示出不同的形式，如果设为数值，则显示 20.5，如果设置为日期，则显示为 1900 年 1 月 20 日中午 12 时。

3. 一个单元格里面的是日期，将内容删除后，输入一个数值，则软件自动将数字格式改为日期形式，这称为“格式保留”；要想改变保留形式，可以删除单元格再输入，也可以清空格式，单击【开始—(编辑)—清除】，再选择“清除格式”命令，如图 4.9 所示，也可以更改单元格格式设置，单击【开始—（数字）】格式列表框，如图 4.10 所示。

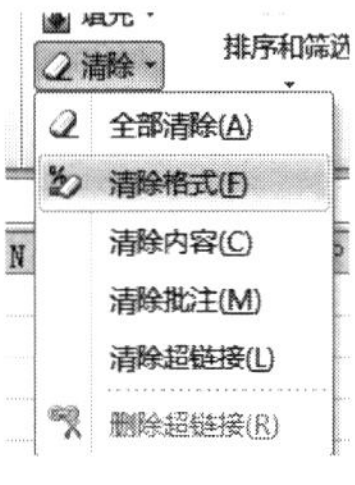

图 4.9 “清除格式”命令

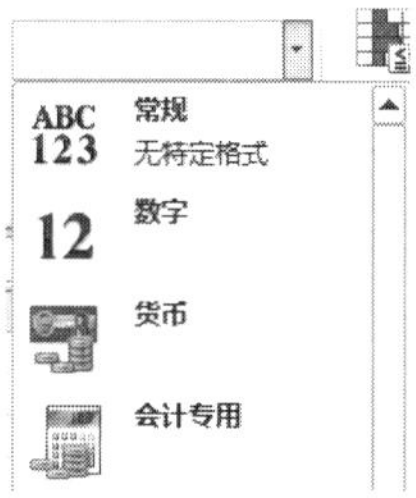

图 4.10 【开始—（数字）】格式列表框

任务2

商务数据的清洗与编辑

任务说明

无论是从平台导出的，还是问卷调查收集的数据，存放到 Excel 软件中，不能立即进行数据分析，因为收集或转换来的数据还存在不完整、不规范等问题，有些数据甚至是重复的、错误的，在进行数据分析前，必须进行“清洗”。数据清洗要检查输入到工作表中的出错数据，还要进行合法性检查，Excel 软件提供了多种数据检查的方法，用户还可以通过不同的方法来浏览工作表数据。

存放在 Excel 中的数据还必须是易读懂的、易编辑的。本任务还要对工作表进行编辑修饰，如字体、字号，单元格的边框、颜色、底纹等，这些属于普通的编辑工作；修饰完毕后，再将工作表打印出来。

子任务5 商务数据清洗

数据清洗是指对数据进行重新审查和校验的过程，目的在于删除重复信息、纠正存在的错误，并提供数据一致性[①]。无论是从外部导入的数据，还是手动录入的数据，都可能由于人为因素造成数据的重复录入、不完整录入，甚至是不正确录入，这些都可能直接影响后期的商业数据分析结果的正确性。另外，如果商务数据中有个人隐私，应该剔除或隐藏，以保证数据安全。因此，在进行数据分析之前，有必要对数据进行清洗。

步骤1：单击工作表标签“数据清洗”；再单击列号B，选中整个B列。单击【数据—（数据工具）—数据验证—数据验证】，弹出“数据验证”对话框。

注意

1. 早期版本的Excel软件中，“数据验证”称为“数据有效性”，具体操作是一样的。

2. 本书后面所有涉及“数据验证”操作在早期Excel版本的“数据有效性”中都可以操作实现。

在“数据验证”对话框的“设置”选项卡的“验证条件”中，“允许”设为“序列”，“来源”设为“男,女”[②]，如图5.1所示。

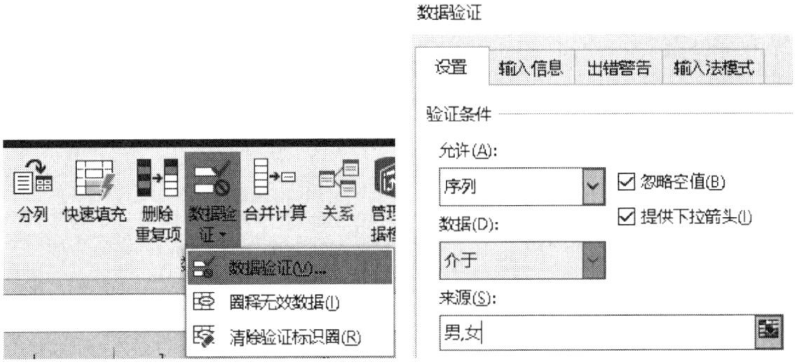

图5.1 数据验证

注意

1. 给已有的数据的区域添加数据验证时，虽然有些数据不符合有效性要求，但不会提示出错。

2. 圈释无效数据对同一张工作表中不同的数据有效性区域都有效。

① 来自百度百科。

② 此处输入“男”与“女”之间的逗号为半角英文，即关闭中文输入法，在全英文状态下，输入的逗号，如果输入中文的符号，则不会被Excel软件识别。

步骤 2：校验性别数据。

单击【数据—（数据工具）—数据验证—圈释无效数据】，则在“性别”列中，非法的性别数据被红色圆圈标注出来，如图 5.2 所示。

除标题行，在数据区域中有个数值“南”，是非法的性别数据，被检查出来，由于无法核实被调查的人的性别，将该行删除。

单击行号，选择整行，在被选中的区域中单击鼠标右键，在弹出的快捷菜单中选择“删除”命令，如图 5.3 所示。

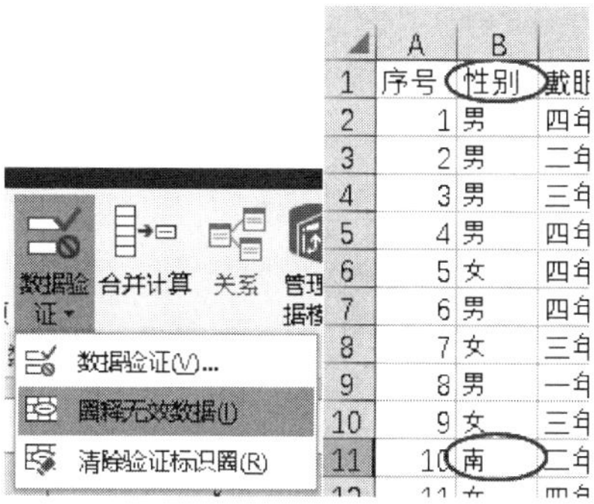

图 5.2　圈释无效数据

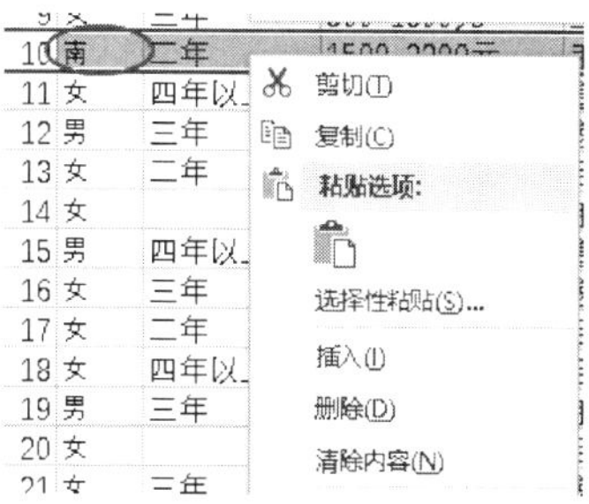

图 5.3　删除行数据

步骤 3：完善问卷数据。

观察 F 列，购买地点数据有空白单元格，在电子商务迅速发展的今天，可以默认未填写的购买地点是“网上商店”。

选择 F2：F30 区域，单击【开始—（编辑）—查找和选择—定位条件】，弹出“定位条件”对话框。点选“空值”，单击【确定】按钮，Excel 软件自动定位于选中区域中的空白单元格。

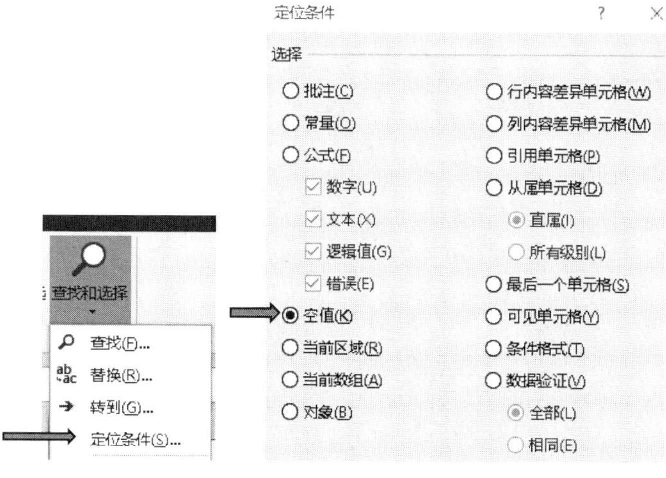

图 5.4　定位空白单元格

步骤 4：直接输入“网上商店”，按 Ctrl+Enter 组合键，将输入的内容复制输入到所有空白单元格中，如图 5.5 所示。

步骤 5：保护隐私数据。在本例中，联系方式为邮箱，为了不让邮箱信息泄露，可以将邮箱信息“清洗”一下。

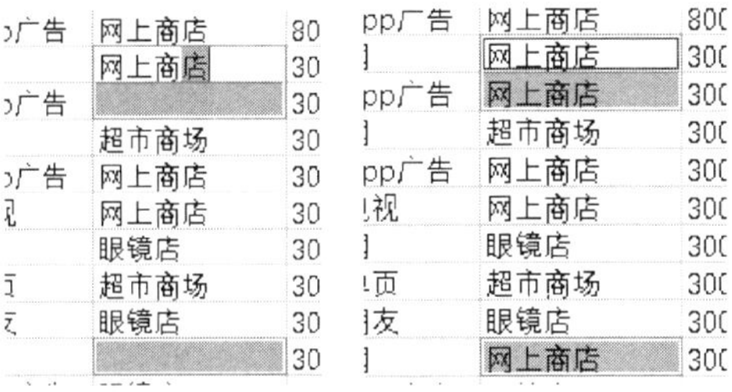

图 5.5　复制输入数据

单击 L2 单元格，输入公式“=REPLACE(K2,4,4,"****")”，按 Enter 键后，得到“清洗”后的邮箱，如图 5.6 所示。

图 5.6　邮箱信息清洗

基础

1.Ctrl+Enter 组合键用于复制输入数据，也可以用于复制公式输入。

2. REPLACE() 函数使用其他文本字符串并根据所指定的字节数替换某文本字符串中的部分文本。格式为：REPLACE(原文本，起始位置，字符数，替换文本)。

步骤 6：单击选中 L2 单元格，双击填充柄，如图 5.7 所示，得到 L 列其他单元格的数据，如图 5.8 所示。

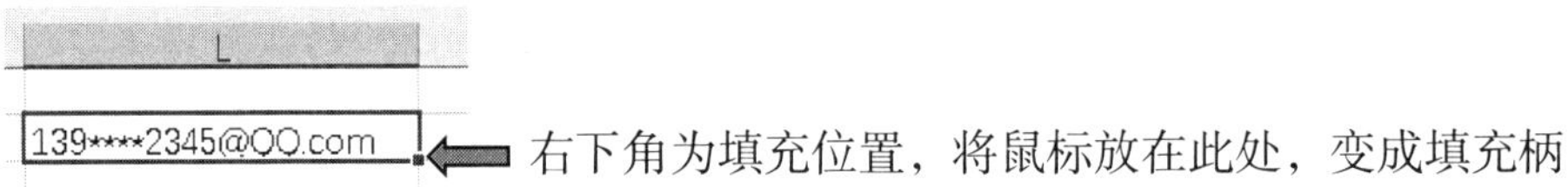

图 5.7　填充

K	L
联系方式	
13913112345@QQ.com	139****2345@QQ.com
13913112346@QQ.com	139****2346@QQ.com
13913112347@QQ.com	139****2347@QQ.com
13913112348@QQ.com	139****2348@QQ.com
13913112349@QQ.com	139****2349@QQ.com

图 5.8　填充后的结果

步骤 7：选择 L2：L30 区域，在选中的区域中右击鼠标，在弹出的快捷菜单中选择“复制”命令，右击 M2 单元格，在弹出的快捷菜单中选择“粘贴数值”命令，如图 5.9 所示。

删除 K 列、L 列，在 K1 单元格中输入“联系方式”，对邮箱的“清洗”操作完成。

步骤 8：删除重复行。

单击数据区域中的任意单元格。

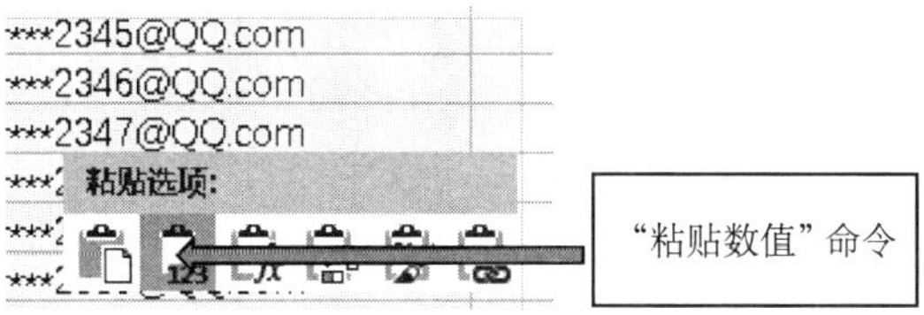

图 5.9　粘贴数值

单击【数据—（数据工具）—删除重复项】，弹出“删除重复项”对话框，勾选“数据包含标题”，再单击【全选】按钮全选所有列，最后单击【确定】按钮，如图 5.10 所示。

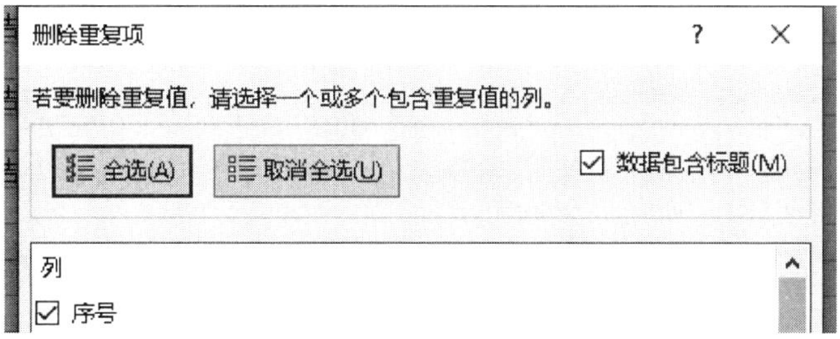

图 5.10　删除重复项

注意

1. 删除重复项时，选择所有列，表示两行数据完全一样时，才会删除其中一行。

2. 在数据定义时，一般会有一列，可以区别所有行数据，如身份证号、手机号等；在数据库中，称为码。

Excel 提示，删除了一个重复值，如图 5.11 所示。

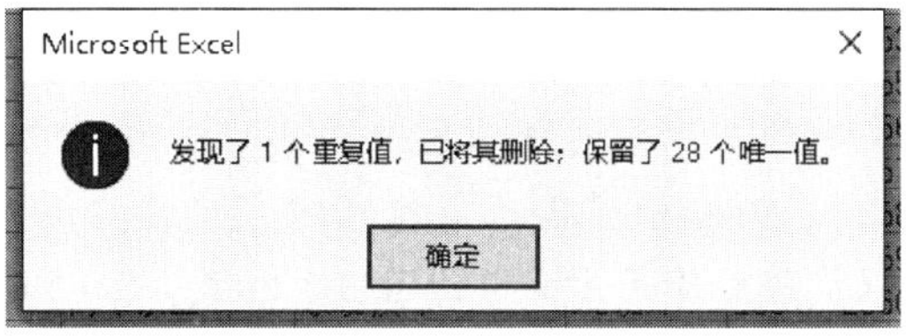

图 5.11　删除重复值

单击【确定】按钮，完成删除操作。

子任务6　浏览商务数据内容

商务数据信息量较大，信息存放在 Excel 中，必须规范化。数据组织“必须是规范化的[1]”，至少达到第三范式（3NF），因此创建商务数据表时，应尽量遵守规范化约束条件，具体要求请参照相关书籍。

商务数据存于Excel工作簿中，每个工作簿包含若干张工作表。Excel工作表就是由许多横线与竖线交叉而成的一排排格子。每一行有一个行号，用数字表示；每一列都有一个列号，用字母表示，行列交叉就构成一张二维表格，行列的交叉形成的格子被称为行“单元格”，行号与列号构成了单元格的“名字”。

基础

在Excel2007以后的版本中，一张工作表有1048576行，16384列（最后一列为XFD列）。早期的工作表没有这么多行与列（Excel 2003工作表仅有65536行，256列，最后一列名为IV）。单元格的数量，决定了工作表能够处理数据的最大数量。

Excel中每个单元格都有一个单元格“名称”，这个“名称”被称为“地址”。单元格地址由列号和行号构成，如：A1，B5，如图6.1所示，当选中某个单元格时，行号与列号被加亮显示。

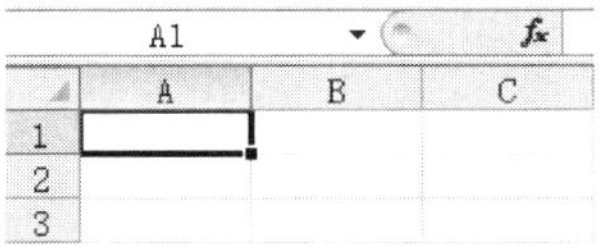

图6.1　选中A1单元格

当选中某个单元格时，在名称框中就会显示单元格地址。在Excel中，若要使用某个单元格内容，只需输入单元格地址就可以了。

提高

1. 在Excel中，还有一种单元格地址的表示方法，叫作“R1C1”方式，即行号列号式；单击【文件—选项】，在弹出的“选项”窗口中，单击左侧的“公式”，勾选右侧的“R1C1引用样式”就可以将地址使用方式改成R1C1样式，如图6.2所示。

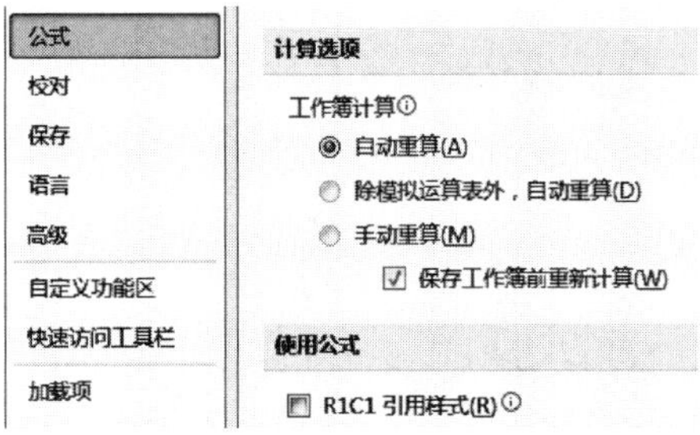

图6.2　设置R1C1引用样式

① 黄梯云，《管理信息系统》第四版，第150页。

当工作表内容较多，一屏显示不全时，就需要用到水平滚动条和垂直滚动条来调整查看区域，此外，Excel 还提供了其他的一些工具来浏览数据。

步骤 1：单击工作表标签“浏览数据”，拖动水平滚动条和垂直滚动条来浏览整个工作表数据。

步骤 2：单击【视图—（窗口）—冻结窗格—冻结首行】，如图 6.3 所示。

这时，数据区域的标题行就会被固定在第一行，无论垂直滚动条怎么滚动，第一行始终处在顶端。

单击【视图—（窗口）—冻结窗格—取消冻结窗格】，则可以取消冻结窗口。

如果选择【冻结首列】，则数据区域的第一列被固定，移动水平滚动条对第一列将不产生作用。

图 6.3　冻结首行

步骤 3：选中第 10 行，单击【视图—（窗口）—冻结窗格—冻结拆分窗格】，如图 6.4 所示。

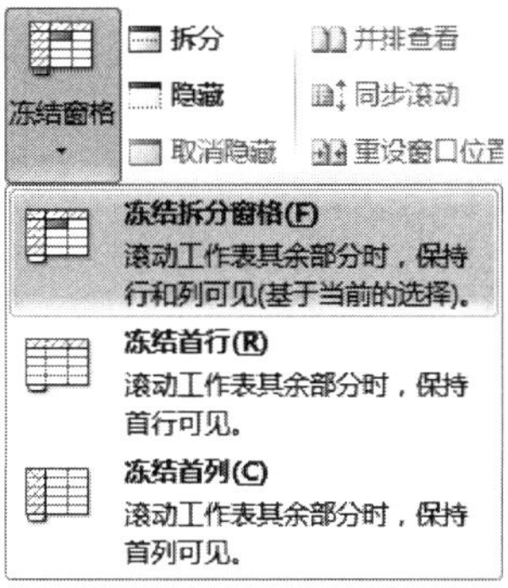

图 6.4　冻结拆分窗格

这时，前 10 行的数据被冻结，移动垂直滚动条，滚动条的移动不会影响到被冻住的数据区域。

单击【视图—（窗口）—冻结窗格—取消冻结窗格】，则可以取消冻结窗格。

步骤 4：选中 C 列，单击【视图—（窗口）—冻结窗格—冻结拆分窗格】，这时，前 A 列和 B 列的数据被冻结，水平滚动条的滚动将不会影响到被冻住的数据列。

单击【视图—（窗口）—冻结窗格—取消冻结窗格】，则可以取消冻结窗格。

步骤 5：单击数据区域的任意单元格，如 D5，再单击【视图—（窗口）—拆分】，则窗口分成 4 个小窗口，每个小窗口都可以独立浏览整个数据区域。

步骤 6 :单击数据区域的一整行或一整列，如第 5 行，或 G 列，再单击【视图—(窗口)—拆分】，则窗口分为水平或垂直的两个窗口，每个窗口都可以浏览整个数据区域。

步骤 7：单击工作表窗口中的【水平拆分】按钮，可以将窗口水平拆分为两个窗口，上下两个窗口的数据一样，分别可以浏览不同的数据部位，如图 6.5 所示。

图 6.5　水平和垂直拆分窗口

单击工作表窗口右下角的【垂直拆分】按钮，可以将窗口分为左右两个窗口，上下两个窗口的数据一样，分别可以浏览不同的数据部位，如图 6.5 所示。

技巧

1. 拆分窗口、冻结拆分窗口操作都遵循“左上原则”，即从当前行、列的左、上开始拆分或冻结。

2. 单击【视图—（窗口）—新建窗口】，可以在两个窗口中浏览同一个工作簿，这与在操作系统中两次双击工作簿文件不同（实际也不可以重复打开），一般应用于多显示器的场合，对其中一个副本修改时，另一副本会同时变化。

步骤 8：分页预览。分页预览模式可以很方便地显示当前工作表的打印区域及分页设置，并且可以直接在视图中调整分页。

单击【视图—（工作簿视图）—分页预览】，系统会弹出如图 6.6 所示的提示。

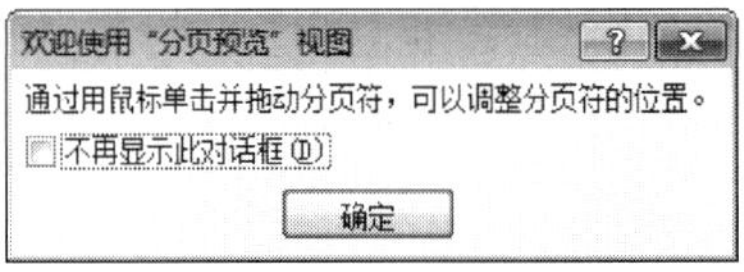

图 6.6　分页预览的提示

单击【确定】按钮，则页面进入分页预览模式，如图 6.7 所示；在分页预览的模式下，蓝色的边框线就是分页的边界线，蓝虚线为自动分页线，蓝实线为手动分页线；通过鼠标可以调整页面大小，也可以插入分页符进行手动分页。

注意

1. 必须在操作系统中安装打印机。

2. 页面显示效果会因打印机、纸张的不同而不一样。

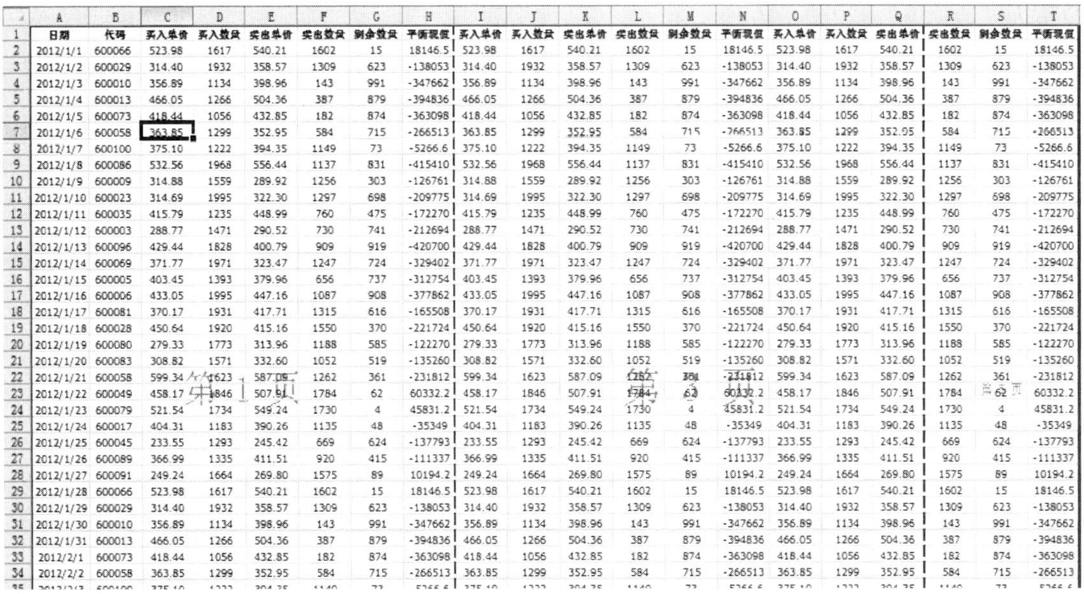

	A	B	C	D	E	F	G	H	I	J	K	L	M	N	O	P	Q	R	S	T
1	日期	代码	买入单价	买入数量	卖出单价	卖出数量	剩余数量	平衡现值	买入单价	买入数量	卖出单价	卖出数量	剩余数量	平衡现值	买入单价	买入数量	卖出单价	卖出数量	剩余数量	平衡现值
2	2012/1/1	600066	523.98	1617	540.21	1602	15	18146.5	523.98	1617	540.21	1602	15	18146.5	523.98	1617	540.21	1602	15	18146.5
3	2012/1/2	600029	314.40	1932	358.57	1309	623	-138053	314.40	1932	358.57	1309	623	-138053	314.40	1932	358.57	1309	623	-138053
4	2012/1/3	600010	356.89	1134	398.96	143	991	-347662	356.89	1134	398.96	143	991	-347662	356.89	1134	398.96	143	991	-347662
5	2012/1/4	600013	466.05	1266	504.36	387	879	-394836	466.05	1266	504.36	387	879	-394836	466.05	1266	504.36	387	879	-394836
6	2012/1/5	600073	418.44	1056	432.85	182	874	-363098	418.44	1056	432.85	182	874	-363098	418.44	1056	432.85	182	874	-363098
7	2012/1/6	600058	363.85	1299	352.95	584	715	-266513	363.85	1299	352.95	584	715	-266513	363.85	1299	352.95	584	715	-266513
8	2012/1/7	600100	375.10	1222	394.35	1149	73	-5266.6	375.10	1222	394.35	1149	73	-5266.6	375.10	1222	394.35	1149	73	-5266.6
9	2012/1/8	600086	532.56	1968	556.44	1137	831	-415410	532.56	1968	556.44	1137	831	-415410	532.56	1968	556.44	1137	831	-415410
10	2012/1/9	600009	314.88	1559	289.92	1256	303	-126761	314.88	1559	289.92	1256	303	-126761	314.88	1559	289.92	1256	303	-126761
11	2012/1/10	600023	314.69	1995	322.30	1297	698	-209775	314.69	1995	322.30	1297	698	-209775	314.69	1995	322.30	1297	698	-209775
12	2012/1/11	600035	415.79	1235	448.99	760	475	-172270	415.79	1235	448.99	760	475	-172270	415.79	1235	448.99	760	475	-172270
13	2012/1/12	600003	288.77	1471	290.52	730	741	-212694	288.77	1471	290.52	730	741	-212694	288.77	1471	290.52	730	741	-212694
14	2012/1/13	600096	429.44	1828	400.79	909	919	-420700	429.44	1828	400.79	909	919	-420700	429.44	1828	400.79	909	919	-420700
15	2012/1/14	600069	371.77	1971	323.47	1247	724	-329402	371.77	1971	323.47	1247	724	-329402	371.77	1971	323.47	1247	724	-329402
16	2012/1/15	600005	403.45	1393	379.96	656	737	-312754	403.45	1393	379.96	656	737	-312754	403.45	1393	379.96	656	737	-312754
17	2012/1/16	600006	433.05	1995	447.16	1087	908	-377862	433.05	1995	447.16	1087	908	-377862	433.05	1995	447.16	1087	908	-377862
18	2012/1/17	600081	370.17	1931	417.71	1315	616	-165508	370.17	1931	417.71	1315	616	-165508	370.17	1931	417.71	1315	616	-165508
19	2012/1/18	600028	450.64	1920	415.16	1550	370	-221724	450.64	1920	415.16	1550	370	-221724	450.64	1920	415.16	1550	370	-221724
20	2012/1/19	600080	279.33	1773	313.96	1188	585	-122270	279.33	1773	313.96	1188	585	-122270	279.33	1773	313.96	1188	585	-122270
21	2012/1/20	600083	308.82	1571	332.60	1052	519	-135260	308.82	1571	332.60	1052	519	-135260	308.82	1571	332.60	1052	519	-135260
22	2012/1/21	600058	599.34	1623	587.09	1262	361	-231812	599.34	1623	587.09	1262	361	-231812	599.34	1623	587.09	1262	361	-231812
23	2012/1/22	600049	458.17	1846	507.91	1784	62	60332.2	458.17	1846	507.91	1784	62	60332.2	458.17	1846	507.91	1784	62	60332.2
24	2012/1/23	600079	521.54	1734	549.24	1730	4	45831.2	521.54	1734	549.24	1730	4	45831.2	521.54	1734	549.24	1730	4	45831.2
25	2012/1/24	600017	404.31	1183	390.26	1135	48	-35349	404.31	1183	390.26	1135	48	-35349	404.31	1183	390.26	1135	48	-35349
26	2012/1/25	600045	233.55	1293	245.42	669	624	-137793	233.55	1293	245.42	669	624	-137793	233.55	1293	245.42	669	624	-137793
27	2012/1/26	600089	366.99	1335	411.51	920	415	-111337	366.99	1335	411.51	920	415	-111337	366.99	1335	411.51	920	415	-111337
28	2012/1/27	600091	249.24	1664	269.80	1575	89	10194.2	249.24	1664	269.80	1575	89	10194.2	249.24	1664	269.80	1575	89	10194.2
29	2012/1/28	600066	523.98	1617	540.21	1602	15	18146.5	523.98	1617	540.21	1602	15	18146.5	523.98	1617	540.21	1602	15	18146.5
30	2012/1/29	600029	314.40	1932	358.57	1309	623	-138053	314.40	1932	358.57	1309	623	-138053	314.40	1932	358.57	1309	623	-138053
31	2012/1/30	600010	356.89	1134	398.96	143	991	-347662	356.89	1134	398.96	143	991	-347662	356.89	1134	398.96	143	991	-347662
32	2012/1/31	600013	466.05	1266	504.36	387	879	-394836	466.05	1266	504.36	387	879	-394836	466.05	1266	504.36	387	879	-394836
33	2012/2/1	600073	418.44	1056	432.85	182	874	-363098	418.44	1056	432.85	182	874	-363098	418.44	1056	432.85	182	874	-363098
34	2012/2/2	600058	363.85	1299	352.95	584	715	-266513	363.85	1299	352.95	584	715	-266513	363.85	1299	352.95	584	715	-266513

图 6.7　分页预览效果图

步骤 9 :单击【页面布局—(分隔符)—插入分页符】，可以插入一个水平分页符，如图 6.8 所示。

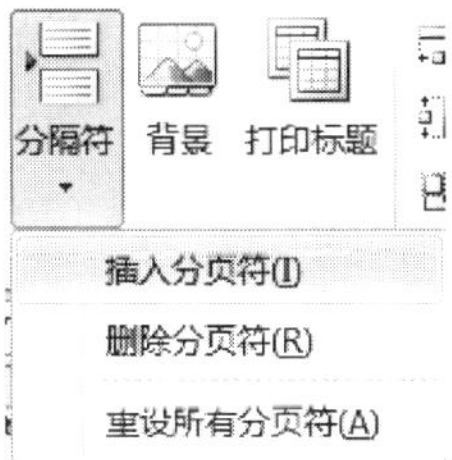

图 6.8　插入分页符

在页面中插入一个蓝色水平分页符。

数据条是 Excel 2007 开始新增的功能之一，利用该功能可以非常直观地查看区域中数值的大小情况。从 Excel 2010 起，数据条的长度表示更加准确，增添了负值的数据条表示，并且，当数据区域包含错误值时，仍可显示数据条。

数据条是在单元格内，将数据图形化成一个带有颜色的横条，如果是一个区域，则根据数据大小决定颜色条的长度。Excel 中，广义的数据条还包括色阶、图标集。

步骤 10 ：单击工作表标签“股票”，再单击 D 列标签，选中整个 D 列。

单击【开始—(样式)—条件格式—数据条—(渐变填充)—蓝色数据条】，如图 6.9 所示。

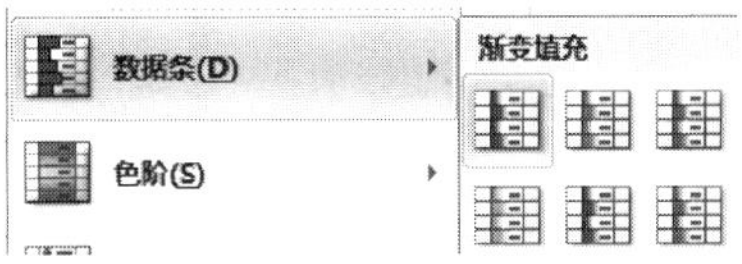

图 6.9　蓝色数据条

在整个数据列区域的每一个单元格底部都附加上一根蓝色的“进度条”，这根“进度条”

被称为“数据条”，如图 6.10 所示。

买入数量	卖出单价	卖出数量
1617	540.21	1602
1932	358.57	1309
1134	398.96	143
1266	504.36	387
1056	432.85	182
1299	352.95	584
1222	394.35	1149
1968	556.44	1137

图 6.10　蓝色数据条

提高

1. 数据条的长短与单元格数值大小有关；区域中最大数据的数据条长度占满单元格，其他单元格数据条长度根据比例来确定。

2. 如果区域中有负值，则正负值的数据条向两个方向绘制，以示区别。

步骤 11：单击 F 列标签，选中 F 列。

单击【开始—（样式）—条件格式—色阶—绿黄红色阶】，如图 6.11 所示。

在一个单元格区域中，显示双色渐变或三色渐变，在本例中，数据最大者显示绿色，其次为黄色、红色，如图 6.12 所示。

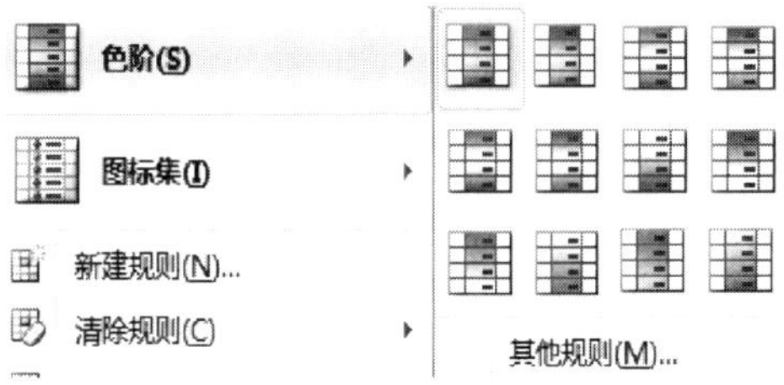

图 6.11　选择色阶

卖出单价	卖出数量	剩余数量
540.21	1602	15
358.57	1309	623
398.96	143	991
504.36	387	879
432.85	182	874
352.95	584	715
394.35	1149	73
556.44	1137	831

图 6.12　色阶显示结果

步骤 12：单击 G 列标签，选中 G 列。

单击【开始—（样式）—条件格式—图标集—（方向）—三向箭头（彩色）】，如图 6.13 所示。

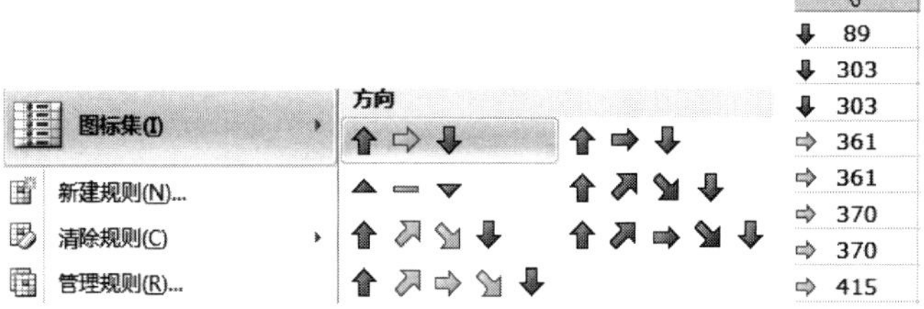

图 6.13　选择三向箭头和结果

步骤 13：查看规则。

单击 G 列标签，选中 G 列。

单击【开始—(样式)—条件格式—管理规则】，在弹出的对话框中选中“图标集”规则，再单击【编辑规则】按钮，出现“编辑规则说明”对话框，如图 6.14 所示。

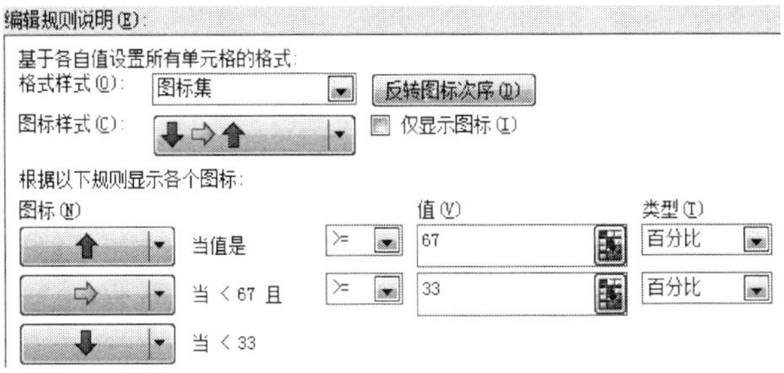

图 6.14　“编辑规则说明”对话框

注意

1. 编辑规则时，首先需要确定的是“类型”，然后要确定的是图标样式、比值关系等。

2. 规则适用的数据区域是固定的，如果增加数据，新的数据区域不会有条件格式。

3. 条件格式效果可以打印。

步骤 14：单击工作表标签“温度”，再单击列标签 B，选中 B 列。

步骤 15：单击【开始—(样式)—条件格式—数据条—(实心填充)—绿色数据条】；在本例中，正负数表示不同方向的数据条；最大值与最小值在单元格中显示为最长的数据条，其他数据依比例显示。结果如图 6.15 所示。

步骤 16：清除规则。

单击【开始—(样式)—条件格式—清除规则—清除整个工作表的规则】，如图 6.16 所示。

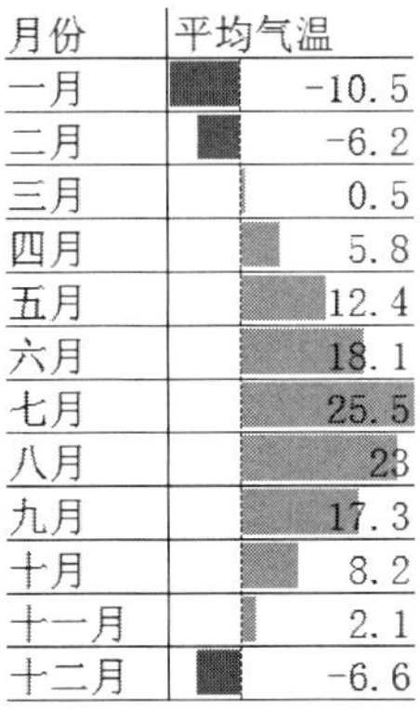

图 6.15　带有负数的数据条

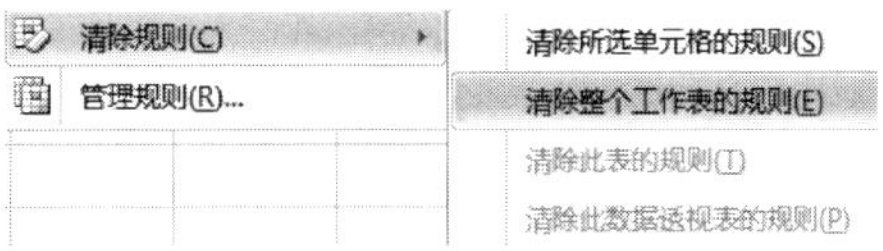

图 6.16　清除规则

步骤 17：假设平均气温 10~20 度之间为适宜温度，用绿色标记，低于 10 度的用黄色标记，高于 20 度的用红色标记。

单击 B 列标签，选中 B 列；再单击【开始—(样式)—条件格式—新建规则】，弹出“新建格式规则”对话框。

步骤 18：在“新建格式规则”对话框的“选择规则类型”窗格中，选择“基于各自值设置所有单元格的格式”。单击【格式】按钮。

在打开的“编辑规则说明”对话框中，“格式样式”选择“图标集”；“图标样式”暂不选择。

“图标”规则是：第一个图标选择“红色圆，带边框”，比较运算方式选“〉”，“类型”为“数字”，在“值”文本框中输入 20。

第二个图标选择“绿色圆”，比较运算方式选“〉=”，“类型”设为“数字”，在“值”文本框中输入 10。

第三个图标选择“黄色圆”，整个设置如图 6.17 所示。

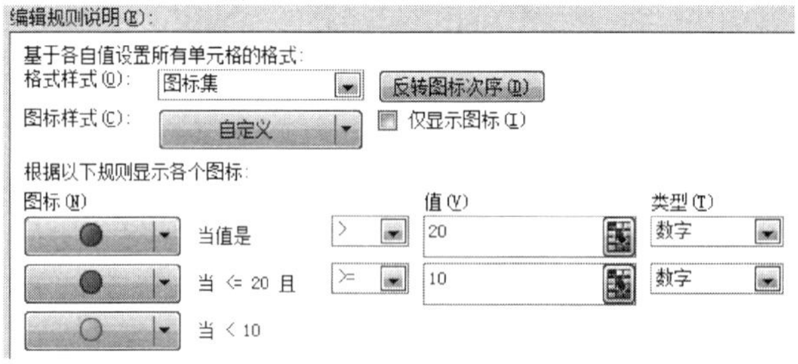

图 6.17　设置规则

步骤 19：单击【确定】按钮，不同气温范围带有不同的颜色显示，一目了然，如图 6.18 所示。

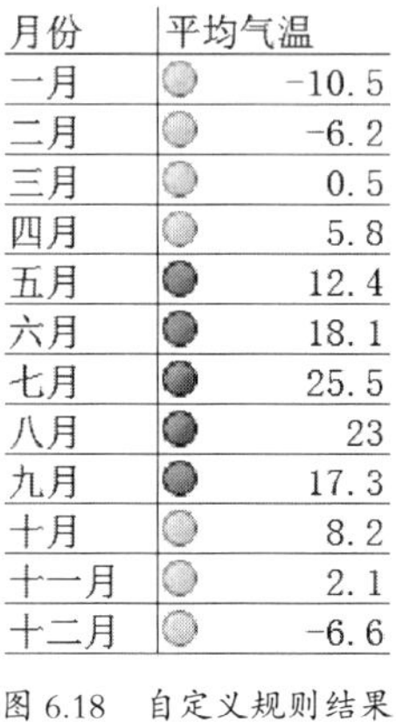

月份	平均气温
一月	-10.5
二月	-6.2
三月	0.5
四月	5.8
五月	12.4
六月	18.1
七月	25.5
八月	23
九月	17.3
十月	8.2
十一月	2.1
十二月	-6.6

图 6.18　自定义规则结果

子任务7　通过名称分析数据

在 Excel 软件中，数据存放在单元格中，单元格地址由列号和行号构成，如：A1，B5，当选中某个单元格时，行号与列号被加亮显示。

进行数据分析时，一般通过引用单元格地址来使用单元格中的数据进行分析。区域是多个单元格组成的群组，是单元格概念的延伸。构成区域的多个单元格可以是连续的，也可以是非连续的。最小的区域是一个单元格，最大的区域是整个工作表。习惯上，整行整列的区域，直接用行号或列号表示，如第五行表示为 5 : 5，F 列表示为 F : F。

步骤 1：单击工作表标签“区域命名 1”；选定一个区域 B2 : C9。

注意

1.Excel 中光标正常为空心十字形状，是正常选择状态，用于选定单元格或区域，被选中的单元格或区域加黑色边框显示。

2. 双击某单元格或按 F2 键，光标变成闪烁的竖线光标，该单元格处于编辑状态。

步骤 2：单击【公式—（定义的名称）—根据所选内容创建】，弹出“以选定区域创建名称”对话框，仅勾选“首行”，如图 7.1 所示。

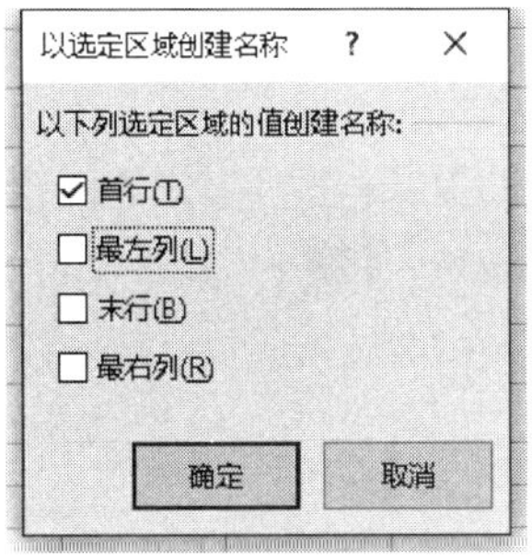

图 7.1　定义名称

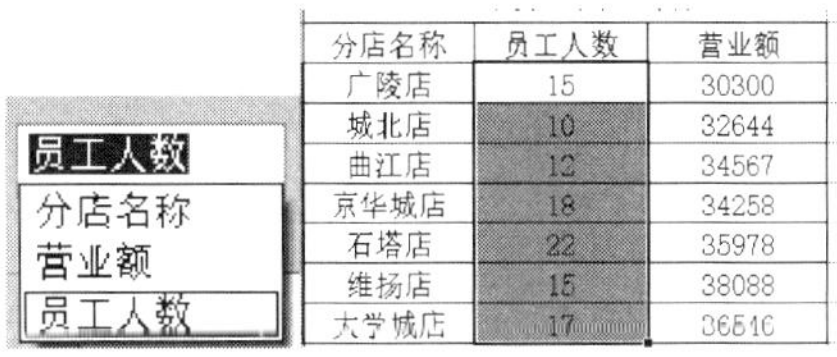

图 7.2　选择名称并显示名称对应区域

单击【确定】按钮，完成定义名称操作。

步骤 3：检查定义的名称。单击名称框右侧的下拉按钮，会出现 A2、B2、C2 三个单元格的内容，选择“员人工数”，则显示以“员工人数”对应的一个区域 B3 : B9，如图 7.2 所示。

技巧

1. 在给区域命名时，所取名称要以字母或下画线开头，名称中不能包含空格，不能与现在的命名或单元格名称重复；区域名不区分字母大小写。

2. 同一个区域可以有多个名称，但一个名称不可以对应多个区域。

步骤 4：通过名称统计分店销售数据。

单击 B11 单元格，输入函数“=sum(员工人数)”。

单击 C11 单元格，输入函数“=sum(营业额)”。

单击 B12 单元格，输入函数“=max(员工人数)”。

单击 C12 单元格，输入函数“=max(营业额)”。

单击 B13 单元格，输入函数“=min(员工人数)”。

单击 C13 单元格，输入函数“=min(营业额)”。

结果如图 7.3 所示。

11	合计	109	242381
12	最大	22	38088
13	最小	10	30300

图 7.3　通过名称统计

步骤 5：区域命名的综合应用。

单击工作表标签“区域命名 2”；选择 A1：G3 区域，单击【公式—（定义的名称）—根据所选内容创建】，在打开的对话框中仅选择“首行”，单击【确定】按钮，如图 7.4 所示。

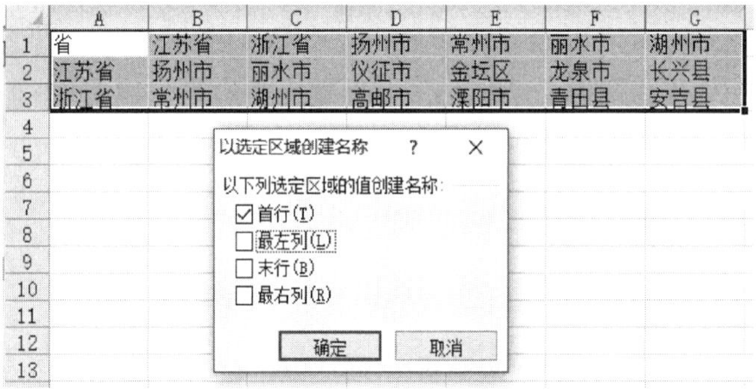

图 7.4　快速定义名称

步骤 6：构建查询。

在 A8 单元格中输入“省”，在 B8 单元格中输入“市”，在 C8 单元格中输入“县区”。

步骤 7：单击 A9 单元格，再单击【数据—（数据工具）—数据有效性】，选择“数据有效性”；在打开的“数据有效性”对话框的“设置”选项卡中，“允许”选择“序列”，“来源”选择“A2：A3”区域，或者直接输入“= 省”，单击【确定】按钮，如图 7.5 所示。

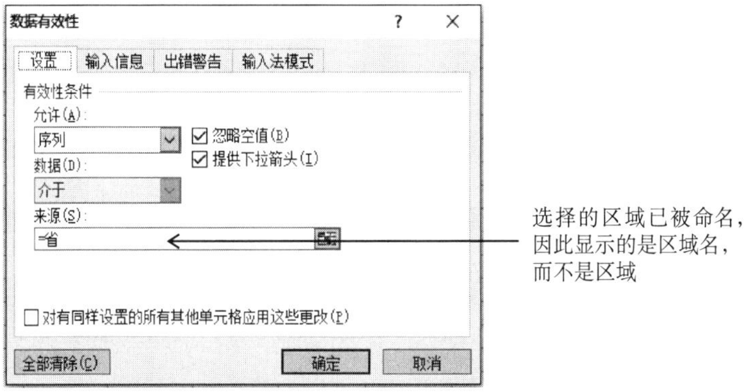

图 7.5　设置选择省名的数据有效性

在 A9 单元格中出现下拉箭头，可以选择省名，先选择一个省，如“浙江省”[①]。

步骤 8：单击 B9 单元格，再单击【数据—（数据工具）—数据有效性】，选择“数据有

① 此处先做一个选择，其目的是避免后面操作时出现错误信息；如果不做选择，保留空白，亦可。

效性”; 在打开的“数据有效性”对话框的“设置”选项卡中，“允许”选择“序列”，“来源”框中输入“=indirect(A9)”；单击【确定】按钮。

提高

1. indirect() 函数用于返回文本字符串指定的引用，格式为 indirect(引用名称 [，引用类型])，返回名称所指引的区域。

2. 区域名称可以跨工作表，即在一个工作表中可以引用此工作簿中其他工作表定义的名称。

3. 如果跨工作簿引用命名，则需要加上工作簿名，如在工作簿“ABC.xlsx”中有个区域名称为“myname”，在当前工作簿引用这个区域做数据有效性时，则写成：=indirect("'ABC.xlsx'!myname")，其中引号和感叹号是英文格式的。

在 B9 单元格中，出现了下拉箭头，内容是对应省的城市名，A9 单元格内容为“浙江省”，对应 B9 单元格可供选择的是“湖州市”和“丽水市”，如图 7.6 所示。

图 7.6　二级数据有效性选择

步骤 9：重复步骤 8，在“来源”框中输入“=indirect(B9)”，即由 B9 单元格的内容作为区域名称，经 indirect() 函数转换成相应区域后，作为 C9 单元格数据有效性的数据来源，如图 7.7 所示。

图 7.7　三级数据有效性选择

步骤 10：更新选择省名，则右侧相应的市、县区的下拉列表会相应变化。这种方法可以用于不同的场合。

子任务8　商务数据修饰

修饰工作表相当于 Word 软件对文档的编辑，主要修饰内容包括：字体、字号、单元格设置、工作表设置等。对于有数据的工作表，可以通过简单修饰，得到一张漂亮的工作表，易于阅读，便于打印。

步骤 1：单击工作表标签“工作表修饰”。

单击 H2 单元格，输入“好评率”。

单击 H3 单元格，输入公式“=G3/sum(C3:G3)”；复制 H3 单元格的公式到 H11，如图 8.1 所示。

C	D	E	F	G	H
五星	四星	三星	二星	一星	好评率
5452	480	166	120	171	0.853342
4708	584	242	178	104	0.809491
4399	421	272	147	115	0.821629
4173	479	214	195	92	0.80982
4984	507	213	143	181	0.826808
4163	423	243	139	167	0.810711
4465	487	108	110	24	0.859646
5313	564	204	154	185	0.82757
4556	572	171	157	119	0.81722

图 8.1　计算好评率

单击 H3 单元格，单击【开始—（数字）—百分比样式 % 】；H3 中的数字显示为百分比形式，再次单击【开始—（数字）—增加小数位数 ←.0 .00 】，显示的数字增加两位小数；选择 H4：H11 区域，重复上述操作，对整个区域设置百分比且两位小数格式。

步骤 2：单击 A12 单元格，输入“合计”。

选择 C12：G12 区域，直接按快捷键【Alt+=】，可以快速求和，计算相应区域数据（相当于在 C12 单元格中输入公式“=sum(C3:C11)”，其他列类似）的和，如图 8.2 所示。

步骤 3：拖动 H11 单元格的填充柄到 H12，计算“合计”行的好评率。

fx　=SUM(C3:C11)

C	D	E	F	G
五星	四星	三星	二星	一星
5452	480	166	120	171
4708	584	242	178	104
4399	421	272	147	115
4173	479	214	195	92
4984	507	213	143	181
4163	423	243	139	167
4465	487	108	110	24
5313	564	204	154	185
4556	572	171	157	119
42213	4517	1833	1343	1158

图 8.2　快速求和结果

步骤 4：选中 A1 至 H1 区域，单击【开始—（对齐方式）—合并后居中】。

单击【开始】标签的字号大小下拉列表，选择【12】号；再单击【加粗】按钮，如图 8.3 所示。

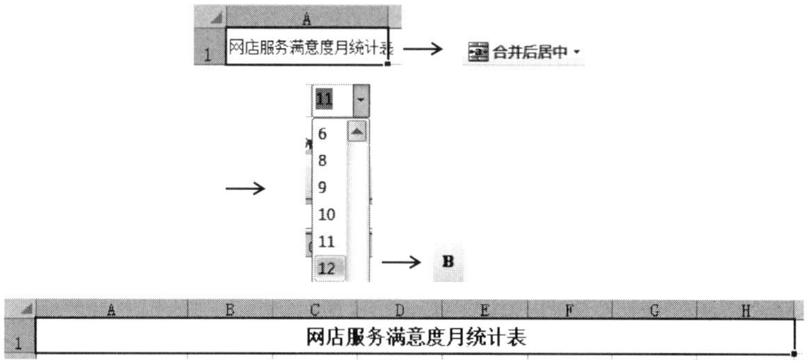

图 8.3　字体字号的修饰

步骤 5：双击 A2 单元格，进行编辑状态，将光标移到“服务阶段”前，按 Alt+ 回车键，产生手动换行；通过添加空格的方法，使两行错开，如图 8.4 所示。

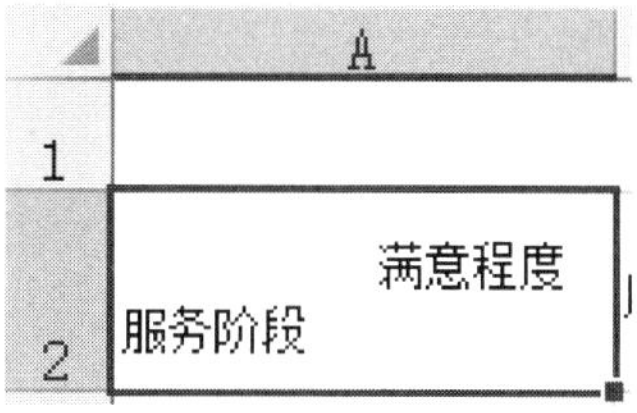

图 8.4　手动换行

步骤 3：右击 A2，在弹出的快捷菜单中选择“设置单元格格式”命令，打开“设置单元格格式”对话框，或按 Ctrl+1 组合键，直接打开“设置单元格格式”对话框，选中“边框”选项卡，单击【右斜线】按钮，如图 8.5 所示。

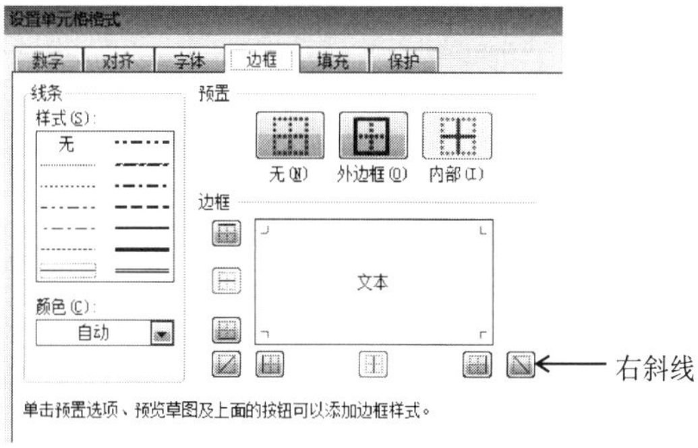

图 8.5　给单元格加斜线

同样设置 G12 单元格；效果如图 8.6 所示。

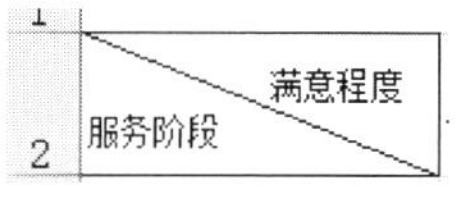

图 8.6　添加斜线的单元格

步骤 4：选中 A2 至 H12 区域，单击【开始—（字体）—边框】，在“边框”下拉列表中选择“所有框线”；单击字号下拉列表，选择【12】号；单击“对齐方式”中的【居中】按钮，如图 8.7 所示。

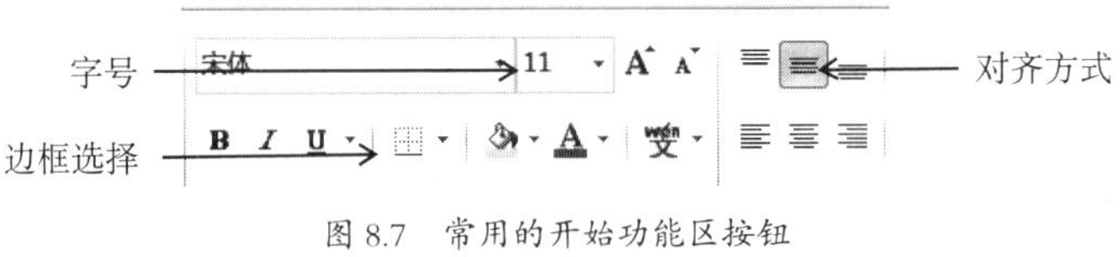

图 8.7　常用的开始功能区按钮

技巧

1. 在 Excel 中插入整行与整列遵循“左上原则”，即插入的整行或整列位于当前行、列的上侧或左侧。

2. 如果插入多行（列），可以从当前行（列）列往下（右）选择多行（列），再右击鼠标，在弹出的快捷菜单中选择“插入”命令，插入的行（列）数与选择的行（列）数一样多。

步骤 5：选中 A3 至 A5 区域，单击【开始—合并后居中】；同样设置 A6 至 A8 区域、A9 至 A11 区域。

步骤 6 :选择 A2 至 H2 区域，按 Ctrl+1 组合键，在打开的对话框中选择“填充”选项卡，在背景色中选择棕色。

步骤 7：按 Ctrl+A 组合键，单击【开始—单元格—格式】中的【自动调整行高】和【自动调整列宽】按钮；最终效果如图 8.8 所示。

	A	B	C	D	E	F	G	H
1	网店服务满意度月统计表							
2	满意程度 服务阶段	反馈项目	五星	四星	三星	二星	一星	好评率
3	售前	言语态度	5452	480	166	120	171	85.33%
4		专业知识	4708	584	242	178	104	80.95%
5		服务速度	4399	421	272	147	115	82.16%
6	售中	言语态度	4173	479	214	195	92	80.98%
7		专业知识	4984	507	213	143	181	82.68%
8		服务速度	4163	423	243	139	167	81.07%
9	售后	言语态度	4465	487	108	110	24	85.96%
10		专业知识	5313	564	204	154	185	82.76%
11		服务速度	4556	572	171	157	119	81.72%
12	合计		42213	4517	1833	1343	1158	82.67%

图 8.8　最终修饰的工作表

步骤 8：单击工作表标签“打印”。

打印工作表是利用 Excel 进行办公的常用目的，Excel 可以进行页面设置，方便地将内容打印出来。

Excel 最常用的功能是快速打印功能。快速打印指的是不需要用户进行进一步确认，就可以直接打印，如果当前工作表没有进行过任何有关打印选项的设置，Excel 会自动以默认的打印方式对其进行设置，默认的内容有以下几项。

打印内容：当前选定工作表中所有包含数据或格式的区域，包括图形、图表，不包括单元格批注。

打印份数：1 份。

打印范围：整个工作表中包含数据和格式的区域。

打印方向：纵向。

打印顺序：从上至下，再从左到右。

打印缩放：无缩放。

页边距：上、下页边距为 1.91 厘米，左、右边距为 1.78 厘米，页眉、页脚边距为 0.76 厘米。

页眉页脚：无。

打印标题：无标题。

注意

1. 打印前必须在计算机中正确安装打印机驱动程序。
2. 必须将打印机设为默认打印机。

单击【文件—打印】，出现“打印”对话框，如图 8.9 所示。

单击【打印】按钮，则打印当前工作表。

在“设置”下拉列表中选择“打印整个工作簿”，则打印整个工作簿内容，如图 8.10 所示。

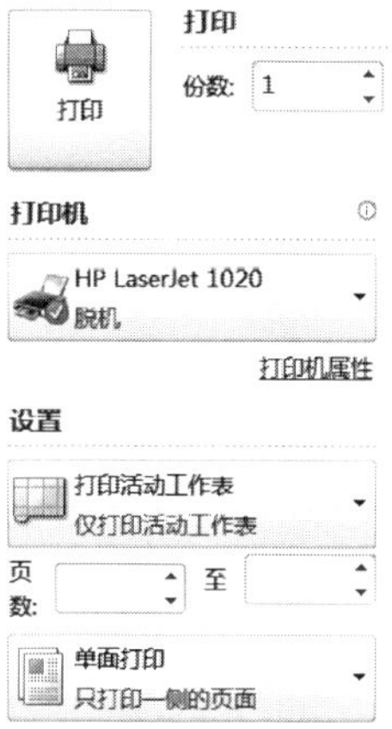

图 8.9　打印对话框

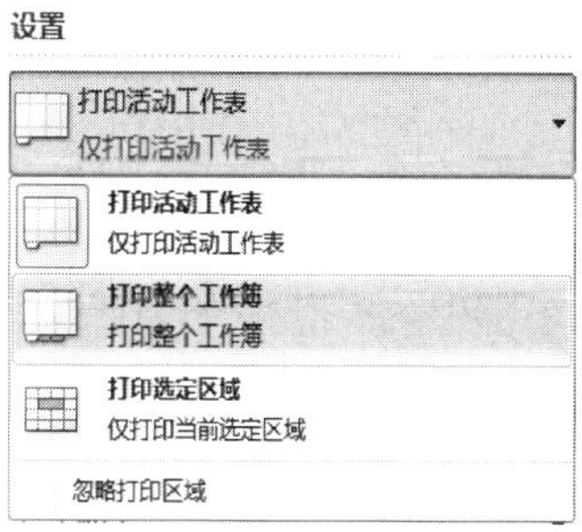

图 8.10　设置打印对象

步骤 9：打印选定区域。

方法一：选定区域“A1：G10”，单击【文件—打印】，在“打印”对话框的“设置”下拉菜单中选择“打印选定区域”；再单击【打印】按钮，如图 8.10 所示。

方法二：选定区域“A1：G10”，单击【页面布局—（页面设置）—打印区域—设置打印区域】，如图 8.11 所示；这时该区域被系统自动命名为“Print_Area”，在默认情况下，单击【打印】按钮即可打印这个区域；在名称管理器中可以对“Print_Area”进行编辑。

注意

1. 只有在工作簿中的多个工作表都有数据时，打印整个工作簿才有效。
2. 只有设置了“打印区域”后，“设置”菜单打印选项中的“忽略打印区域”才有效。

也只有在工作表中选定了区域后，“设置”菜单打印选项中的“打印选定区域”才有效。

单击【页面布局—（页面设置）—打印标题】，在弹出的“页面设置”对话框中，选择“工作表”标签，在“打印区域”框中出现默认的打印区域，单击【扩展选项】按钮可以更改打印区域。

图 8.11　设置打印区域

步骤 10：设置打印标题。

许多数据表格都包含有标题行或标题列，在数据内容较多需要多页打印时，Excel 软件可以将标题行或标题列重复打印在每个页面上。

单击【页面布局—（页面设置）—打印标题】，在弹出的“页面设置”对话框中选中“工作表”选项卡。

在“顶端标题行”框中，输入“$1：$1”，或者单击【扩展选项】按钮，选择第一行，如图 8.12 所示。

图 8.12　设置打印标题

这样每页的数据前就会加上标题行。

步骤 11：设置工作表背景。

单击【页面布局—（页面设置）—背景】，弹出“工作表背景”图片选择对话框。在对话框中，首先选择文件类型，常见格式的图片文件均可以作为工作表背景，如 JPG、BMP、TIF、EMF、GIF 等，如图 8.13 所示。

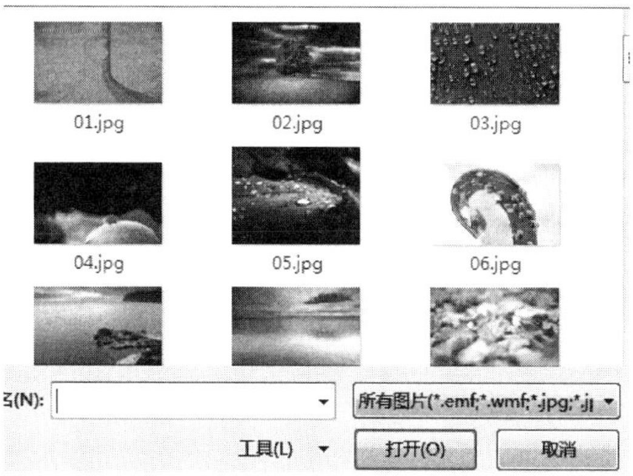

图 8.13　选择背景图片

选择 earth.jpg，单击【打开】按钮，效果如图 8.14 所示。

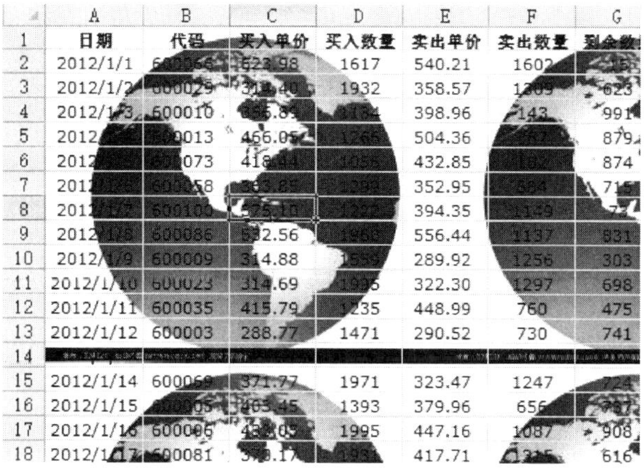

	A	B	C	D	E	F	G
1	日期	代码	买入单价	买入数量	卖出单价	卖出数量	剩余数
2	2012/1/1	600066	623.98	1617	540.21	1602	[illegible]
3	2012/1/2	600029	314.40	1932	358.57	1309	623
4	2012/1/3	600010	[illegible]	[illegible]	398.96	143	991
5	[illegible]	600013	466.05	1265	504.36	[illegible]	879
6	[illegible]	600073	418.44	1056	432.85	[illegible]	874
7	[illegible]	600058	363.85	1299	352.95	584	715
8	[illegible]	600100	575.10	1222	394.35	1149	[illegible]
9	[illegible]	600086	532.56	1960	556.44	1137	831
10	2012/1/9	600009	314.88	1555	289.92	1256	303
11	2012/1/10	600023	314.69	1995	322.30	1297	698
12	2012/1/11	600035	415.79	1235	448.99	760	475
13	2012/1/12	600003	288.77	1471	290.52	730	741
14	[illegible]	[illegible]	[illegible]	[illegible]	[illegible]	[illegible]	[illegible]
15	2012/1/14	600069	371.77	1971	323.47	1247	724
16	2012/1/15	600005	465.45	1393	379.96	656	787
17	2012/1/16	600066	432.05	1995	447.16	1087	908
18	2012/1/17	600081	[illegible]	[illegible]	417.71	[illegible]	616

图 8.14　设置背景后的效果

注意

1. 设置的背景图片以“平铺”形式“铺”在工作表中，如果图片比工作表小，则“重复”显示，“铺满”工作表。

2. 设置的背景不会被打印。

步骤 12：单击【页面布局—（页面设置）—删除背景】，可以删除已设置的背景。

步骤 13：设置可以打印的背景。

单击工作表标签中的“打印”；再单击数据区域的任意单元格，如 D5 单元格；按 Ctrl+A 组合键，选中全部的数据部分；再按 Ctrl+C 组合键，复制内容。

步骤 14：单击【新建工作表】标签，新建一个工作表；在任意单元格上右击鼠标，在弹出的快捷菜单中选择“选择性粘贴—（其他粘贴选项）—图片”命令，如图 8.15 所示。

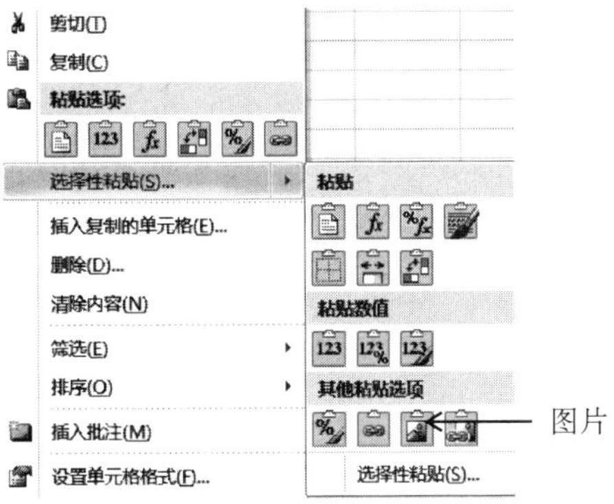

图 8.15　粘贴图片

日期	代码	买入单价
2012/1/1	600066	523.98
2012/1/2	600029	314.40
2012/1/3	600010	356.89
2012/1/4	600013	466.05
2012/1/5	600073	418.44
2012/1/6	600058	363.85
2012/1/7	600100	375.10
2012/1/8	600086	532.56
2012/1/9	600009	314.88
2012/1/10	600023	314.69
2012/1/11	600035	415.79
2012/1/12	600003	288.77

图 8.16　粘贴效果

粘贴后的效果如图 8.16 所示。

步骤 15：单击【插入—（插图）—图片】

，在打开的“插入图片”对话框中，选择“earth .jpg”，再单击【插入】按钮，将图片插入到工作表中。这时，图片（一幅）浮于最上层，如图 8.17 所示。

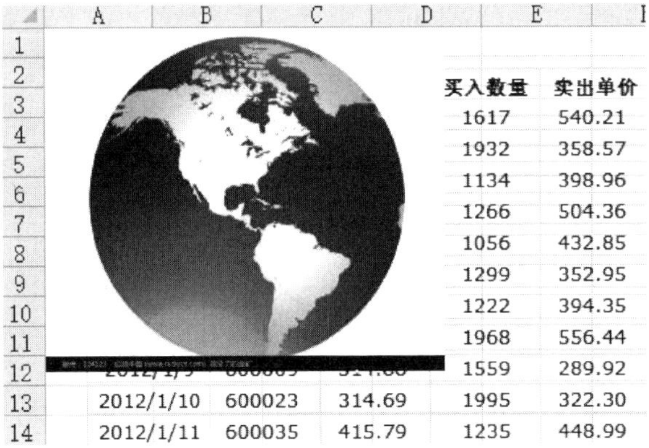

图 8.17　插入图片的效果

步骤 16：拖动图片边框调整图片大小，亦可以按 Ctrl 键拖动图片来复制多张图片。

按住 Ctrl 键不放，鼠标分别单击所有图片，可以选中所有图片；松开 Ctrl 键，右击鼠标，在弹出的快捷菜单中选择【组合—组合】，将多幅图片合为一幅，如图 8.18 所示。

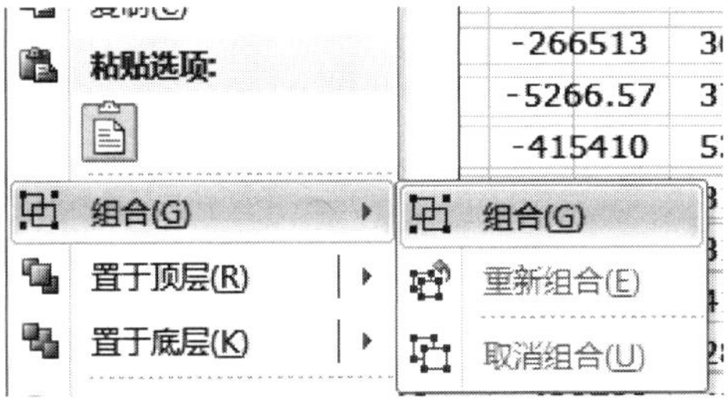

图 8.18　组合图片

步骤 17：右击图片，在弹出的快捷菜单中选择“置于底层—置于底层”命令，图片移至文字下方，如图 8.19 所示。

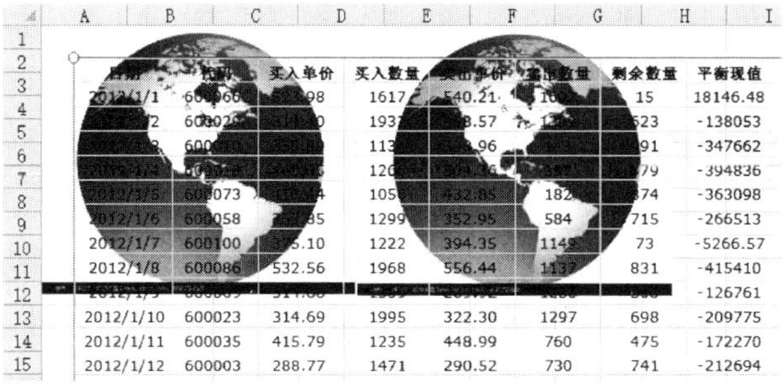

图 8.19　将图片置于文字下方

步骤 18：调整表层文字（其实是粘贴的图片）的位置，就可以打印带背景图片的表格，如图 8.20 所示。

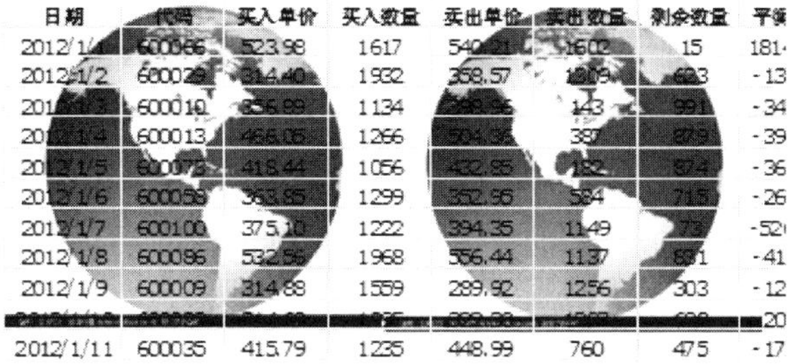

图 8.20　打印效果

技巧

1. 插入的背景图片可以“复制平铺”或“单张拉伸”，最终与文字区域一样大小。

2. 所有的图片可以“组合”成一幅图；图片与文字（其实是图片）也可以“组合”成一幅图，这样操作起来更方便。

步骤 19：设置页眉页脚。

单击【页面布局—（页面设置）— 】，打开“页面设置”对话框。

在打开的“页面设置”对话框中，单击“页眉 / 页脚”标签，再单击“页眉”下拉列表，可以选择页眉模板，如图 8.21 所示。

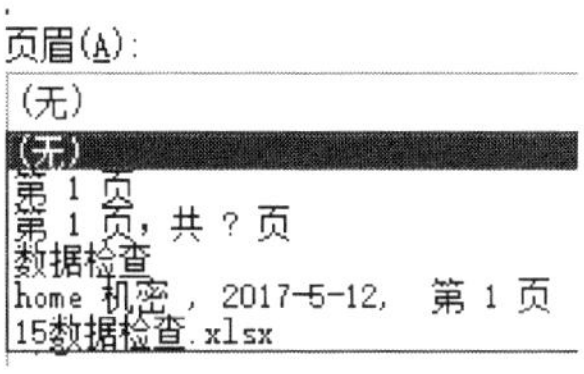

图 8.21　页眉模板

单击【自定义页眉】，弹出“页眉”对话框，如图 8.22 所示。在“中”框中，输入“股票买卖一览表”，单击【确定】按钮，此时页眉设置完毕。

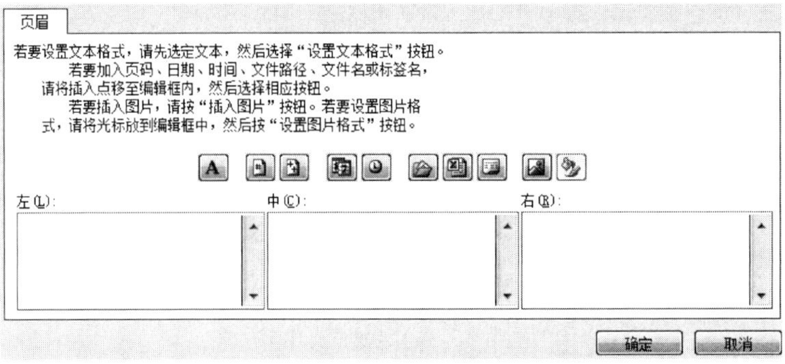

图 8.22 设置自定义页眉

同样，可以设定页脚。

技巧

1. 在页眉页脚中，可以插入下列对象：插入页码，插入页数，插入日期，插入时间，插入图片。

2. 设置完页眉页脚后，只有在打印预览或打印时，才能看到效果。

任务3

商务数据的计算与核查

任务说明

本任务主要是通过 Excel 的函数计算并核查商务数据。数据核查不是简单的计算，不仅包括加、减、乘、除等算术运算，还包括文本、财务、统计等领域的特殊运算。在经济领域，Excel 软件的计算功能显得特别重要。在完成任务的过程中，一方面熟悉 Excel 常用函数的用法；另一方面，熟悉如何构造方案，再通过函数来实现该方案。

数据核查是通过计算来实现的。Excel 本身具有十分强大的计算功能，这些计算功能通过公式与函数来实现。公式（Formula）是以“=”号[①]为引导，通过运算符号按照一定的顺序组合进行数据运算处理的等式；函数是按特定算法执行计算的产生一个或一组结果的预定义的特殊公式。

本任务是利用现有数据，通过计算、核查得到相关结果，实现商务数据的初步分析。

① 实际操作中，以“+”开头，或者“——”（两个减号）开头，也是可以的。

子任务9 计算网店指标数据

公司店铺每天会产生很多销售数据，在记录数据时，可以按日期、产品类别等分类记录。分析这些销售数据，不但可以预测未来的销量，还可以引导促销活动，增加销量。

网店数据分析的指标有以下几个。

1. 浏览量（PV）：店铺各页面被查看的次数。用户多次打开或刷新同一个页面，该指标值累加。

2. 访客数（UV）：全店各页面的访问人数，即进入网店浏览商品的人数。所选时间段内，同一访客多次访问会进行去重计算。

3. 人均店内停留时间（秒）：所有访客的访问过程中，平均每次连续访问店铺的停留时间。

4. 收藏数：用户访问店铺页面过程中，添加收藏的总次数（包括首页、分类页和宝贝页的收藏次数）。

5. 点击率：进店的访客数除以店铺总浏览量。

6. 转化率：进店浏览量中真实购买的人数占浏览量的比率。

7. 客服数：进店后与客服人员交流的数量。

步骤 1：单击工作表标签“计算店铺销售数据”，计算点击率、转化率、客服转化率和收藏转化率。

点击率计算公式为：

点击率 = 访客数 UV/ 浏览量 PV*100%

单击 J2 元格，输入公式“=E2/D2”，得到结果 0.8141。

选中 J2 单元格，双击 J2 单元格的填充柄，得到 J 列剩余单元格的结果，如图 9.1 所示。

单击 J 列列标，选中 J 列，再单击【开始—（数字）百分比 % 】,J 列数字以百分比显示，两次单击【开始—（数字）—增加小数位数 ←.0 .00 】，结果如图 9.2 所示。

G	H	I	J
购买数	客服数	收藏数	点击率
134	10	67	0.8141
86	77	68	0.8673
37	4	75	0.9686
113	70	25	0.7095
120	64	81	0.8662

图 9.1 计算点击率

G	H	I	J
购买数	客服数	收藏数	点击率
134	10	67	81.41%
86	77	68	86.73%
37	4	75	96.86%
113	70	25	70.95%
120	64	81	86.62%

图 9.2 更改点击率显示

技巧

1. 选中单元格或区域，鼠标移至右下角时，会出现黑色十字形状，称为填充柄；拖动填充柄，可以复制（填充）单元格内容。

2. 双击填充柄可以自动复制（填充），自动执行的范围由左侧的数据行决定，遇到空白行时停止。

步骤 2：计算转化率，转化率计算公式为：

转化率 = 购买数 / 访客数 UV*100%

单击 K2 单元格，输入公式“=G2/E2”，得到结果 0.241007。

选中 K2 单元格，双击 K2 单元格的填充柄，得到 K 列剩余单元格的结果，如图 9.3 所示。

单击 K 列列标，选中 K 列，单击【开始—（数字）百分比 % 】，K 列数字以百分比显示，两次单击【开始—（数字）—增加小数位数 】，结果如图 9.4 所示。

I	J	K
收藏数	点击率	转化率
67	81.41%	0.241007
68	86.73%	0.168627
75	96.86%	0.044365
25	70.95%	0.137303
81	86.62%	0.128755
57	47.91%	0.269841

图 9.3　计算转化率

I	J	K
收藏数	点击率	转化率
67	81.41%	24.10%
68	86.73%	16.86%
75	96.86%	4.44%
25	70.95%	13.73%
81	86.62%	12.88%
57	47.91%	26.98%

图 9.4　更改转化率显示

步骤 3：计算客服转化率，客服转化率公式为：

客服转化率 = 客服数 / 访客数 UV*100%

单击 L2 单元格，输入公式“=H2/E2”，得到结果 0.01798561。

选中 L2 单元格，双击 L2 单元格的填充柄，得到 L 列剩余单元格的结果，如图 9.5 所示。

单击 L 列列标，选中 L 列，单击【开始—（数字）百分比 % 】，L 列数字以百分比显示，两次单击【开始—（数字）—增加小数位数 】，结果如图 9.6 所示。

J	K	L
点击率	转化率	客服转化率
81.41%	24.10%	0.01798561
86.73%	16.86%	0.15098039
96.86%	4.44%	0.00479616
70.95%	13.73%	0.08505468
86.62%	12.88%	0.06866953
47.91%	26.98%	0.18055556

图 9.5　计算客服转化率

J	K	L
点击率	转化率	客服转化率
81.41%	24.10%	1.80%
86.73%	16.86%	15.10%
96.86%	4.44%	0.48%
70.95%	13.73%	8.51%
86.62%	12.88%	6.87%
47.91%	26.98%	18.06%

图 9.6　更改客服转化率显示

步骤 4：计算收藏转化率，收藏转化率计算公式为：

收藏转化率 = 收藏数 / 访客数 UV*100%

单击 M2 单元格，输入公式“=I2/E2”，得到结果 0.1205036。

选中 M2 单元格，双击 M2 单元格的填充柄，得到 M 列剩余单元格的结果，如图 9.7 所示。

单击 M 列列标，选中 M 列，单击【开始—（数字）百分比样式 % 】，M 列数字以百分比显示，两次单击【开始—（数字）—增加小数位数 】，结果如图 9.8 所示。

步骤 5：统计销售数据。一段时间的销售数据，可以按时间、周次、商品类别统计。

A45：A51 区域是按日期汇总的统计销售量。单击 D45 单元格，输入公式“=SUMIF(A2:A43,A45,D2:D43)”，按回车键得到结果 5420。

K	L	M
转化率	客服转化率	收藏转化率
24.10%	1.80%	0.1205036
16.86%	15.10%	0.13333333
4.44%	0.48%	0.08992806
13.73%	8.51%	0.03037667
12.88%	6.87%	0.08690987
26.98%	18.06%	0.11309524

图 9.7　计算收藏转化率

K	L	M
转化率	客服转化率	收藏转化率
24.10%	1.80%	12.05%
16.86%	15.10%	13.33%
4.44%	0.48%	8.99%
13.73%	8.51%	3.04%
12.88%	6.87%	8.69%
26.98%	18.06%	11.31%

图 9.8　更改收藏转化率显示

单击 D45 单元格，再次选中 D45 单元格，按 F2 键，编辑 D45 单元格公式（也可以直接在编辑栏中编辑公式），将光标移动到 A2：A43 区域，反复按 F4 键，直到变成 $A$2：$A$43 样式，再次移到 A45 区域，反复按 F4 键，直到变成 $A$45 样式，整个公式变成：

=SUMIF($A$2:$A$43,$A$45,D2:D43)

单击 D45 单元格，拖动填充柄至 I45 单元格，计算相应数据；结果如图 9.9 所示。

5月5日			5420	4159	125	626	316	373

图 9.9　按日期计算汇总数据

单击 J45 单元格，输入公式“==E45/D45”。

单击 K45 单元格，输入公式“==G45/E45”。

单击 L45 单元格，输入公式“==H45/E45”。

单击 M45 单元格，输入公式“==I45/E45”。

选择 J45：M45 区域，单击【开始—（数字）—百分比样式 % 】，两次单击【开始—（数字）—增加小数位数 】，结果如图 9.10 所示。

76.73%	15.05%	7.60%	8.97%

图 9.10　按日期计算各个比率

步骤 6：按步骤 5 计算 D46：M51 区域，如图 9.11 所示。

5月5日			5420	4159	125	626	316	373	76.73%	15.05%	7.60%	8.97%
5月6日			5604	4563	145	485	391	328	81.42%	10.63%	8.57%	7.19%
5月7日			4444	3451	134	440	282	315	77.66%	12.75%	8.17%	9.13%
5月8日			6161	4561	142	520	304	340	74.03%	11.40%	6.67%	7.45%
5月9日			5810	4526	189	361	349	306	77.90%	7.98%	7.71%	6.76%
5月10日			5403	4390	167	325	320	317	81.25%	7.40%	7.29%	7.22%
5月11日			5704	4382	121	386	216	283	76.82%	8.81%	4.93%	6.46%

图 9.11　按日期汇总计算

基础

1.SUMIF() 函数。SUMIF 函数可用于对区域中符合指定条件的数值求和。例如，如果某列中含有数字，而你可能需要对大于 5 的数值求和。语法：SUMIF（范围，条件，[求和区域]）。

2. 如果忽略 [求和区域]，则条件区域也是求和区域。

步骤 7：按商品类目统计汇总数据。

B52：B58 区域显示的是按商品类目汇总的统计销售量。

单击 D52 单元格，输入公式“=SUMIF($C$2:$C$43,$C$52,D2:D43)”，按回车键后得到结果 6355。

单击 D52 单元格，拖动填充柄至 I52 单元格，计算相应数据；结果如图 9.12 所示。

太阳眼镜	6355	4965	217	481	160	262

图 9.12　按类目计算汇总数据

单击 J52 单元格，输入公式“==E52/D52”。

单击 K52 单元格，输入公式“==G52/E52”。

单击 L52 单元格，输入公式“==H52/E52”。

单击 M52 单元格，输入公式“==I52/E52”。

选择 J52：M52 区域，单击【开始—（数字）—百分比样式 % 】，两次单击【开始—（数字）—增加小数位数 .00 】，结果如图 9.13 所示。

78.13%	9.69%	3.22%	5.28%

图 9.13　按类目计算各个比率

步骤 8：计算剩余类目数据，如图 9.14 所示。

太阳眼镜	6355	4965	217	481	160	262	78.13%	9.69%	3.22%	5.28%
光学眼镜	6145	5013	141	467	355	472	81.58%	9.32%	7.08%	9.42%
护目镜	6065	5235	159	510	414	443	86.31%	9.74%	7.91%	8.46%
老花眼镜	6803	5099	173	514	474	361	74.95%	10.08%	9.30%	7.08%
偏光太阳镜	7170	5610	164	607	390	352	78.24%	10.82%	6.95%	6.27%
运动眼镜	6008	4110	169	564	385	372	68.41%	13.72%	9.37%	9.05%

图 9.14　按类目汇总计算

步骤 9：查看数据。

选择 J2：J43 区域，单击【开始—（样式）—条件格式—项目选取规则—前 10%】，如图 9.15 所示。

弹出“前 10%”设置条件格式的对话框，设置格式为：前 10% 为浅红填充色红色文本。单击【确定】按钮，结果选中区域中，数据较大的前 10% 数据改为浅红色填充红色文本，如图 9.16 所示。

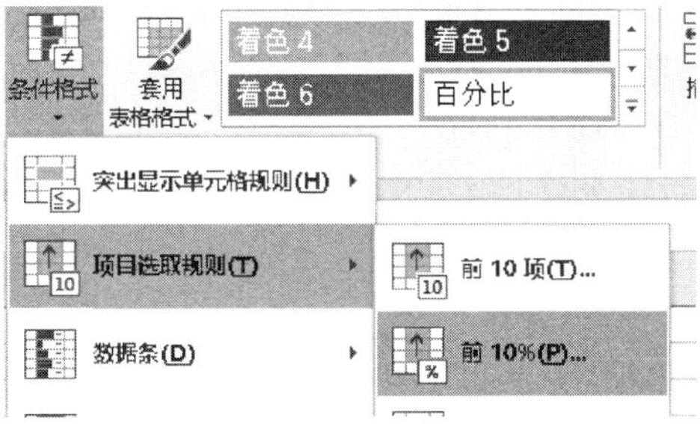

图 9.15　设置条件格式

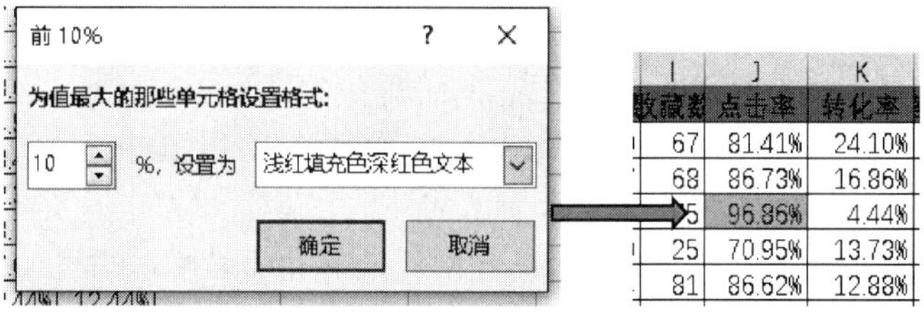

图 9.16　设置前 10% 格式

步骤 10：依照步骤 9，将 K2：K43 区域、L2：L43 区域、M2：M43 区域、J45：J57 区域、K45：K57 区域、L45：L57 区域、M45：M57 区域同样设置条件格式，结果如图 9.17 所示。

76.73%	15.05%	7.60%	8.97%
81.42%	10.63%	8.57%	7.19%
77.66%	12.75%	8.17%	9.13%
74.03%	11.40%	6.67%	7.45%
77.90%	7.98%	7.71%	6.76%
81.25%	7.40%	7.29%	7.22%
76.82%	8.81%	4.93%	6.46%
78.13%	9.69%	3.22%	5.28%
81.58%	9.32%	7.08%	9.42%
86.31%	9.74%	7.91%	8.46%
74.95%	10.08%	9.30%	7.08%
78.24%	10.82%	6.95%	6.27%
68.41%	13.72%	9.37%	9.05%

图 9.17　设置条件格式后的结果

设置条件格式后，位于前 10% 的数据更加醒目，可以很容易地查看哪些日期、哪些类目更能吸引流量。

子任务10　计算网店销售数据

电商平台店铺销售数据包括平台名、地区、产品、单价和销量，在统计分析时，需要以平台或产品将销售额统计出来。在 Excel 中，通过 SUMPRODUCT() 函数可以将符合条件的数据抽取出来，并进行一定的运算，方便地得到想要的结果。

步骤 1：单击工作表标签“销售数据”。

单击 K1 单元格，再单击【公式—（函数库）—数学和三角函数—SUMPRODUCT】，弹出“函数参数”对话框，如图 10.1 所示。

步骤 2：在“函数参数”对话框中，数组区域 1（Array1）中输入“E2：E31”，数组区域 2（Array2）中输入“F2：F31”，单击【确定】按钮。

在 K1 单元格中生成函数“=SUMPRODUCT(E2:E31,F2:F31)”，如图 10.2 所示。

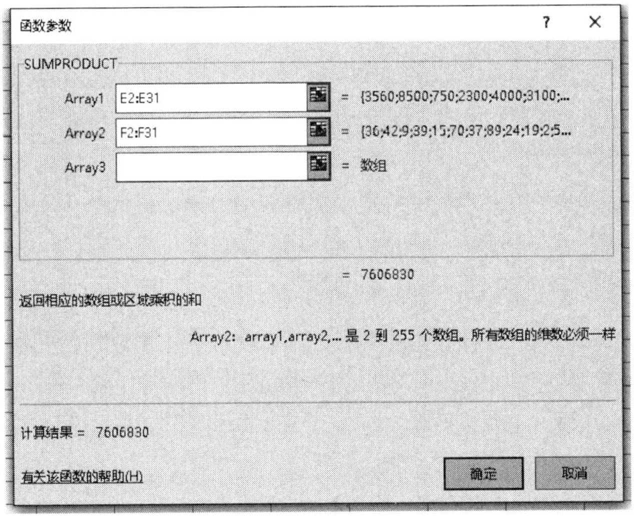

图 10.1　SUMPRODUCT 函数参数对话框

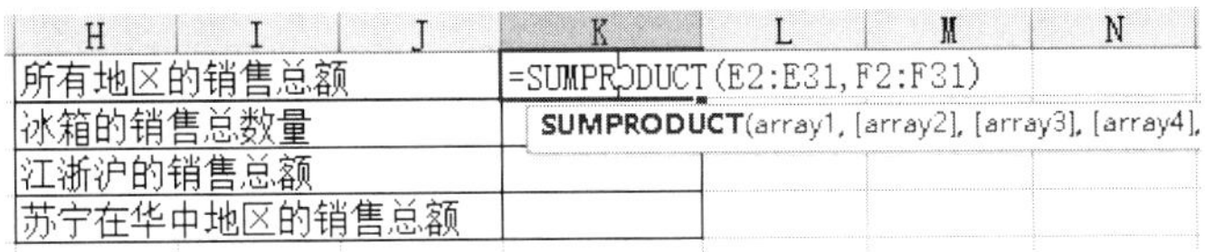

图 10.2　SUMPRODUCT 函数

基础

1. SUMPRODUCT() 函数的功能是区域乘积求和，函数格式是 SUMPRODUCT(区域 1,[区域 2]…)，要求所有区域的大小形状一样，函数返回所有区域中对应位置的数值乘积之和。

2. 步骤 2 中的 K1 单元格函数也可以写成“= SUMPRODUCT((E2:E31)*(F2:F31))”。

步骤 3：单击 K2 单元格，输入公式“=SUMPRODUCT((F2:F31)*((D2:D31)=" 冰箱 "))”，按回车键得到冰箱的总销量，如图 10.3 所示。

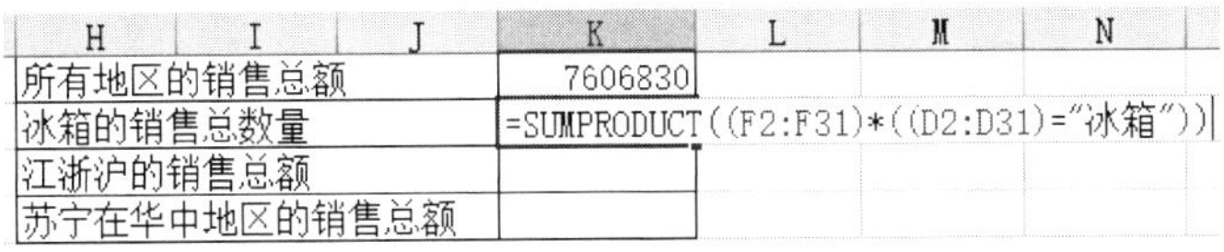

图 10.3　计算冰箱销量

解释: F2：F31 表示全部产品的销量;(D2：D31)=" 冰箱 "，产生一个新的区域（数组），结果为 1 或 0，单元格内容是“冰箱”的结果为 1，否则为 0；两个区域相乘，则将后一区域中为 1 的销量保留下来，其余清 0，再将这个区域求和，可以得到冰箱的总销量。

步骤 4：单击 K3 单元格，输入公式“=SUMPRODUCT((C2:C31=" 江浙沪 ")*(E2:E31)*(F2:F31))”，如图 10.4 所示。

解释：同上，只不过多了一个区域，结果为三个区域相乘后再求和。

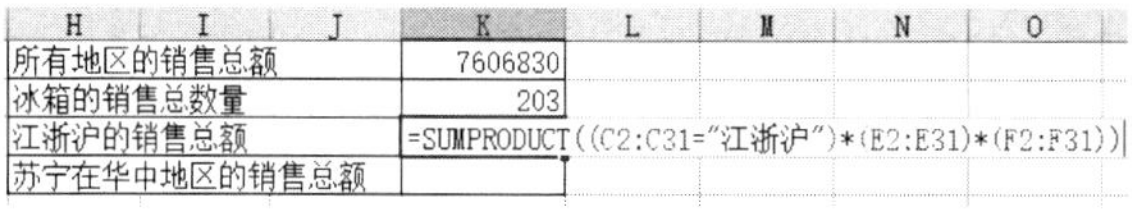

H I J	K
所有地区的销售总额	7606830
冰箱的销售总数量	203
江浙沪的销售总额	=SUMPRODUCT((C2:C31="江浙沪")*(E2:E31)*(F2:F31))
苏宁在华中地区的销售总额	

图 10.4　计算江浙沪的销售总额

步骤 5：单击 K4 单元格，输入公式“=SUMPRODUCT((B2:B31=" 苏宁 ")*(C2:C31=" 华中 ")*(E2:E31)*(F2:F31))”，如图 10.5 所示。

解释：同上，再增加一个区域，4 个区域相乘再求和。

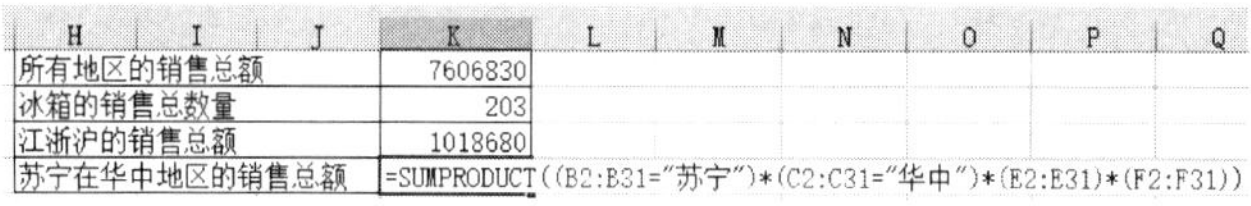

H I J	K
所有地区的销售总额	7606830
冰箱的销售总数量	203
江浙沪的销售总额	1018680
苏宁在华中地区的销售总额	=SUMPRODUCT((B2:B31="苏宁")*(C2:C31="华中")*(E2:E31)*(F2:F31))

图 10.5　计算苏宁平台上华中地区的销售总额

提高

1. SUMPRODUCT() 函数默认支持数组，步骤 3、步骤 4 和步骤 5 均使用了数组功能，即区域直接相乘实为数组操作。

2. 将步骤 3、步骤 4 和步骤 5 中的函数 SUMPRODUCT 换成 SUM，其他不变，输入完成后，按 Ctrl+Shift+Enter 键，同样也能得到正确结果，这也是利用了 Excel 的数组功能。

步骤 6：单击 H8 单元格，再单击【数据—（数据工具）—数据验证—数据验证[①]】，弹出“数据验证”对话框。在“设置”选项卡中，“允许”选择“序列”，“来源”框中选择 B2：B31 区域（即 =$B$2:$B$31）；单击【确定】按钮，如图 10.6 所示。

步骤 7：单击 I8 单元格，同步骤 6，设置“来源”为 $C$2：$C$31；同样在 J8 单元格中，设置数据有效性，设置“来源”为 $D$2：$D$31。

为相应单元格选择任意数据，结果如图 10.7 所示。

图 10.6　设置数据验证（数据有效性）

① 低版本的Excel软件中，显示为“数据有效性”。

平台	地区	产品	销售额
京东	东北	微波炉	

图 10.7　准备好数据验证

步骤 8：单击 K8 单元格，输入“=SUMPRODUCT((B2:B31=H8)*(C2:C31=I8)*(D2:D31=J8)*(E2：E31)*(F2：F31))”；在 K8 单元格中计算出不同平台在对应地区的对应产品的销售额。

技巧

1. 步骤 8 的公式中的区域均可以定义成名称，这样公式就更容易读懂。
2. 步骤 8 中，可以使用条件格式，在数据区域将所选的销售员、地区、产品标记出来。

步骤 9：选择 B1：B31 区域，单击【开始—(样式)—条件格式—突出显示单元格规则—等于】，弹出“等于”对话框，再单击 H8 单元格，如图 10.8 所示，单击【确定】按钮。

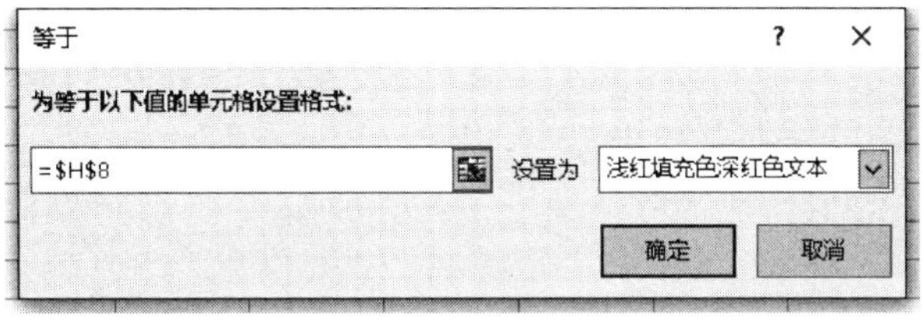

图 10.8　设置条件格式

步骤 10：地区与产品的条件格式设置同步骤 9，效果如图 10.9 所示。

操作的目的是，通过数据验证选择不同的平台、地区和产品，自动计算销售总额，同时在原始数据中，突出显示选择的平台、地区和产品，便于浏览、查验。

	A	B	C	D	E	F
1	序号	平台	地区	产品	价格	销量
2	1	亚马逊	江浙沪	冰箱	3560	36
3	2	京东	华北	空调	8500	42
4	3	淘宝	东北	微波炉	750	9
5	4	天猫	西南	彩电	2300	39
6	5	苏宁	江浙沪	电脑	4000	15
7	6	京东	华中	手机	3100	70
8	7	淘宝	华南	电扇	200	37
9	8	天猫	江浙沪	冰箱	3560	89
10	9	苏宁	华北	空调	8500	24
11	10	京东	东北	微波炉	750	19

图 10.9　设置条件格式的数据区域（部分）

子任务11　仓库存货盘点与核对

店铺每隔一段时间要对仓库商品进行盘点。盘点是指定期或临时对库存商品实际数量进行清查、清点的一种作业。盘点分为手工盘点、盘点机盘点。

手工盘点:主要靠人员手工记录盘点内容——商品数据，然后与计算机中的数据进行核对。

盘点机盘点：利用数据采集器设备，把需要盘点的商品信息导入到采集器中，然后利用盘点机扫描商品条码，显示相应的信息，盘点人员根据显示数量录入采集，最后导入系统管理软件中进行比对，生成盘盈盘亏单。

多个仓库提供商品明细数据之后，需要对数据进行合并。有时，合并之前，还需要对商品名称、条码进行核对，以防盘点时出错。

步骤 1：单击工作表标签“一号仓库”，浏览盘点结果；单击工作表标签“二号仓库”，浏览盘点结果；单击工作表标签“三号仓库”，浏览盘点结果。

步骤 2：检验商品条码与名称是否唯一。检验的原则是：商品名称与规格相同，条码必须相同。

单击工作表标签“一号仓库”；单击 G1 单元格，输入“名称规格”；单击 H1 单元格，输入“一号仓库条码”；单击 I1 单元格，输入“数量”[①]。

单击 G2 单元格，输入公式“=B2&C2”，得到名称与规格合并的内容，如图 11.1 所示。

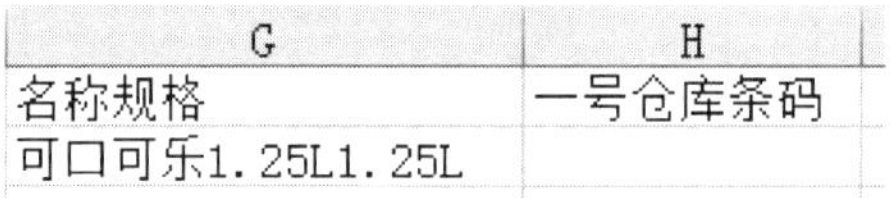

图 11.1　合并名称规格

基础

“&”符号，在 Excel 中是连接符，可以将单元格内容连接成一个新的字符，相当于函数 CONCATENATE()，在 Excel 2016、Excel Mobile 和 Excel 网页版中，连接已被 CONCAT 函数取代。

拖动 G2 单元格填充柄，到数据区域的最后一行，得到一号仓库所有商品的名称规格合并内容。

步骤 3：单击 D2 单元格，拖动鼠标到 D 列最后一个数据单元格，选中整个数据区域。

在选中的区域中单击鼠标右键，在弹出的快捷菜单中选择“复制”命令（或者直接按 Ctrl+C 组合键)，如图 11.2 所示。

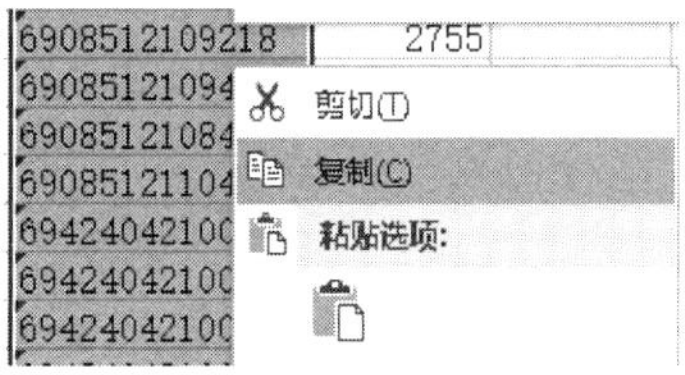

图 11.2　复制条码信息

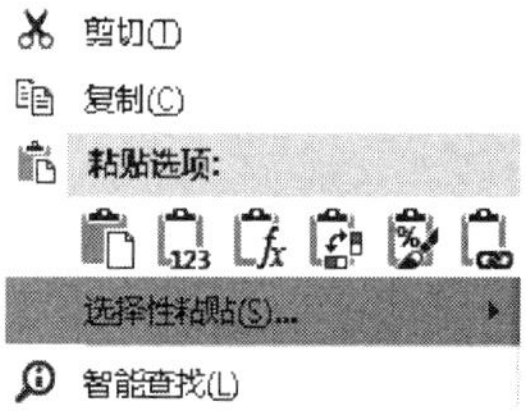

图 11.3　选择性粘贴

① 条码校对用不到“数量”字段，盘点合并时要用到“数量”字段。

单击 H2 单元格，右击鼠标，在弹出的快捷菜单中选择“选择性粘贴”（不要在扩展菜单中选择），如图 11.3 所示，弹出“选择性粘贴”对话框，在“运算”栏中选择“加”，如图 11.4 所示。

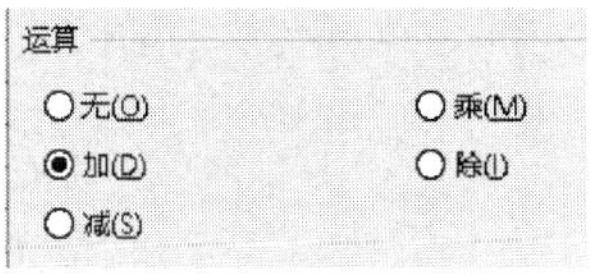

图 11.4　选择性粘贴

技巧

1. 选择性粘贴中的“运算”，表示将粘贴内容与目标单元格内容进行相应的运算。

2. 本例中，运算是“加”，表示合并时，粘贴内容与单元格内容相加，如果目标单元格没有内容，则视为 0；但如果原数据是文本型数值，进行“加”运算后，在数据内容不变的情况下数据类型自动变成数值型，这是一个使用技巧。

单击【确定】按钮，得到科学型数值。单击【开始—（数字）—数值】数值，改科学型数值为普通数值，两次单击【开始—（数字）—减小数字位数】，不设小数位数，仅保留整数部分，如图 11.5 所示。

选择 E2 单元格，拖动鼠标到 E 列最后一个数据单元格，选中整个数据区域；直接按 Ctrl+C 组合键，再单击 I2 单元格，按 Ctrl+V 组合键，将数量粘贴到此。

步骤 4：在二号仓库工作表、三号仓库工作表重复操作步骤 2、步骤 3，如图 11.6 所示。

步骤 5：进行条码检验。

单击工作表标签“条码检验”，再单击 A1 单元格。

单击【数据—（数据工具）—合并计算】，弹出“合并计算”对话框。在“函数”下拉列表中，选择“求和”。

H
一号仓库条码
6.90851E+12
6.90851E+12
6.90851E+12

H
一号仓库条码
6908512108211.00
6908512109218.00
6908512109423.00

H
一号仓库条码
6908512108211
6908512109218
6908512109423

图 11.5　改变数值显示

G	H
名称规格	一号仓库条码
可口可乐1.25L1.25L	6908512108211
雪碧1.25L1.25L	6908512109218
雪碧汽水600ml600ml	6908512109423

G	H
名称条码	二号库条码
35度中国劲酒125ml	6909131169201
43度贵州茅台酒（带杯）500ml	6902952884308
52度泸州老窖特曲500ml	6901798810137

G	H
名称条码	三号库条码
35度中国劲酒125ml	6909131169201
38度致中和牌五加皮酒（精制）500ml	6922306500029
52度泸州老窖特曲500ml	6901798810137

图 11.6　三人仓库的商品与条码信息

单击“引用位置”右侧的【区域选择】按钮，选择“一号仓库”工作表的 G 列、H

列的数据部分，如图 11.7 所示。

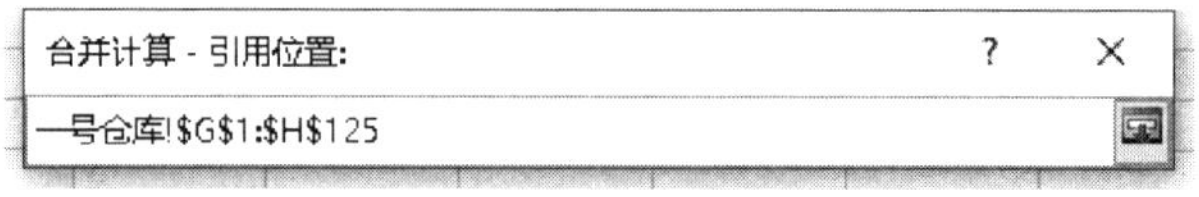

图 11.7　选取区域

再次单击选择框右侧的按钮，返回“合并计算”对话框，单击对话框中的【添加】按钮，如图 11.8 所示。

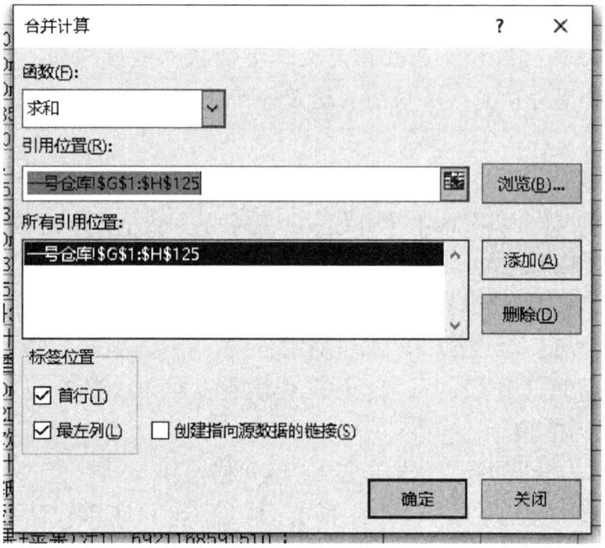

图 11.8　添加合并计算区域

重复添加“二号仓库”“三号仓库”的对应 G 列、H 列的数据区域，如图 11.9 所示。

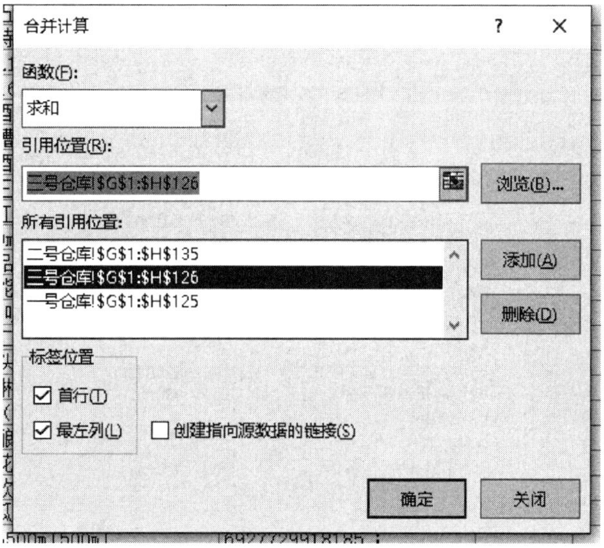

图 11.9　添加三个区域

单击【确定】按钮，得到合并后的结果，如图 11.10 所示。

	二号库条码	三号库条码	一号仓库条码
35度中国劲酒125ml	6909131169201	6909131169201	6909131169201
俏阿婆佬米酒400g400g			6947402100027
越景特醇三年陈绍兴花雕2.5L			6939037400054
茅台醇白浓香型酒（38度佳品）425ml			6931699810264
43度贵州茅台酒（带杯）500ml	6902952884308		6902952884308
38度致中和牌五加皮酒（精制）500ml		6922306500029	6922306500029
52度泸州老窖特曲500ml	6901798810137	6901798810137	6901798810137

图 11.10　合并结果

步骤 6：单击 E1 单元格，输入“验证结果”。

单击 E2 单元格，输入公式“=IF(AVERAGE(B2:D2)=MAX(B2:D2),"","有误")”，复制 E2 公式到数据行的最后一行，结果如图 11.11 所示。

B	C	D	E
二号库条码	三号库条码	一号仓库条码	验证结果
6909131169201	6909131169201	6909131169201	
		6947402100027	
		6939037400054	
		6931699810264	
6902952884318		6902952884308	有误
	6922306500099	6922306500029	有误

图 11.11　条码检验结果

E 列中出现“有误”字样的，表示同一商品、同一规格，存在不同的条码，所以产生了错误，需要进一步查验核对。

提高

判断三个仓库的条码是否一致有多种方法。本例中，计算条码的平均值（数据已转换为数值型数据），与条码最大值（或最小值）进行对比，只要条码存在差异，平均值与最大值即存在差异，否则数值是一样的。IF 函数可以对相同值的条码不返回任何值（空白），否则返回“有误”。

步骤 7：盘点数据合并。

单击工作表标签“盘点合并”，再单击 A1 单元格。

单击【数据—（数据工具）—合并计算】，弹出“合并计算”对话框；在“函数”下拉列表中，选择“求和”。

单击“引用位置”右侧的【区域选择】按钮，选择“一号仓库”工作表的 G1：I125 区域，如图 11.12 所示。

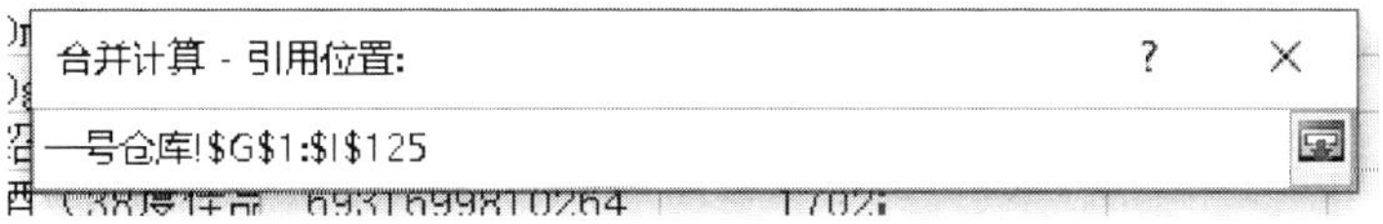

图 11.12　选择合并区域

再次单击选择框右侧的按钮，返回“合并计算”对话框，单击对话框中的【添加】按钮，如图 11.13 所示。

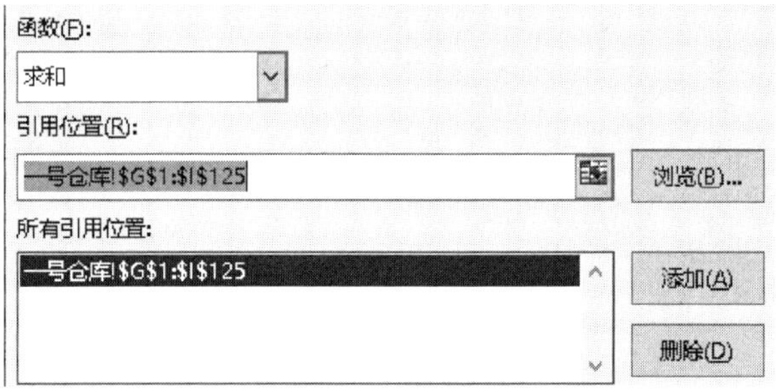

图 11.13　添加第一个区域

重复添加“二号仓库”“三号仓库”的对应 G 列、H 列、I 列的数据区域，如图 11.14 所示。

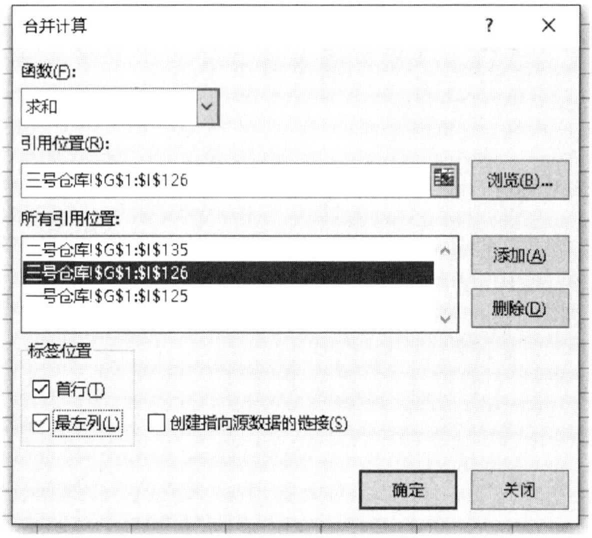

图 11.14　添加三个区域

勾选“标签位置”的“首行”“最左列”，如图 11.14 所示。单击【确定】按钮，得到合并后的结果，如图 11.15 所示。

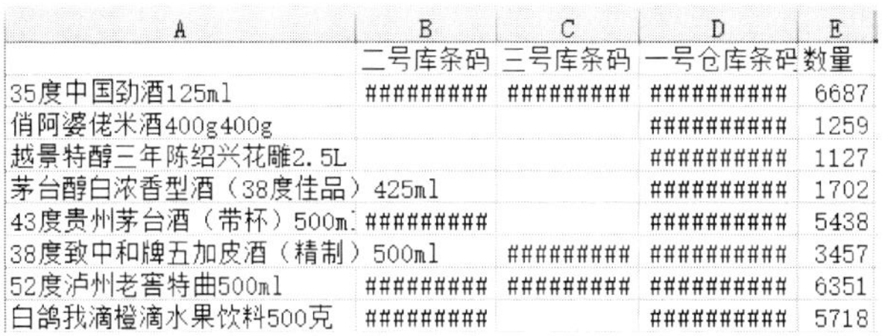

A	B	C	D	E
	二号库条码	三号库条码	一号仓库条码	数量
35度中国劲酒125ml	#########	#########	##########	6687
俏阿婆佬米酒400g400g			##########	1259
越景特醇三年陈绍兴花雕2.5L			##########	1127
茅台醇白浓香型酒（38度佳品）425ml			##########	1702
43度贵州茅台酒（带杯）500ml	#########		##########	5438
38度致中和牌五加皮酒（精制）500ml		#########	##########	3457
52度泸州老窖特曲500ml	#########	#########	##########	6351
白鸽我滴橙滴水果饮料500克	#########		##########	5718

图 11.15　合并盘点数据

提高

1. 合并计算可以将几组数据区域合并起来。合并的计算方式可以是求和、求平均、计数等。

2. 合并时，仅当行、列标签相同的情况下，才执行合并计算。

3. 合并计算的数据内容可以分布在不同的工作表中。

子任务12　计算跨境电商销售数据

企业跨境电商的销售数据主要受两个因素的影响，一是汇率，一是产品价格。企业可以根据历史数据，给定一个汇率区间和价格区间，就可以计算出企业跨境电商的年销售额，再根据计算结果，提前安排生产。

步骤 1：单击工作表标签“基于汇率变化的销售数据”。

单击 B7 单元格，输入公式“=B3*B4*B5”，输入完毕后按回车键；单击 B8 单元格，输入公式“=B7*12”，输入完毕后按回车键。

步骤 2：在 D1 与 E1 单元格中分别输入“汇率”和“年交易额”。

单击 D3 单元格，输入 6；单击 D4 单元格，输入 6.05。

选中 D3：D4 区域，拖动填充柄至 D30 单元格，这个区域是汇率可能发生的数据区间。

步骤 3：在 E2 单元格中输入“=B8”。

基础

1. E2 中引用了 B8 单元格，B8 单元格中的公式为“=B7*12”，在 E2 中引用这个公式为模拟运算做准备。

2. 模拟运算实际就是改变一个参数的函数运算，一个是因变量引用，另一个是自变量引用。

步骤 4：单击 D2 单元格，拖动鼠标选定 D2：E30 区域。

单击【数据—（数据工具）—模拟分析—模拟运算表】，弹出“模拟运算表”对话框，如图 12.1 所示。

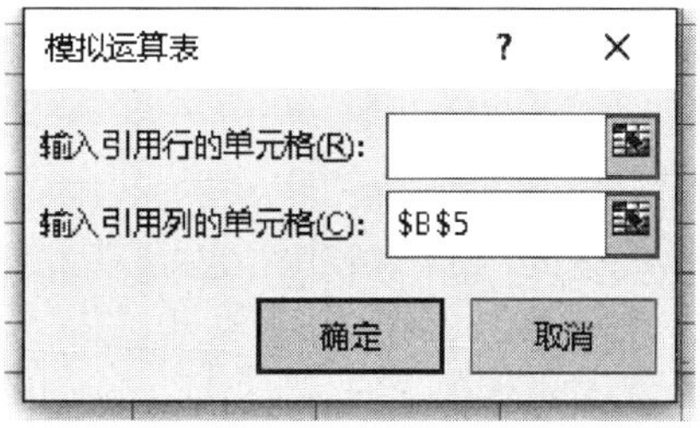

图 12.1 “模拟运算表”对话框

在弹出的“模拟运算表”对话框中，在“输入引用列的单元格”框中输入“B5”，单击【确定】按钮；得到模拟运算结果，如图 12.2 所示。

解释：D2：D16 是自变量，E2：E16 是因变量，自变量参照 B5 单元格，因变量的计算公式由 B8 决定；最终计算出结果。单变量的模拟运算也可以由函数计算而来。

D	E
汇率	年交易额
	¥134,220.56
6	131220
6.05	132313.5
6.1	133407
6.15	134500.5
6.2	135594
6.25	136687.5
6.3	137781
6.35	138874.5
6.4	139968

图 12.2　模拟运算结果（部分）

注意

1. 创建完成模拟运算表，在表中，E3：E30 区域是模拟运算的结果，整个结果是一个数组区域，不能被单独修改或删除。

2. 当汇率变化时，交易额数据会随之变化。

步骤 5：计算汇率与单价同时变化时，跨境电商的销售额。

单击工作表标签“基于汇率与单价同时变化的销售数据”。

单击 B7 单元格，输入公式“=B3*B4*B5”，输入完毕后按回车键。

单击 B8 单元格，输入公式“=B7*12”，输入完毕后按回车键。

步骤 6：在 D1 单元格中输入“汇率”；在 C2 单元格中输入“价格”；单击 D3 单元格，输入 6；单击 D4 单元格，输入 6.05。

选中 D3：D4 区域，拖动填充柄至 D30 单元格，这个区域是汇率可能发生的数据区间。

单击 E2 单元格，输入 10；单击 F2 单元各，输入 10.2。

选中 E2：F2 区域，拖动填充柄至 S2 单元格，这个区域是价格可能发生的数据区间，如图 12.3 所示。

C	D	E	F	G	H	I	J
	汇率						
价格		10	10.2	10.4	10.6	10.8	11
	6						
	6.05						
	6.1						
	6.15						
	6.2						

图 12.3　设置汇率和价格区间（部分）

步骤 7：单击 D2 单元格，输入公式“=B8”。

单击 D2 单元格，拖曳鼠标到 S30，选中 D2：S30 区域。

单击【数据—（数据工具）—模拟分析—模拟运算表】，弹出“模拟运算表”对话框。在“输入引用行的单元格”框中输入 B3；在“输入引用列的单元格”框中输入 B5，如图

12.4 所示。

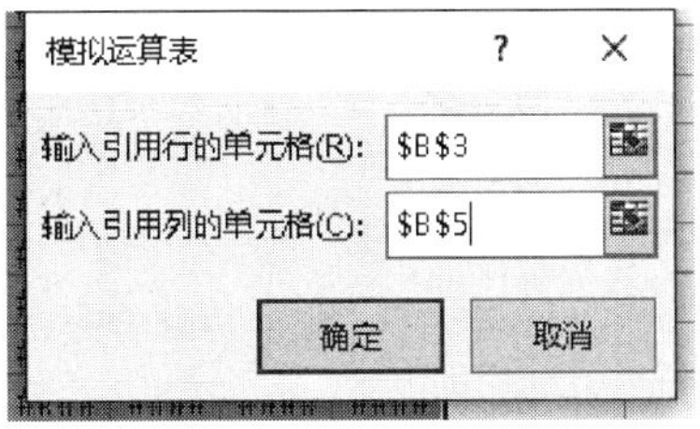

图 12.4　双变量模拟运算参数表

单击【确定】按钮，模拟运算结果如图 12.5 所示。

C	D	E	F	G	H
	汇率				
价格	¥134,220.56	10	10.2	10.4	10.6
	6	108000	110160	112320	114480
	6.05	108900	111078	113256	115434
	6.1	109800	111996	114192	116388
	6.15	110700	112914	115128	117342
	6.2	111600	113832	116064	118296
	6.25	112500	114750	117000	119250

图 12.5　模拟运算结果

通过运算，可以很快找到不同汇率、不同价格基础上的销售总额。

任务4

商务数据的查询与筛选

任务说明

本任务主要是在数据清单中查找目标数据。查找目标数据有两种情况，一是直接搜索目标数据，二是搜索与目标数据相关的数据。在本任务中，查找数据可以进行多重优化，Excel 不仅可以在数据区域中突显被查数据，还可以单独显示查找结果。

在 Excel 中，另一种查找数据的方法是筛选，本任务中用户可以通过自动筛选和高级筛选分别来筛选数据。

子任务13　查找并更新商品数据库

一般意义上的查找就如同 Windows 平台的搜索。利用 Excel 提供的编辑功能，可以查找或替换一个工作表中的单元格数据。

步骤 1：单击工作表标签“商品信息”。

单击任意单元格，如 B2，再单击【开始—（编辑）—查找和选择—查找】（也可以直接按 Ctrl+F 组合键），弹出“查找和替换”对话框。在“查找和替换”对话框中，选中“查找”选项卡，在“查找内容”框中输入“洗衣粉”，如图 13.1 所示。

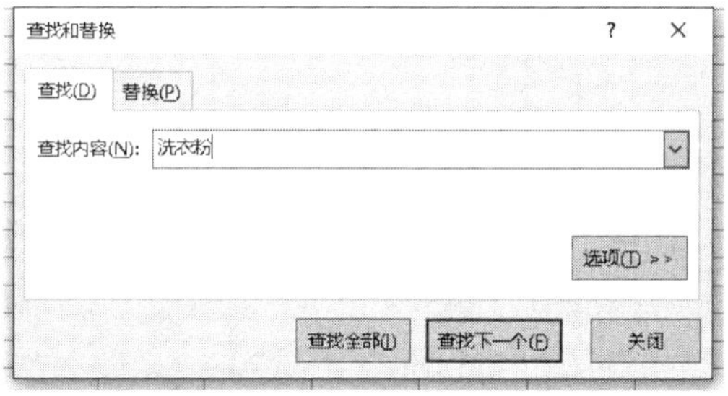

图 13.1　查找数据

单击【查找下一个】按钮，光标停留在第一个找到的单元格上[①]，如果找不到，则弹出没有找到对话框，如图 13.2 所示。

图 13.2　没有找到对话框

步骤 2：单击任意单元格，如 D2，再单击菜单【开始—（编辑）—查找和选择—替换】（也可以直接按 Ctrl+F 组合键）。在打开的“查找和替换”对话框中，选中“替换”选项卡，在“查找内容”框中输入“酒”，在“替换为”框中输入“wine”，如图 13.3 所示。

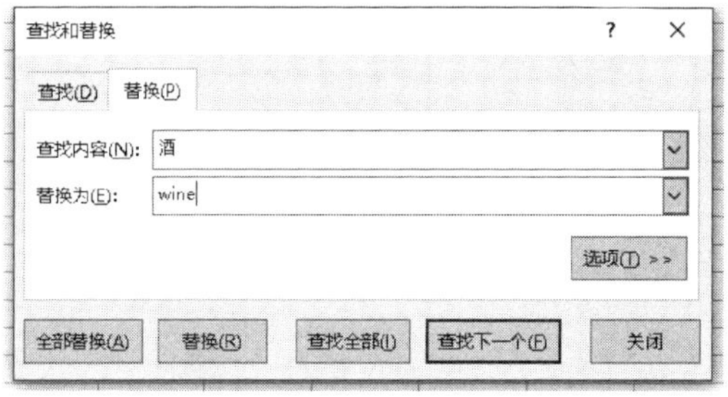

图 13.3　替换数据

① Excel中查找的匹配是近似匹配，被查找内容是部分或全部都会返回，在本例中，只要单元格内容有“洗衣粉”三个字，都会被返回。

单个替换数据则单击【替换】按钮，一次全部替换数据则单击【全部替换】按钮。

注意

1. Excel 中，单击“查找和替换”对话框中的【选项】按钮，查找与替换可以按范围选择，选择范围有工作表和工作簿；搜索方式可以按行或按列；查找范围可以按公式、值和批注；所有的查找与替换均可以区分大小写、单元格匹配和区分全半角，这些选项在搜索时可以提高搜索效果。

2. 如果选择一个区域查找与替换，则仅针对这个区域内的数据查找与替换。

单击 A 列列标，选中整个 A 列，再单击菜单【开始—（编辑）—查找和选择—替换】。在打开的“查找和替换”对话框中，选中“替换”选项卡，在“查找内容”框中输入“A”，在“替换为”框中不输入任何内容，如图 13.4 所示。

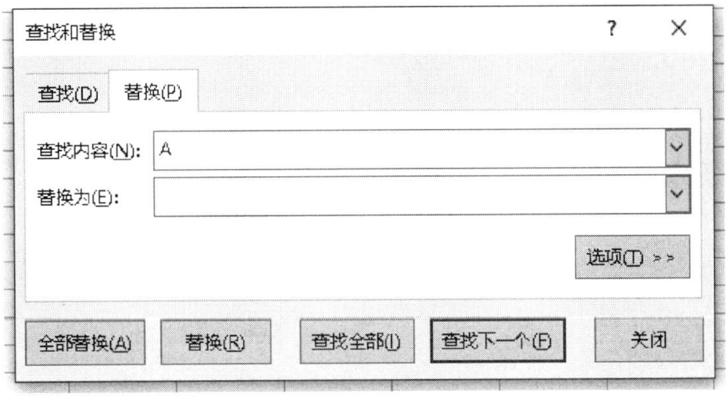

图 13.4　用替换来批量删除单元格内容

单击【全部替换】按钮，将 A 列中所有单元中的字母 A 删除，如图 13.5 所示。

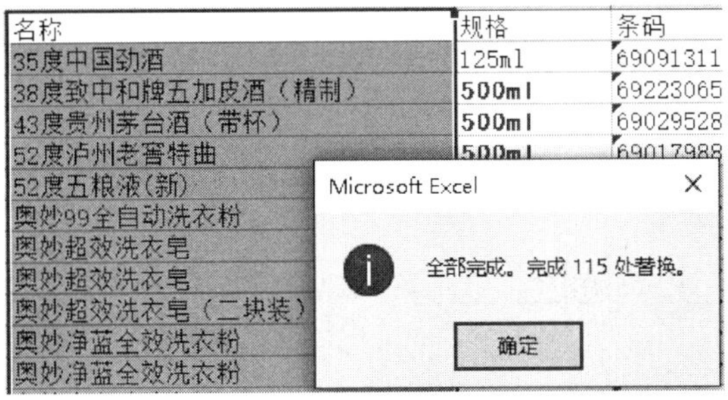

图 13.5　批量删除成功

单击【确定】按钮，返回对话框，再单击【关闭】按钮结束替换操作。

步骤 3：替换为带格式的文本。

单击任意单元格，如 A5，再单击菜单【开始—（编辑）—查找和选择—替换】（也可以直接按 Ctrl+F 组合键）。在打开的“查找和替换”对话框中，选中“替换”选项卡，在“查找内容”框中输入“500ml”，在“替换为”框中输入“500ml”，单击【选项】按钮，显示扩展选项，如图 13.6 所示。

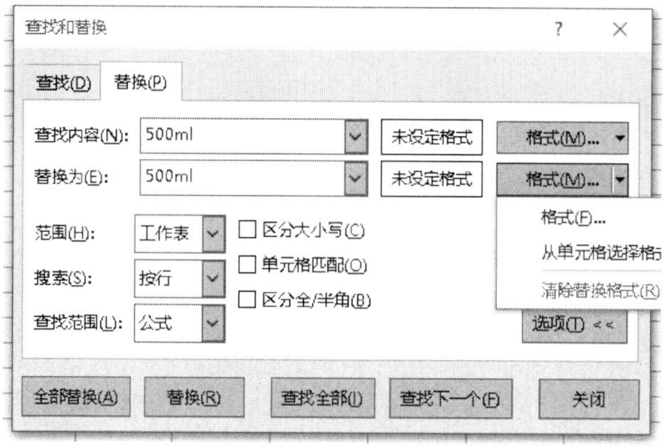

图 13.6　扩展替换选项

在对话框中单击【格式—格式】，显示“替换格式”对话框。选择“字体”选项卡，设置为“黑体、红色、加粗”，如图 13.7 所示。

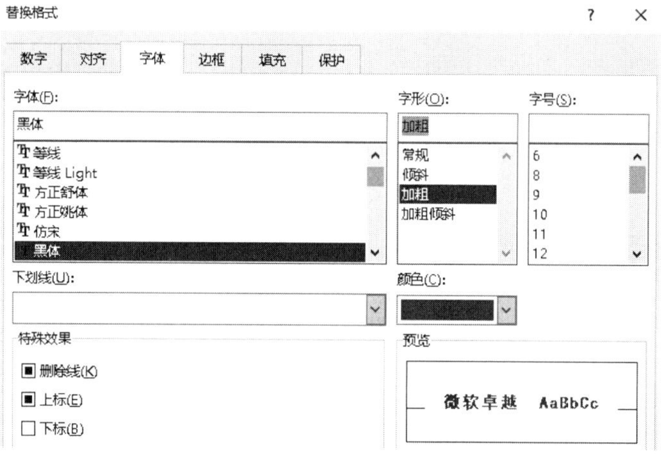

图 13.7　设置替换对象格式

单击【确定】按钮返回“查找和替换”对话框，再单击【全部替换】按钮，数据区域中所有的“500ml”变成“黑体、红色、加粗”格式，如图 13.8 所示。

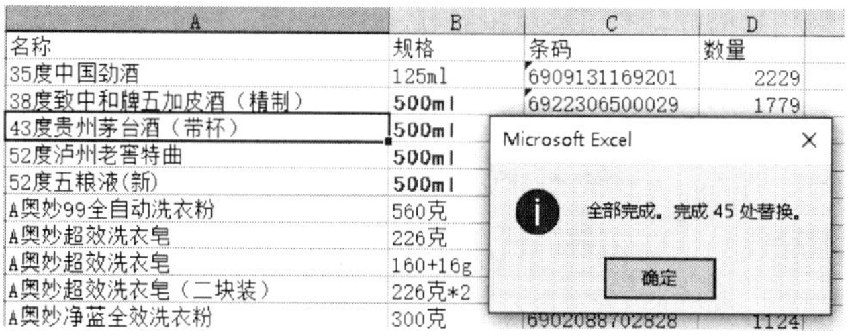

图 13.8　带有格式替换后的效果

技巧

1. 如果要对工作表中较多重复内容设置格式，采用带格式替换是简单有效的方法。

2. 如果数据区域中，同样的内容，有的带格式，有的不带格式；在替换时，可以针对带有格式（或不带格式）的内容进行替换；但在替换时，查找内容的格式设置一定要正确。

单击【确定】按钮，返回对话框，再单击【关闭】按钮结束替换操作。

步骤 4：定位到单元格，并快速输入数据。

单击 D1 单元格，拖动鼠标到 D 列数据区域的最后一个单元格，选中 D 列的数据区域。

单击【开始—（编辑）—查找和选择—定位条件】，弹出“定位条件”对话框，如图 13.9 所示。

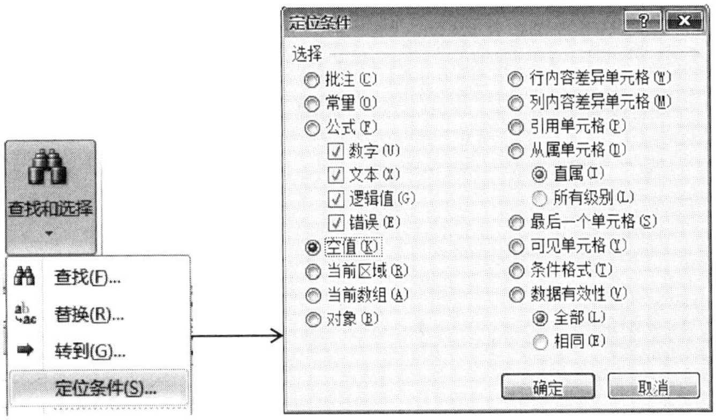

图 13.9　“定位条件”对话框

在“定位条件”对话框中点选“空值”，单击【确定】按钮，则选定了本列数据区域中所有空单元格，如图 13.10 所示。

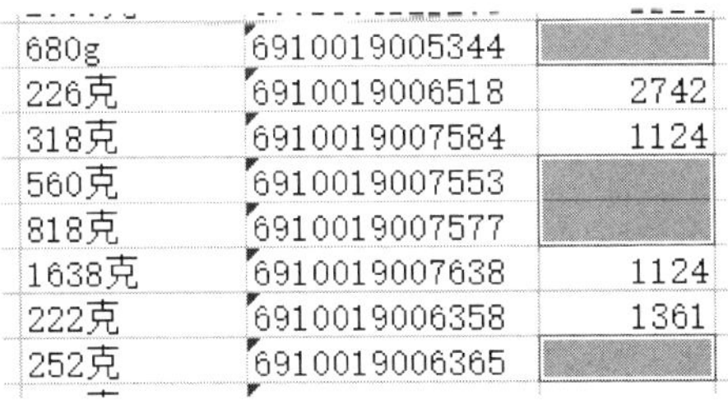

图 13.10　选中空单元格

注意

1. 空单元格与 0 值单元格是两个概念；空值即没有任何数值，而 0 是一个数值型数据。

2. 可以用 ISNUMBER() 函数来测试两种单元格，如果是空单元格，返回 FALSE；如果是 0 值单元格，返回 TRUE。

输入“–1”，输入完成按 Ctrl+Enter 组合键，复制输入到所有空白单元格中[①]，如图 13.11 所示。

① 这里，用负数表示缺货。

680g	6910019005344	-1
226克	6910019006518	2742
318克	6910019007584	1124
560克	6910019007553	-1
818克	6910019007577	-1
1638克	6910019007638	1124
222克	6910019006358	1361
252克	6910019006365	-1

图 13.11　给没有数量值的商品输入数量

基础

1. Ctrl+Enter 是组合键，其作用是复制输入到所有单元格中，这个组合键可以用于数据输入，也可以用于公式输入。

2. 类似的组合键还有：Alt+Enter，表示单元格手动换行；Ctrl+；，表示快速输入日期；Ctrl+Shift+；，表示快速输入时间；Ctrl+Shift+Enter，表示数组输入。

子任务14　设计库存查询工具

查找的特征是“输入查找对象进行查找”，即查找源与查找结果相同；而在数据库中，一般是按行来组织数据的①，而查找可以在不同字段（属性）之间传递，即通过一个字段值查找到另一个字段值，如通过某人的姓名查到此人的家庭住址。利用函数查询是 Excel 的特色。VLOOKUP() 函数、HLOOKUP() 函数和 LOOKUP() 函数是查询数据时使用频率非常高的函数。这三个函数主要用于搜索用户查找范围的首行（首列）中满足条件的数据，并根据指定的列号（行号），返回对应的值。

步骤 1：单击工作表标签“库存查询”。

单击 F2 单元格，再单击【数据—（数据工具）—数据验证—数据验证】，弹出“数据验证”对话框。在“设置”选项卡中，“允许”下拉列表中选择“序列”，“来源”区域选择 A2:A300，即条码数据部分 $A$2:$A$300，如图 14.1 所示。

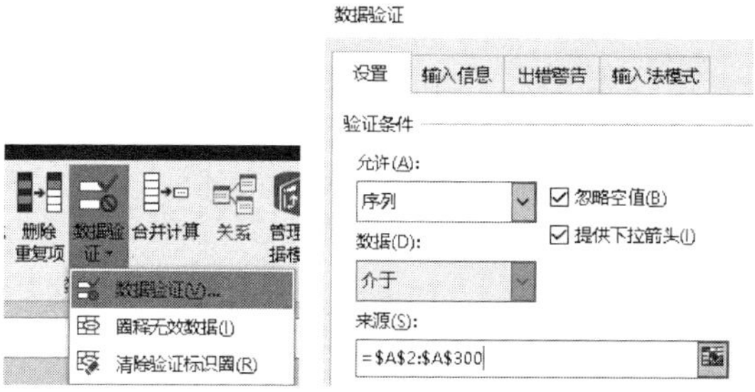

图 14.1　设置数据验证

① 关系型数据模型就是一张二维表，数据按行组织。

单击【确定】按钮完成设置，在 F2 单元格中，选择任意一个条码，如图 14.2 所示。

F	G	H	I
商品条码	商品名称	规格	库存数量
6909131169201			

图 14.2 选择一个条码

步骤 2：在 G2 单元格中输入“=VLOOKUP(F2,A2:D300,2,0)”[①]，如图 14.3 所示。

F	G	H	I
商品条码	商品名称	规格	库存数量
6909131169201	=VLOOKUP(F2,A2:D300,2,0)		

图 14.3 用 VLOOKUP 函数查找数据

函数输入完毕后，按回车键，得到查询的结果。

基础

VLOOKUP() 函数第一种格式是“VLOOKUP（查找值，查找区域，返回列号，查找方式）”。公式在“查找区域”的第 1 列中搜索“查找值”，如果找到则返回行号，然后返回“返回列号”的那一列的同一行的数据。“查找方式”有两种，方式一是“True”，是近似匹配，方式二是“False”，是精确匹配，True 和 False 可以用数字 1 和 0 代替。在上例中，F2 为查找值，A2：D300 为查找区域，2 为返回列号（因为“商品名称”位于数据区域的第 2 列）；意思是在 A2：D300 的第 1 列中查找与 F2 单元格值相同的值，结果为第 1 行（“6909131169201”是第 1 列第 1 行数据），找到后，返回 A2：D300 中第 2 列第 1 行的值。

步骤 3：根据商品条码查询规格和库存量。

单击 H2 单元格，输入公式“=VLOOKUP(F2,A2:D300,3,0)”，输入完毕后按回车键。

单击 I2 单元格，输入公式“=VLOOKUP(F2,A2:D300,4,0)”，输入完毕后按回车键。

单元格得到相应的规格与库存数据。

提高

1. 查找方式中，1 表示模糊查找，这种方式查询时，采用二分法查找，要求查找区域的数据是升序排序的，如果没有排序，则可能返回错误结果；0 表示精确查找，软件会一一比对，如果没有找到，则返回 #N/A 错误。

2. 如果被查找值不唯一，仅返回第一个查找值的结果；因此本例将条码放在商品库的第一列，因为条码具有唯一性，在数据库中将具有唯一性的属性称为“码”；而名称则不唯一，有商品名称相同，但规格不同，在商品管理时，用条码来区别。

① 查找区域换成A1：D300也行，即表示包含标题行也是可以的。

技巧

1. 在公式中，如果查找区域 A2：D300 反复被用到，可以通过【公式—（定义的名称）—定义名称】来定义一个名称，在用到这个区域时，用名称代替，更为方便。

2. 定义名称的另一种方法：选中 A2：D300 区域后，在名称框中直接输入定义的名称。

步骤 4：设置库存预警。

单击 J2 单元格，输入公式“=IF(I2<1500," 库存低，请补货 !","")”，按回车键结束输入，当库存高于 1500 时，没有任何显示，否则提示“库存低，请补货！”，如图 14.4 所示。

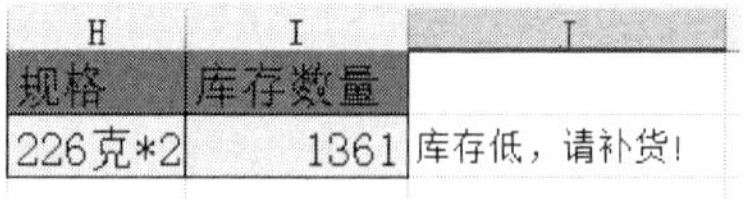

图 14.4　补货预警

技巧

1. 可以在某个单元格中设置预警数量，当库存低于这个数量时则加以提醒，否则不提醒，这样可以实现动态调整预警数量。

2. 可以通过 VBA，设置以警告窗口的方式进行预警，当库存低于某个数量时，弹出一个窗口提醒。

至此，可以将 A 列至 G 列隐藏，直接使用这个小工具进行库存查询。

步骤 5：设置数据区域颜色提醒。

选择 A 列数据，单击【开始—（样式）—条件格式—突出显示单元格规则—等于】，弹出“等于”对话框，如图 14.5 所示。

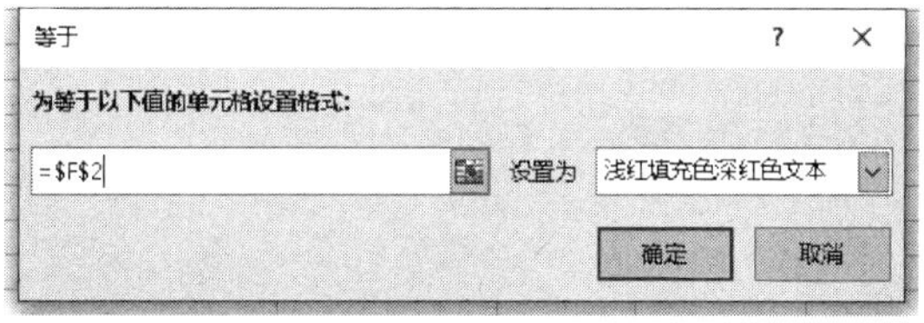

图 14.5　设置等于条件格式

鼠标直接单击 F2 单元格，再单击【确定】按钮。

在数据区域中，与 F2 单元格内容相同的单元格被设置成“浅红填充色深红色文本”格式；这样可以方便地在数据区域找到被查数据，如图 14.6 所示。

图 14.6　带条件格式的查找

注意

1. 上面的步骤中，一定要先选择需要设置条件格式的区域，再设置规则类型，然后选取规则指向的单元格，顺序不可乱。

2. 只要规则指向的单元格不同，规则设置就必须分步操作。

步骤 6：通过条码，标记整行数据。

选择 A2：D300 区域（A1：D300 区域也可以），单击【开始—（样式）—条件格式—新建规则】，弹出“新建格式规则”对话框。

在“新建格式规则”对话框中，选择“使用公式确定要设置格式的单元格”，在“编辑规则说明”中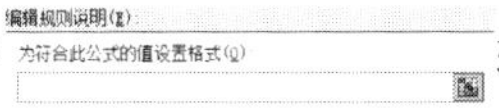

输入公式：“=$A2=$F$2”。单击【格式】按钮，弹出“设置单元格格式”对话框，再选中“填充”选项卡，单击颜色方块“红色”，如图 14.7 所示。

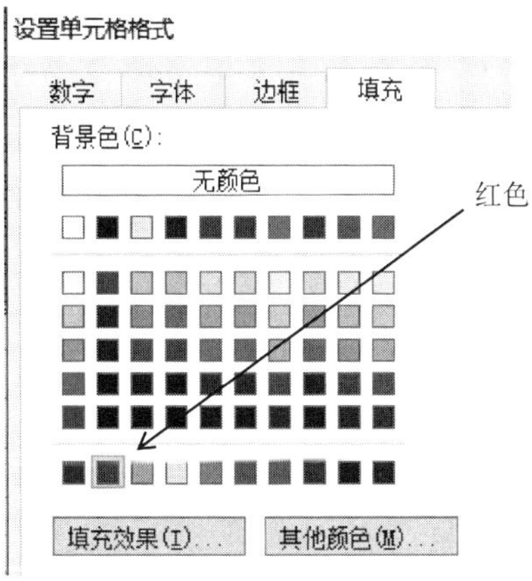

图 14.7　设置填充色

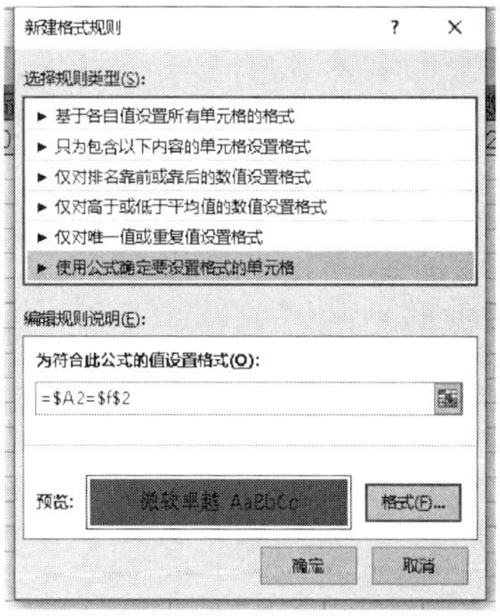

图 14.8　设置格式规则

单击【确定】按钮，完成格式设置，返回到“新建格式规则”对话框，如图 14.8 所示。单击【确定】按钮，数据区域中店名与 F2 相同的整行数据变成了红色，如图 14.9 所示。

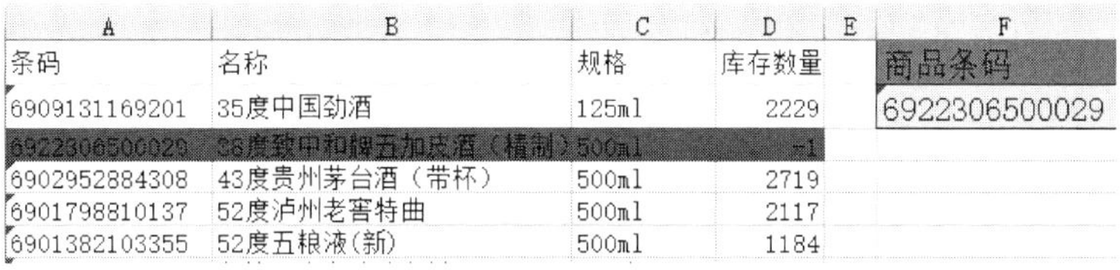

图 14.9　设置店名的区域格式

提高

条件格式中公式“=$A2=$F$2”的理解是：F2 是商品条码，区域中连锁店名为 A 列，因此采用绝对引用“$A”，而选中的应用条件格式的区域的首行是第 2 行，所以用“$A2”，即任意一个单元格的数据，都转换成该行的 A 列与 F2 比较，相等则应用条件格式，如当前单元格是 A5，应用条件格式的公式时转换为“=$A5=$F$2”，结果为 False，不应用条件格式。

子任务15 筛选销售数据

筛选是让 Excel 按照用户指定的条件过滤数据，满足条件的数据显示在工作表中，不满足条件的数据将被隐藏，通过筛选工作表中的数据，可以快速查找数据。

Excel 可以筛选一个或多个数据列。我们不但可以利用筛选功能控制要显示的内容，而且还能控制要排除的内容。既可以基于从列表中做出的选择进行筛选，也可以创建仅用来限定要显示的数据的特定筛选器。

在筛选操作中，可以使用筛选器界面中的“搜索”框来搜索文本和数字。

在筛选数据时，如果一个或多个列中的数值不能满足筛选条件，整行数据都会隐藏起来。用户可以按数字值或文本值筛选，或按单元格颜色筛选那些设置了背景色或文本颜色的单元格。

步骤 1：单击工作表标签“筛选销售数据”。

单击数据区域中的任意单元格，如 A2 单元格，再单击【数据—（排序和筛选）—筛选 筛选】，数据区域的第一行（标题行）的每个字段都加上了下拉箭头[①]，如图 15.1 所示。

	A	B	C	D	E
1	销售地区	销售人员	品名	数量	单价
2	北京	曹南	按摩椅	1439	800
3	北京	曹南	微波炉	304	770
4	杭州	何维曹	微波炉	2165	770

图 15.1 自动筛选销售数据（部分）

单击“销售地区”单元格右侧的下拉箭头，选择“降序”，所有数据清单的数据按销售地区降序排序；同时，销售地区右侧的下拉箭头上会有一个向下的箭头标记。

单击“销售金额”单元格右侧的下拉箭头，选择【数据筛选—介于】，如图 15.2 所示，弹出“自定义自动筛选方式”对话框。

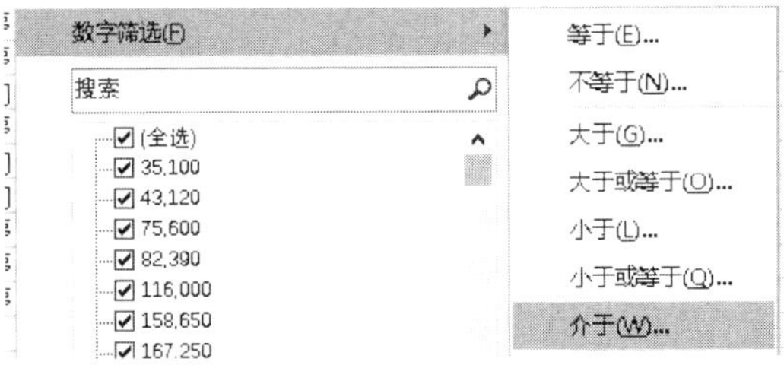

图 15.2 对数字筛选

① 根据数据库设计规则，要求数据以二维表格形式设计，即第一行为标题，从第二行开始是数据部分；按照这种结构的数据表，筛选才有意义。

在“自定义自动筛选方式”对话框的“大于或等于”框中输入 200000，“小于或等于”框中输入 300000，如图 15.3 所示。

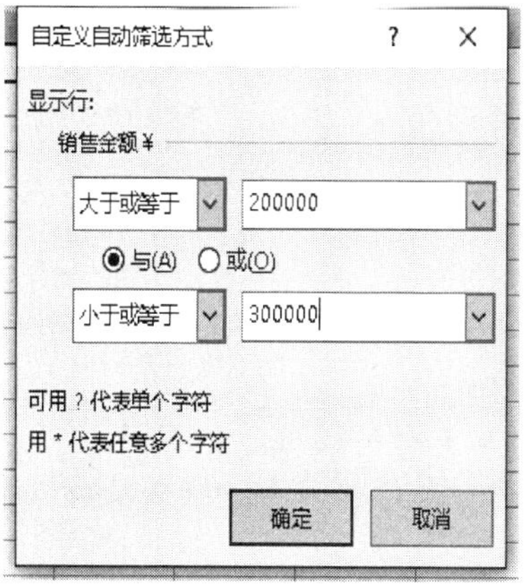

图 15.3　自定义自动筛选

单击【确定】按钮，数据区域中不满足筛选条件的数据被隐藏，而“销售金额”字段右侧的下拉箭头变成了，带上了筛选标记，如图 15.4 所示。

	A	B	C	D	E	F
1	销售地区	销售人员	品名	数量	单价	销售金额
48	合肥	陈昕怡	电冰箱	112	2, 200	246, 400
51	合肥	李晔	油烟机	257	950	244, 150
59	合肥	李晔	微波炉	289	770	222, 530
74	杭州	何维曹	微波炉	324	770	249, 480
85	北京	曹南	微波炉	304	770	234, 080

图 15.4　筛选结果

注意

1. Excel 自动筛选中，同一数据区域有多个筛选时，筛选条件会叠加；自动筛选中的排序不可以叠加，即不好对一个字段排序，同时再对另一字段排序。

2. Excel 自动筛选中，可以按颜色排序。

观察筛选结果数据的行号，它并不是连续的，没有出现的行是不满足筛选条件的数据，被隐藏了。

自动筛选一般用于条件简单的筛选操作，符合条件的记录显示在原来的数据表格中。若要筛选的多个条件间是“或”的关系，或者需要将筛选的结果在新的位置显示出来那只有用“高级筛选”来实现。

高级筛选一般用于条件较复杂的筛选操作，其筛选的结果可显示在原数据表格中，不符合条件的记录被隐藏起来；也可以在新的位置显示筛选结果，不符合条件的记录同时保留在数据表中而不会被隐藏起来，这样就更加便于进行数据的比对了。

步骤 2：复制式筛选，即将满足条件的数据筛选并复制到其他位置。

单击筛选结果数据中的任意一个单元格，再单击【数据—（排序和筛选）—筛选 筛选】，将原自动筛选取消，数据恢复原始状态。

单击 A1 单元格，拖动鼠标选择 A1：H1 区域；按 Ctrl+C 组合键复制标题行，单击 J1 单元格，按 Ctrl+V 组合键，将标题行粘贴至此，如图 15.5 所示。

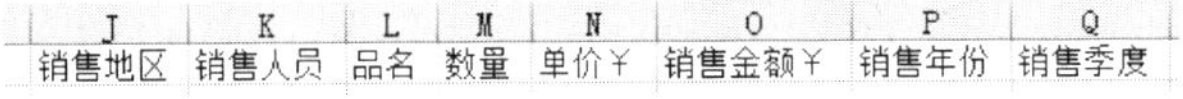

J	K	L	M	N	O	P	Q
销售地区	销售人员	品名	数量	单价￥	销售金额￥	销售年份	销售季度

图 15.5　生成待筛选的标题行

注意

1. 高级筛选的数据区域必须要有标题行。

2. 高级筛选的条件区域的标题行内容与数据区域的标题行内容必须一致，可以采用复制、粘贴的方法来制作条件区域的标题行。

3. 条件区域的标题字段数量不必与数据区域的字段数量完全一致，可以只包括数据区域标题的一个字段或部分字段。

4. 结果区域的列宽一定要与数据区域的列宽一致，无论是宽度不足还是超宽，否则会提示出错，如图 15.6 所示。

图 15.6　结果区域宽度不一致出现的错误信息

步骤 3：完善筛选条件。

在 J2 单元格中输入“南京”；单击【数据—（排序和筛选）—高级 高级 】，出现“高级筛选”对话框，如图 15.7 所示。

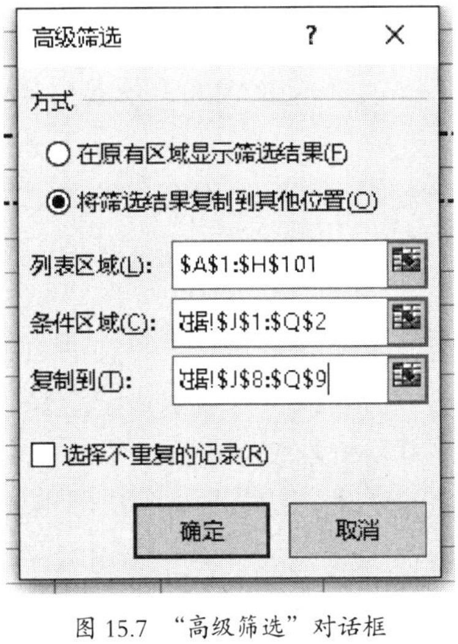

图 15.7　“高级筛选”对话框

提高

1. 高级筛选有两种模式，第一种方式是在原有数据区域中进行筛选，将不满足条件的记录隐藏，与自动筛选差不多；第二种方式是将满足条件的数据复制到另一区域。

2. 高级筛选的条件区域，如果写在同一行，条件间的关系是“且”，如果写在不同行，条件之间的关系是“或”。

3. 条件区域中，描述条件时，可以使用“>、>=、<、<=、<>”等符号；也可以用通配符“*”和“？”。“*”表示与任意多字符相匹配；“？”表示与一个字符相匹配；描述条件时，还有一个波形符号“~”，如“~？”“~*”，此时“？”和“*”不作为通配符，而表示“？”和“*”本身，在条件区域中表示筛选含有“？”或“*”的数据。

在“方式”栏中选中“将筛选结果复制到其他位置”选项。“列表区域”，即数据区域，定位于 A1：H101。

“条件区域”，即刚复制的标题行，加上输入的条件“南京”数据所在行，即 J1：Q2；由于其他字段没有筛选内容，因此也可以仅选择 J1：J2。

“复制到”区域，即将满足条件的数据筛选出后，复制和粘贴到目的区域，选择 J8：Q9，可能结果不止一行，Excel 会有提示溢出，自动扩展目标区域。

单击【确定】按钮，结果复制到目的区域，如图 15.8 所示。

销售地区	销售人员	品名	数量	单价￥
南京	李乐	油烟机	1264	950
南京	李乐	油烟机	1170	950
南京	陆薇	按摩椅	769	800
南京	陆薇	按摩椅	2575	800
南京	陆薇	微波炉	56	770
南京	陆薇	按摩椅	937	800

图 15.8　筛选结果（部分）

观察结果数据，满足条件的所有数据（条件是“销售地区 = 南京”）被复制到 J8：Q24 区域中。比起自动筛选，高级筛选的指向性更加明确，而且可以组合复杂的条件进行筛选。

步骤 4：多条件筛选销售数据。

删除 J8：Q24 区域的筛选结果。选中 J8：Q24 区域，按键盘上的 Delete 键。

单击 K2 单元格，输入“李乐”；单击 Q2 单元格，输入“1”；单击 J3 单元格，输入“南京”；单击 K3 单元格，输入“李乐”；单击 Q3 单元格，输入“4”，如图 15.9 所示。

J	K	L	M	N	O	P	Q
销售地区	销售人员	品名	数量	单价	销售金额	销售年份	销售季度
南京	李乐						1
南京	李乐						4

图 15.9　多条件筛选的条件部分

要理解这个条件的前提是：同行的条件表示“且”的关系，异行的条件表示“或”的关系。第一行：销售地区是南京，且销售人员姓名是李乐，且销售季度是第 1 季度；第二行同第一行条件，只不过销售季度是第 4 季度，再将二者“或”，就是：销售地区是南京，且销售员是李乐，且只筛选第 1 和第 4 季度的数据。

单击【数据—（排序和筛选）—高级 高级 】，出现“高级筛选”对话框。
单击“将筛选结果复制到其他位置”选项。
列表区域，即数据区域，定位于 A1：H101。
条件区域，即 J1：Q3。
复制到区域，选择 J8：Q9，如图 15.10 所示。

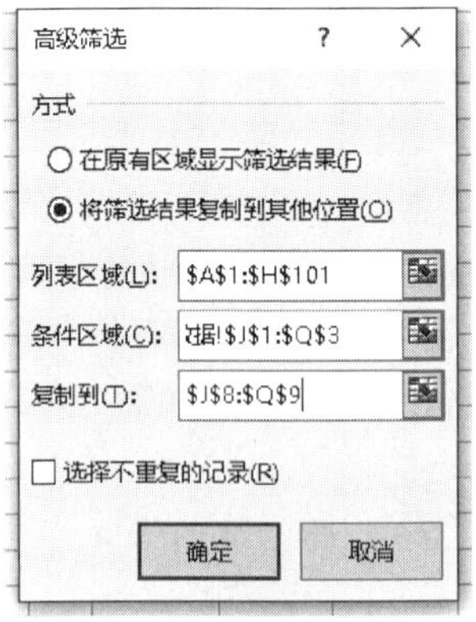

图 15.10　设置筛选条件

单击【确定】按钮，结果复制到目的区域，如图 15.11 所示。

销售地区	销售人员	品名	数量	单价	销售金额￥	销售年份	销售季度
南京	李乐	油烟	1264	950	1,200,800	2019	1
南京	李乐	油烟	1170	950	1,111,500	2019	1
南京	李乐	油烟	1959	950	1,861,050	2019	4
南京	李乐	油烟	902	950	856,900	2019	4

图 15.11　筛选结果

步骤 5：数据清洗，将不重复的数据行复制出来。
删除条件区域的条件行，即 J2：Q3 区域；选择 J2：Q3 区域，按 Delete 键。
删除 J8：Q8 往下的筛选结果区域；选择 J8：Q14 区域，按 Delete 键。
单击【数据—（排序和筛选）—高级 高级 】，出现“高级筛选”对话框。
选中“将筛选结果复制到其他位置”选项。
列表区域，即数据区域，定位于 A1：H101。
条件区域，选择 J1：Q2；条件区域的第 2 行为空行，即无条件筛选，所有数据都符合条件。
“复制到”区域，选择 J8：Q9，可能结果不止一行，Excel 会有提示溢出，自动扩展目标区域。
勾选“选择不重复的记录”选项，如图 15.12 所示。
单击【确定】按钮，结果复制到目的区域，如图 15.13 所示。
筛选结果中，如果有两行数据是完全一样的，仅保留一行。
采用【数据—（数据工具）—删除重复项】操作可以直接将重复数据清洗掉，数据有可能被误删；但是判断依据可以是一个字段（一列），也可以是多个字段（多列）。
用筛选复制的方法清洗重复数据更加安全，因为将不重复的数据复制出来，原始数据没有改动；但是判断重复标准必须是所有字段（所有列）数据完全一样，清洗的功能有所减弱。

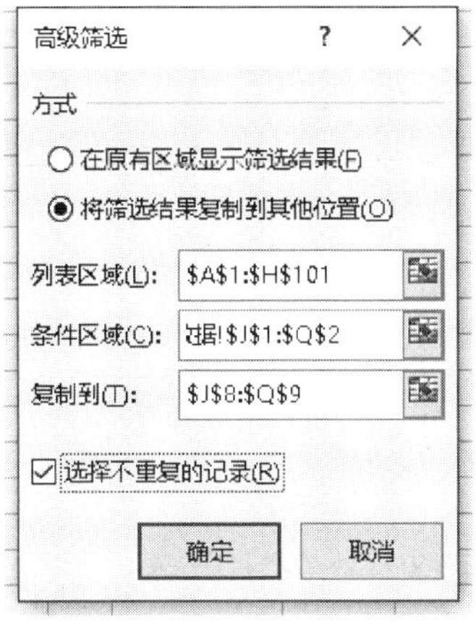

图 15.12　设置筛选条件

销售地区	销售人员	品名	数量	单价￥	销售金额￥	销售年份	销售季度
上海	刘秋初	电冰	563	2,200	1,238,600	2019	1
上海	刘秋初	油烟	2695	950	2,560,250	2019	1
上海	刘秋初	油烟	2112	950	2,006,400	2019	1
上海	孙智婷	电视	1967	2,230	4,386,410	2019	1
上海	孙智婷	音响	2134	1,500	3,201,000	2019	1
上海	刘秋初	电冰	1496	2,200	3,291,200	2019	2
上海	刘秋初	油烟	2908	950	2,762,600	2019	2

图 15.13　筛选结果（部分）

子任务16　计算条件筛选销售数据

自动筛选是一种简单的筛选方式；高级筛选可以通过不同的条件组合，实现复杂条件的数据筛选。自动筛选与高级筛选都是基于现有数据的字段的，也就是说所有条件都必须在现有字段的基础上实现，离开这些字段，筛选不能实现。

在 Excel 中，用户也可以通过“计算条件”来构造一些条件，通过构造出来的条件筛选数据，可满足用户的个性化需求。

步骤 1：单击工作表标签“计算条件筛选”。

单击 J2 单元格，输入“平均销量”；单击 J3 单元格，输入“平均销售金额”;单击 K2，输入公式“=AVERAGE(D2:D101)”；单击 K3，输入公式“=AVERAGE(F2:F101)”，结果如图 16.1 所示。

J	K
平均销量	1394.93
平均销售金额	1,897,851

图 16.1　计算两个平均值

步骤 2：设置计算条件并筛选。

单击 L2 单元格，输入“大于平均销量且大于平均销售金额”。

单击 M2 单元格，输入公式“=AND(D2>$K$2,F2>$K$3)”；输入完成后按回车键，得到结果“FALSE”。

基础

1. AND() 函数是一个逻辑函数，用于确定测试中的所有条件是否均为 TRUE；格式是：AND（逻辑值 1 或逻辑表达式 1，逻辑值 2 或逻辑表达式 2，…），公式的参数最多可达 255 个。

2. 类似的逻辑函数还有：OR()、NOT() 等。

单击【数据—（排序和筛选）—高级】，出现“高级筛选”对话框。

选中“将筛选结果复制到其他位置”选项。

“列表区域”，即数据区域，定位于 A1：H101。

“条件区域”，选择 M1：M2 区域。

“复制到”区域，选择 J8：Q9，可能结果不止一行，Excel 会有提示溢出，自动扩展目标区域，如图 16.2 所示。

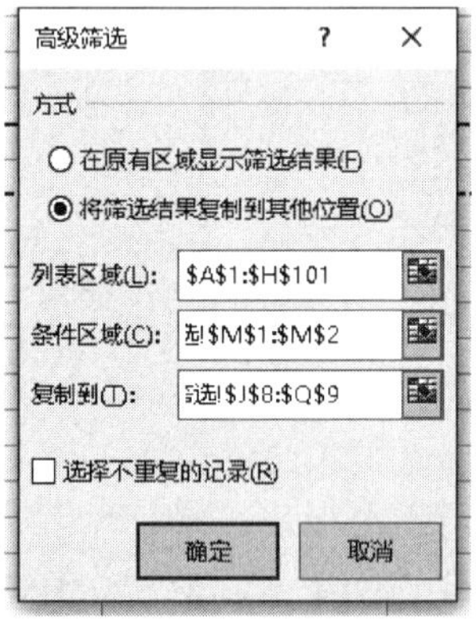

图 16.2　设置计算条件筛选参数

单击【确定】按钮，结果复制到目的区域，如图 16.3 所示。

销售地区	销售人员	品名	数量	单价￥	销售金额￥	销售年份	销售季度
上海	刘秋初	油烟机	2695	950	2, 560, 250	2019	1
上海	刘秋初	油烟机	2112	950	2, 006, 400	2019	1
上海	孙智婷	电视机	1967	2, 230	4, 386, 410	2019	1
上海	孙智婷	音响	2134	1, 500	3, 201, 000	2019	1
济南	顾资然	电视机	2655	2, 230	5, 920, 650	2019	1
济南	顾资然	洗衣机	1957	1350	2, 641, 950	2019	1
合肥	陈昕怡	洗衣机	1960	1350	2, 646, 000	2019	1
杭州	何维曹	电冰箱	2403	2, 200	5, 286, 600	2019	1

图 16.3　筛选结果（部分）

基础

1. 条件区域的首行必须是标题行，计算条件筛选时，可以是空白内容，但必须有这一行。

2. 计算条件标题行下方为条件值的描述区，其结果必须为逻辑值，即 TRUE 或 FALSE。

3. 构造计算条件筛选时，会按公式在数据区域逐条计算结果，如果为 TRUE，则符合条件，否则不符合条件；因此数据区域的单元格引用一般是相对引用。

步骤 3：选择 J8 起始的筛选结果，按 Delete 键删除。

筛选条件：大于平均销量且大于平均销售金额且销售人员姓刘且是 1 季度的销售数据。

双击 M2 单元格，编辑原有条件，更改为“=AND(D2>$K$2,F2>$K$3,Left(B2)=" 刘 ",H2=1)”；输入完成后按回车键，得到结果“FALSE”。

技巧

1. 复杂的计算条件，必须在一个单元格内计算完毕，且结果为逻辑值；不可以多条件分列，再通过新单元格组合的方法实现。

2.“姓刘”这个条件，可以通过 Left（姓名单元格，1）=" 刘 " 来实现，即姓名的第 1 个字为刘；而名字中含有某个字、产品名称中包含某个字可以用 IsNumber()+Find() 组合来实现。FIND() 函数用来查找某个字符串在文本中的位置，语法是“=FIND（查找字符，被查找文本，起始位置）”，如果在“被查找文本”中找到“查找字符”，则返回该字符在文本中的位置，否则返回错误；“起始位置”默认为 1；IsNumber() 函数是一个信息函数，也称 IS 函数，用来获取单元格信息。这个函数判断参数是否是数值型数据，语法是“=IsNumber（参数）”，如果参数是数值型则返回 TRUE，否则返回 FALSE。

3. 其他的信息函数有：判断空白单元格函数 IsBlank()、判断错误值函数（不包括 N/A 错误）IsErr()、判断逻辑值函数 IsLogical()、判断是否为 N/A 错误函数 IsNa()、判断是否为引用函数 IsRef()、判断是否为文本函数 IsText()。条件区域的首行必须是标题行，计算条件筛选时，可以是空白内容，但必须有这一行。

4. 计算条件标题行下方为条件值的描述区，其结果必须为逻辑值，即 TRUE 或 FALSE。

单击【数据—（排序和筛选）—高级】，出现“高级筛选”对话框。

选中“将筛选结果复制到其他位置”选项。

“列表区域”，即数据区域，定位于 A1：H101。

“条件区域”，选择 M1：M2 区域。

“复制到”区域，选择 J8：Q9，可能结果不止一行，Excel 会有提示溢出，自动扩展目标区域，如图 16.4 所示。

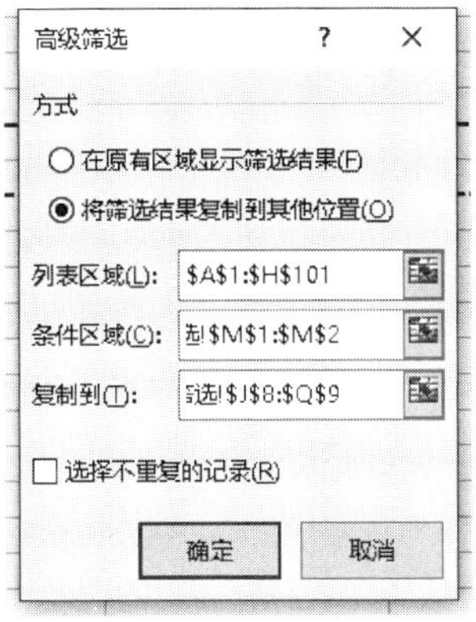

图 16.4　设置计算条件筛选参数

单击【确定】按钮，结果复制到目的区域，如图 16.5 所示。

销售地区	销售人员	品名	数量	单价￥	销售金额￥	销售年份	销售季度
上海	刘秋初	油烟机	2695	950	2,560,250	2019	1
上海	刘秋初	油烟机	2112	950	2,006,400	2019	1
北京	刘建东	电视机	2575	2,230	5,742,250	2019	1
北京	刘建东	电视机	1666	2,230	3,715,180	2019	1
北京	刘建东	电冰箱	2301	2,200	5,062,200	2019	1

图 16.5　筛选结果

任务5

商务数据的汇总与统计

任务说明

本任务主要是汇总与统计销售数据。统计内容包括排序、区间统计、分类汇总等。排序是最基本的数据统计方式；区间统计是利用 Excel 的模糊查找功能来实现的；分类汇总是一种基于排序字段的统计方法，它可以为分类数据进计数、平均、最值、乘积等汇总统计。

子任务17 调整销售数据顺序

对销售数据进行顺序调整是数据分析不可缺少的组成部分。顺序调整既可以是数据的顺序调整，也可以是字段的顺序调整。调整的顺序可以是升序、降序，也可以是用户自定义顺序。通常的顺序调整即排序操作，排序操作可以将名称列表按字母顺序排列、将库存按从高到低的顺序排列、按颜色或图标对行进行排序等。对数据进行排序有助于快速直观地显示数据并更好地理解数据，有助于组织并查找所需数据，有助于最终做出更有效的决策。

步骤 1：单击工作表标签“调整销售数据顺序”。

单击 H 列的任意单元格，如 H5；再单击【数据—(排序和筛选)—升序】；其结果是，所有数据按照“销售季度”升序排列。

注意

1. 快速排序时，默认数据区域有标题行，标题行不参与排序。

2. 快速排序时，如果选择了某个区域，则会提示是否仅对区域内数据排序，还是扩展到整个数据区域。

单击【数据—（排序和筛选）—排序】排序，出现“排序”对话框，如图 17.1 所示。

在“排序”对话框中，勾选“数据包含标题”选项；对话框中已存在按“销售季度”升序排序的一个条件，其中主要关键字为“销售季度”字段；排序依据是“数值”，即按数值大小排序；次序为“升序”排序；单击每一项的下拉列表，可以更改；单击【删除条件】按钮则可以将这个排序条件删除。

图 17.1 排序对话框

单击【添加条件】按钮，在“排序”对话框中出现第二个排序关键字，如图 17.2 所示。

图 17.2　添加排序关键字

次要关键字选择“数量”，排序依据选择“数值”，次序选择“降序”；完成后单击【确定】按钮；结果如图 17.3 所示。

	A	B	C	D	E	F	G	H
1	销售地区	销售人员	品名	数量	单价￥	销售金额￥	销售年份	销售季度
2	上海	刘秋初	油烟机	2695	950	2,560,250	2019	1
3	济南	顾资然	电视机	2655	2,230	5,920,650	2019	1
4	北京	刘建东	电视机	2575	2,230	5,742,250	2019	1
5	合肥	陈昕怡	电饭煲	2518	500	1,259,000	2019	1

图 17.3　双字段排序

在数据区域，所有数据在销售季度升序的基础上，如果销售季度相同，则按数量降序排列。

提高

1. Excel 2007 以后的版本排序关键字突破了以往 3 个的限制，最多可达 64 个排序条件。

2. 后面的排序条件必须在不改变之前排序结果的情况下才有意义。

3. Excel 的排序可以按格式（包括单元格颜色、字体颜色或图标集）进行排序。

4. 排序的方法可以是“字母”和“笔画”；“字母”即英文字母或汉字拼音首字母，“笔画”是以汉字笔画多少排列，笔画相同则按起笔顺序排列（横、竖、撇、捺、折），再按字形结构排列（左右、上下、整体字）。

步骤 2：按用户顺序显示数据。

将已有排序删除，单击【数据—（排序和筛选）—排序】，弹出“排序”对话框，单击“次要关键字”，再单击【删除条件】按钮，如图 17.4 所示。

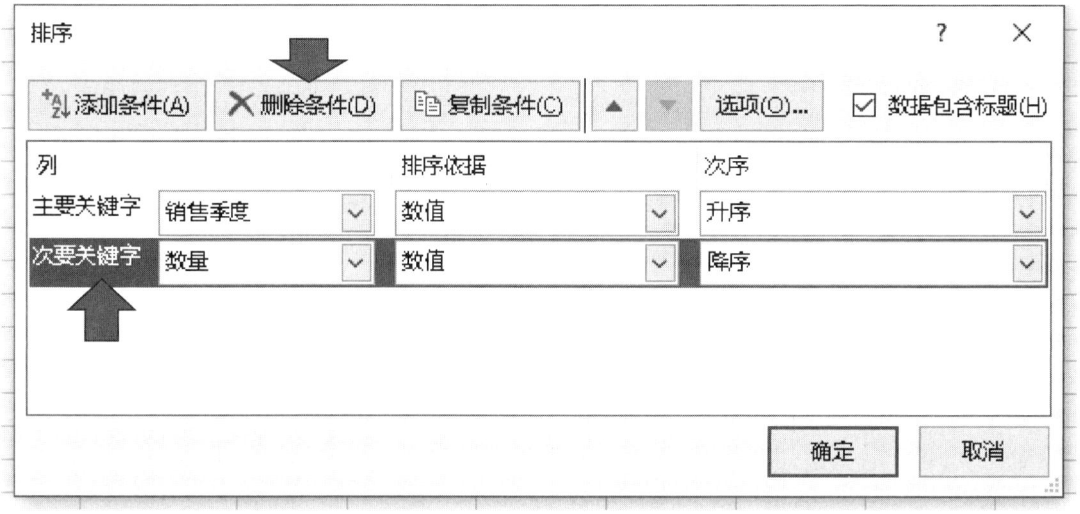

图 17.4　删除排序关键字

然后更改“主要关键字”，单击主要关键字“销售季度”右侧的下拉箭头，选择“销售地区”，排序依据为“数值”，次序选择“自定义序列”，如图 17.5 所示。

弹出“自定义序列”对话框，在“输入序列”框中，输入用户自定义的序列:“北京、上海、南京”，一座城市一行，不加标点，如图 17.6 所示；单击【添加】按钮，将这个序列增加到 Excel 的自定义序列列表中。

在返回的“排序”对话框中，出现了新的排序次序，如图 17.7 所示，单击【确定】按钮，完成排序。

图 17.5　通过自定义序列排序

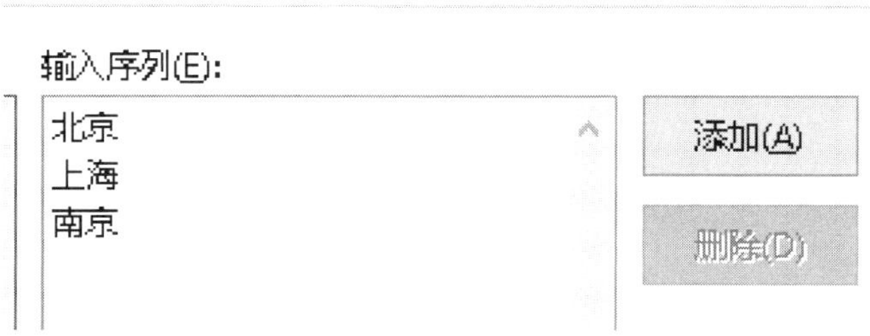

图 17.6　增加自定义序列

图 17.7　新的排序次序

新的排序结果中，按销售地区北京、上海、南京排序，其他数据按拼音升序排列，排在这三座城市数据的后面；这个排序方式既不是升序排序也不是降序排序，称为自定义顺序排序。

再次单击【数据—（排序和筛选）—排序】，弹出“排序”对话框，“次序”选择刚才自定义顺序的逆顺“南京、上海、北京”，如图 17.8 所示。

单击【确定】按钮，更新数据顺序，按销售地区南京、上海、北京排序，其他数据按拼音降序排列且排在这三座城市数据的前面。

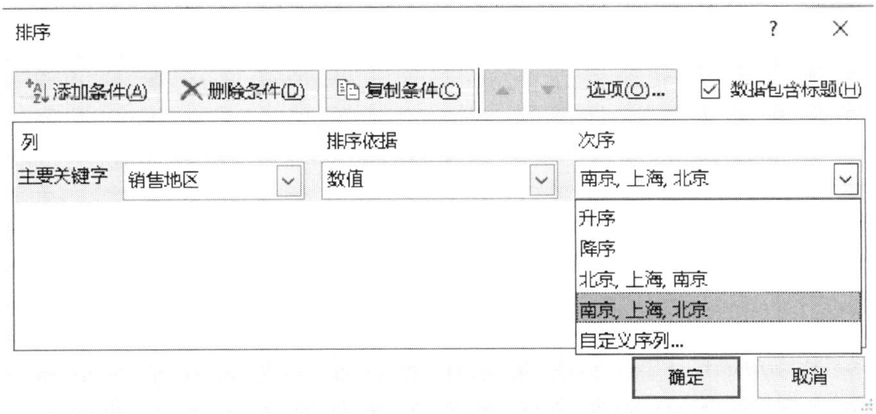

图 17.8　自定义序列逆序排序

技巧

1. Excel 2010 在对姓名进行排序时，如果想让某个人或某些人一直排在前面（如公司领导），可以将这些姓名放在自定义序列中，然后用这个序列去排序，这样序列中的姓名会一直排在前面。

2. 可以提前定义序列，用于自定义序列排序。单击【文件—选项】，在打开的“Excel 选项”对话框中，单击【高级—编辑自定义列表】 编辑自定义列表(O)... ，输入序列。

步骤 3：调整字段顺序。调整字段顺序即调整列的顺序，前提是数据之间不要有公式，否则会出错；可以用“复制、粘贴数值”的方法，去除公式。

单击行号 1，选中第一行，在选中区域的任意位置右击鼠标，在弹出的快捷菜单中选择【插入】命令，新插入 1 行。

在 A1：H1 区域中，输入用户定义的字段顺序，如图 17.9 所示。

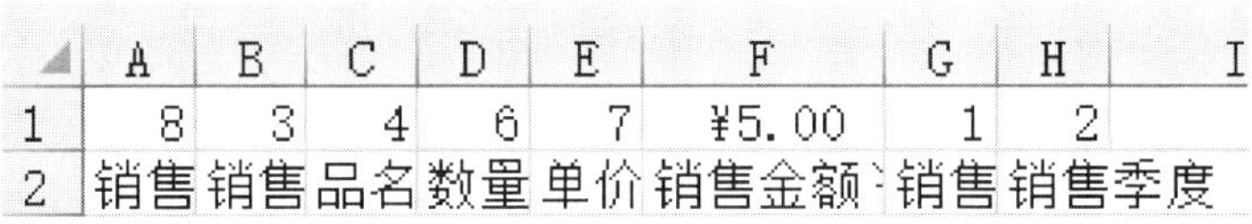

图 17.9　设置字段顺序

F1 单元格为货币格式，不影响操作结果。

单击数据区域任意单元格，按 Ctrl+A 组合键，选中整个数据区域，包括新插入的第 1 行。

单击【数据—（排序和筛选）—排序】，出现“排序”对话框。

单击对话框中的【选项】按钮，出现“排序选项”对话框，如图 17.10 所示。

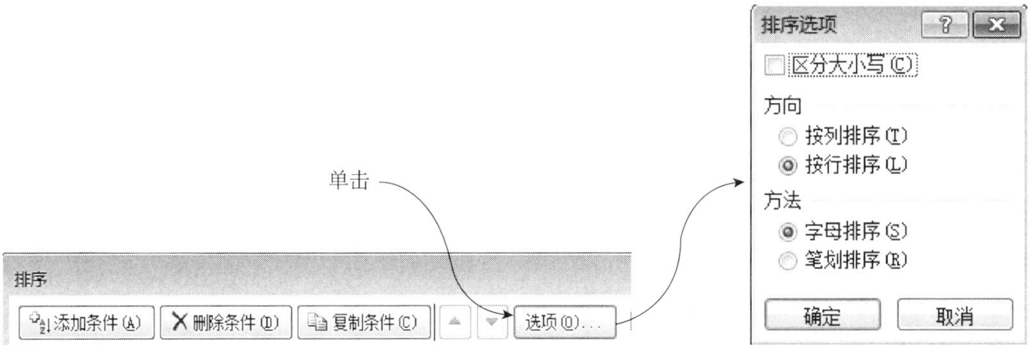

图 17.10　排序选项

点选“按行排序”选项，单击【确定】按钮，返回“排序”对话框。

在“排序”对话框中，主要关键字选择“行 1”，排序依据选择“数值”，次序选择“升序”，单击【确定】按钮，如图 17.11 所示。

图 17.11　按行排序

排序结果为：以第一行输入的数字升序重新组织数据，如图 17.12 所示。

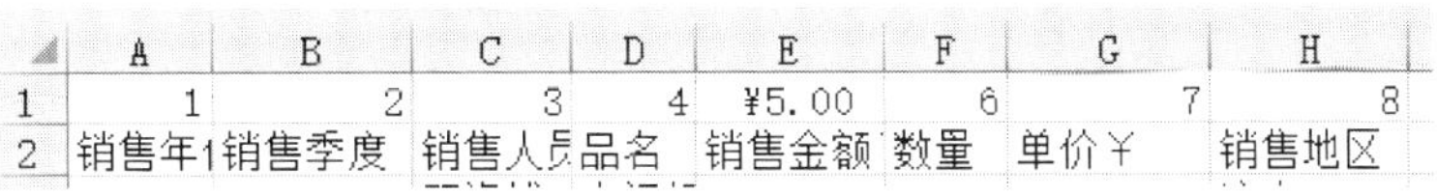

	A	B	C	D	E	F	G	H
1	1	2	3	4	¥5.00	6	7	8
2	销售年	销售季度	销售人员	品名	销售金额	数量	单价￥	销售地区

图 17.12　按行排序的结果

如果要更改排序，只需要重新输入第一行的数字，再按行 1 排序即可；完成后，可以删除第一行数据。

技巧

解决因行排序导致有公式的单元格数据出错的方法是：先复制内容，再用“选择性粘贴—数值”，然后将原数据删除；如果格式不一致，再用格式刷，将格式“刷”成一样。

子任务18　一维汇总销售数据

汇总统计不仅仅是求和操作。汇总可以从多个维度操作，如：按日期、地点、平台等；而汇总方式除了求和，还可以按平均、最大、最小、方差等进行汇总。其中用得最多的是分类汇总。分类汇总先对数据区域“分类”，也就是排序，然后再进行“汇总”。分类汇总能够快速地以某一个字段为分类项，对数据列表中的其他字段的数值进行各种统计计算，如求和、计数、平均值、最大值、最小值、乘积等。

在 Excel 中，分类汇总之前，必须对分类字段进行排序。排序的目的不是要获得一个带有顺序的数据区域，而是将分类字段进行“分类”——相同的数据放在一起，便于计算机进行统计。

步骤 1：单击工作表标签“汇总销售数据”。

单击 C 列的任意单元格，如 C2，再单击【数据—（排序和筛选）—升序】；整个数据区域按“销售地区”升序排序。

单击【数据—（分级显示）—分类汇总】，弹出“分类汇总”对话框。

在“分类汇总”对话框中，“分类字段”选择“销售地区”；“汇总方式”选择“求和”；“选定汇总项”勾选“数量”和“销售金额”两项，如图 18.1 所示。

单击【确定】按钮，出现汇总结果，如图 18.2 所示。

Excel 根据销售地区进行分类，将分类结果的数量和销售金额求和汇总。

步骤 2：查看、使用汇总数据。

在窗口的左上角有三个【分级显示】按钮 1 2 3，单击【分级显示】按钮 1 1，整个数据明细收缩，只显示汇总部分，明细数据被隐藏，如图 18.3 所示。

图 18.1 “分类汇总”对话框

	A	B	C	D	E	F	G	H
1	销售年份	销售季度	销售地区	销售人员	品名	单价￥	数量	销售金额￥
2	2019	1	北京	刘建东	电视机	¥2,230.00	2575	¥5,742,250.00
3	2019	1	北京	刘建东	电冰箱	¥2,200.00	2301	¥5,062,200.00
4	2019	1	北京	刘建东	电视机	¥2,230.00	1666	¥3,715,180.00
5	2019	1	北京	曹南	按摩椅	¥800.00	1439	¥1,151,200.00
6	2019	1	北京	曹南	微波炉	¥770.00	304	¥234,080.00
7	2019	2	北京	刘建东	电视机	¥2,230.00	2827	¥6,304,210.00
8	2019	2	北京	曹南	微波炉	¥770.00	1895	¥1,459,150.00
9	2019	2	北京	曹南	微波炉	¥770.00	1420	¥1,093,400.00
10	2019	3	北京	曹南	微波炉	¥770.00	1962	¥1,510,740.00
11	2019	3	北京	刘建东	电冰箱	¥2,200.00	1902	¥4,184,400.00
12	2019	3	北京	刘建东	电视机	¥2,230.00	1530	¥3,411,900.00

图 18.2 分类汇总的结果（部分）

	A	B	C	D	E	F	G	H
1	销售年份	销售季度	销售地区	销售人员	品名	单价￥	数量	销售金额￥
108			**总计**				139493	¥189,785,090.00

图 18.3 只显示分类汇总的总计项

单击【分级显示】按钮 2 [2]，显示分项汇总和总计，如图 18.4 所示。

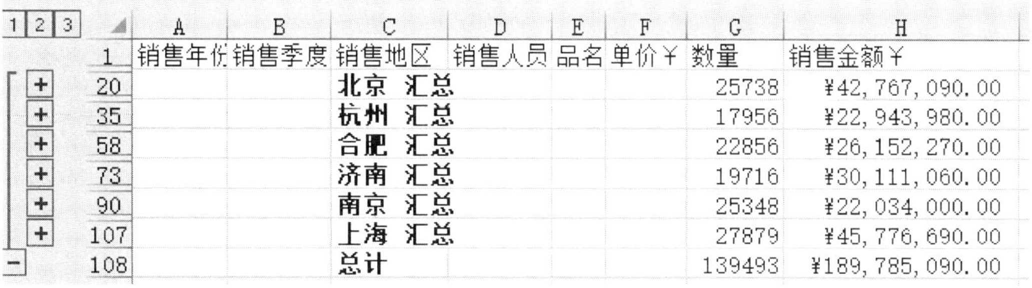

	A	B	C	D	E	F	G	H
1	销售年份	销售季度	销售地区	销售人员	品名	单价￥	数量	销售金额￥
20			北京 汇总				25738	¥42,767,090.00
35			杭州 汇总				17956	¥22,943,980.00
58			合肥 汇总				22856	¥26,152,270.00
73			济南 汇总				19716	¥30,111,060.00
90			南京 汇总				25348	¥22,034,000.00
107			上海 汇总				27879	¥45,776,690.00
108			总计				139493	¥189,785,090.00

图 18.4　分项汇总

单击 G20 单元格，查看编辑栏内的公式是：“=SUBTOTAL(9,G2:G19)”。

基础

SUBTOTAL() 函数返回列表或数据库中的分类汇总。格式为：SUBTOTAL（统计代号，区域），统计代号分为两类，一类是区域中包含隐藏值（统计代号小于 100），一类是忽略隐藏值（统计代号大于 100）。常用的统计代号有：1—平均、2—数值计数、3—普通计数[①]、4—最大值、5—最小值、6—乘积、7—标准偏差、8—总体标准偏差、9—求和、10—方差、11—总体方差。

转移分项汇总数据。

单击【分级显示】按钮 2 [2]，显示分项汇总和总计。

单击汇总区域内任意单元格，如 C1 单元格，按 Ctrl+A 组合键，选中整个汇总数据。

单击【开始—（编辑）—查找和选择—定位条件】，弹出“定位条件”对话框，如图 18.5 所示。

图 18.5　定位条件

① 数值计数即仅统计数值型数据，普通计数即统计非空的所有数据。

点选“可见单元格”选项，单击【确定】按钮。

选中区域的色框变成虚框①，如图 18.6 所示。

	A	B	C	D	E	F	G	H
1	销售年份	销售季度	销售地区	销售人员	品名	单价￥	数量	销售金额￥
20			**北京 汇总**				25738	¥42,767,090.00
35			**杭州 汇总**				17956	¥22,943,980.00
58			**合肥 汇总**				22856	¥26,152,270.00
73			**济南 汇总**				19716	¥30,111,060.00
90			**南京 汇总**				25348	¥22,034,000.00
107			**上海 汇总**				27879	¥45,776,690.00
108			**总计**				139493	¥189,785,090.00

图 18.6　选中可见单元格

按 Ctrl+C 组合键，复制可见单元格内容②，单击新建工作表标签⊕，在新工作表中单击 A1 单元格，右击鼠标，选择【粘贴】（或直接按 Ctrl+V 组合键），分项汇总被粘贴出来，如图 18.7 所示。

	A	B	C	D	E	F	G	H
1	销售年份	销售季度	销售地区	销售人员	品名	单价￥	数量	销售金额￥
2			**北京 汇总**				25738	¥42,767,090.00
3			**杭州 汇总**				17956	¥22,943,980.00
4			**合肥 汇总**				22856	¥26,152,270.00
5			**济南 汇总**				19716	¥30,111,060.00
6			**南京 汇总**				25348	¥22,034,000.00
7			**上海 汇总**				27879	¥45,776,690.00
8			**总计**				139493	¥189,785,090.00

图 18.7　粘贴分项汇总数据

基础

1. 分类字段不排序，也可以做分类汇总，但是汇总出来的结果会出现重复值。
2. 在 Excel 中，如果复制区域含有隐藏数据，在粘贴时，隐藏数据会显示出来。
3. 分级显示时，单击 + 或 - 按钮，可以展开或收缩数据。

步骤 3：删除当前分类汇总。

单击工作表标签“汇总销售数据”。

单击【数据—（分级显示）—分类汇总】 分类汇总，在打开的“分类汇总”对话框中，单击【全部删除】按钮，则可以将当前的分类汇总删除。

步骤 4：叠加分类汇总。在销售地区分类的基础之上，再对销售季度分类汇总。

单击工作表标签“汇总销售数据”，再单击数据区域任意单元格，如 B2 单元格。

① 虚框在纸媒中无法表现，实际电脑操作中会看到。

② 读者可以不执行“定位可见单元格–复制”操作，对比粘贴结果。

单击【数据—（排序和筛选）—排序】，出现“排序”对话框。

主要关键字“销售地区”，按“数值”“升序”排序；次要关键字“销售季度”，按“数值”“升序”排序，如图 18.8 所示。

图 18.8　双字段排序

单击【确定】按钮，完成排序。

步骤 5：第一级分类汇总。

单击【数据—（分级显示）—分类汇总】，弹出“分类汇总”对话框。

在“分类汇总”对话框中，“分类字段”选择“销售地区”；“汇总方式”选择“求和”；“选定汇总项”勾选“数量”和“销售金额”选项，如图 18.9 所示。

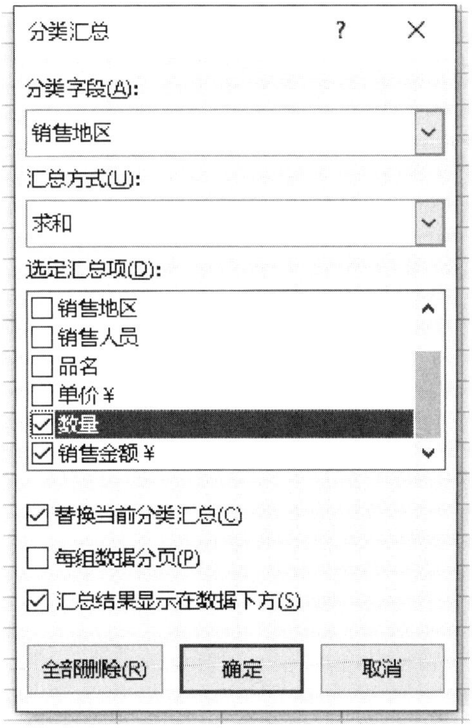

图 18.9　第一级分类汇总

单击【确定】按钮，完成第一级分类汇总。

下面进行第二级分类汇总。

单击【数据—（分级显示）—分类汇总】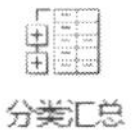

，弹出“分类汇总”对话框。

在“分类汇总”对话框中，“分类字段”选择“销售季度”；“汇总方式”选择“求和”；“选定汇总项”勾选“数量”和“销售金额”选项；取消勾选“替换当前分类汇总”，如图 18.10 所示。

单击【确定】按钮，完成第二级分类汇总，结果如图 18.11 所示。

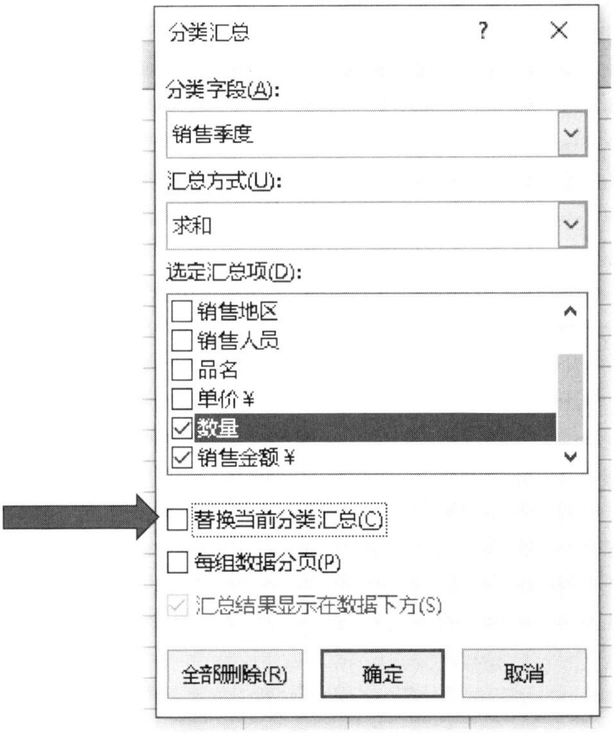

图 18.10　第二级分类汇总

	B	C	D	E	F	G	H
1	销售季度	销售地区	销信	品:	单价	数量	销售金额￥
7	1 汇总					8285	¥15,904,910.00
11	2 汇总					6142	¥8,856,760.00
16	3 汇总					5660	¥9,700,220.00
23	4 汇总					5651	¥8,305,200.00
24		北京 汇总				25738	¥42,767,090.00
29	1 汇总					7304	¥9,448,450.00
32	2 汇总					1927	¥2,653,980.00
41	4 汇总					8725	¥10,841,550.00
42		杭州 汇总				17956	¥22,943,980.00

图 18.11　第二级分类汇总结果

两级分类汇总后，窗口的左侧分级显示变为 4 级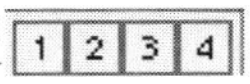

，第 1 级是总的汇总，仅显示所有数据汇总；第 2 级是第一级汇总数据，即销售地区的汇总；第 3 级是在销售地区分类的基础上，按销售季度汇总；第 4 级是带有明细的汇总。

步骤 6：单击第 3 级分类视图。

按 Ctrl+A 组合键，选择全部汇总数据。

单击【开始—（编辑）—查找和选择—定位条件】，弹出“定位条件”对话框。点选“可见单元格”选项，如图 18.12 所示，单击【确定】按钮。

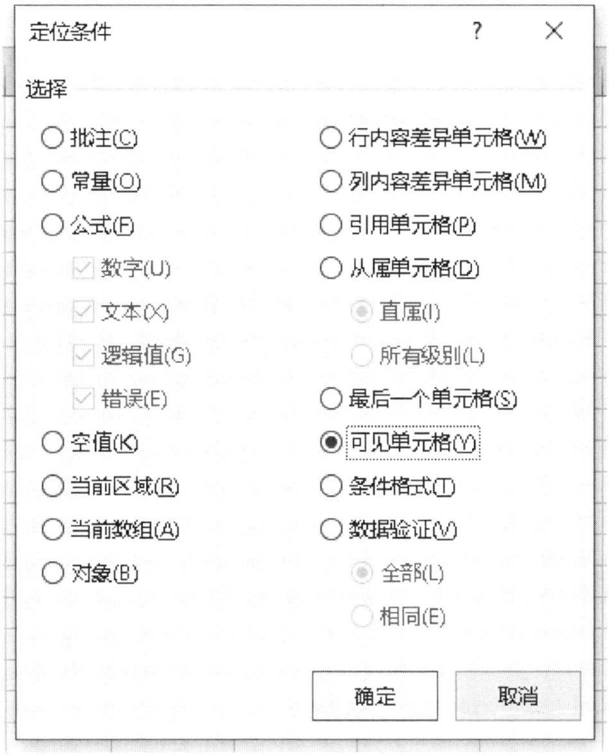

图 18.12　定位条件

按 Ctrl+C 组合键，复制可见单元格内容。

单击新建工作表标签⊕，再单击新工作表的 A1 单元格，按 Ctrl+V 组合键，粘贴结果，如图 18.13 所示。

销售年份	销售季度	销	销	品	单	数量	销售金额￥
	1 汇总					8285	¥15,904,910.00
	2 汇总					6142	¥8,856,760.00
	3 汇总					5660	¥9,700,220.00
	4 汇总					5651	¥8,305,200.00
		北京 汇总				25738	¥42,767,090.00
	1 汇总					7304	¥9,448,450.00
	2 汇总					1927	¥2,653,980.00
	4 汇总					8725	¥10,841,550.00
		杭州 汇总				17956	¥22,943,980.00

图 18.13　粘贴结果（部分）

选择 A 列，按 Ctrl 键不放，再单击 D、E、F 三列，在选中区域中单击鼠标右键，在弹出的快捷菜单中选择【删除】命令。

单击【开始—（编辑）—查找和选择—替换】，弹出“替换”对话框。

在“替换”对话框中，“查找内容”框中输入“汇总”，“替换为”框中不输入内容，如

图 18.14 所示。

图 18.14　替换“汇总”一词

单击【全部替换】按钮，工作表的单元格中所有“汇总”一词被替换成空白，单击【完成】按钮完成替换；在返回的“查找和替换”对话框中，单击【关闭】按钮，关闭“查找和替换”对话框。汇总数据变得更加简洁，如图 18.15 所示。

	A	B	C	D
1	销售季度	销售地区	数量	销售金额￥
2	1		8285	¥15,904,910.00
3	2		6142	¥8,856,760.00
4	3		5660	¥9,700,220.00
5	4		5651	¥8,305,200.00
6		**北京**	25738	¥42,767,090.00
7	1		7304	¥9,448,450.00
8	2		1927	¥2,653,980.00
9	4		8725	¥10,841,550.00
10		**杭州**	17956	¥22,943,980.00

图 18.15　替换后的汇总表

子任务19　二维汇总销售数据

在许多市场营销情况下，都需要对销售数据进行双向汇总分析，或者说交叉分析，以获取重要的市场见解。Excel PivotTable（数据透视表）使你能够以许多不同的方式快速汇总数据并对其进行描述。

数据透视表是一种对大量数据快速汇总和建立交叉列表的交互式动态表格，能帮助用户分析、组织数据；可以从大量看似无关的数据中寻找背后的联系，从而将复杂的数据转化为有价值的信息，以供研究和决策使用。

步骤 1：单击工作表标签“双向汇总销售数据”。

单击工作表任意区域，如 A3，再单击【插入—（表格）—数据透视表—数据透视表】，弹出“创建数据透视表”对话框，如图 19.1 所示。

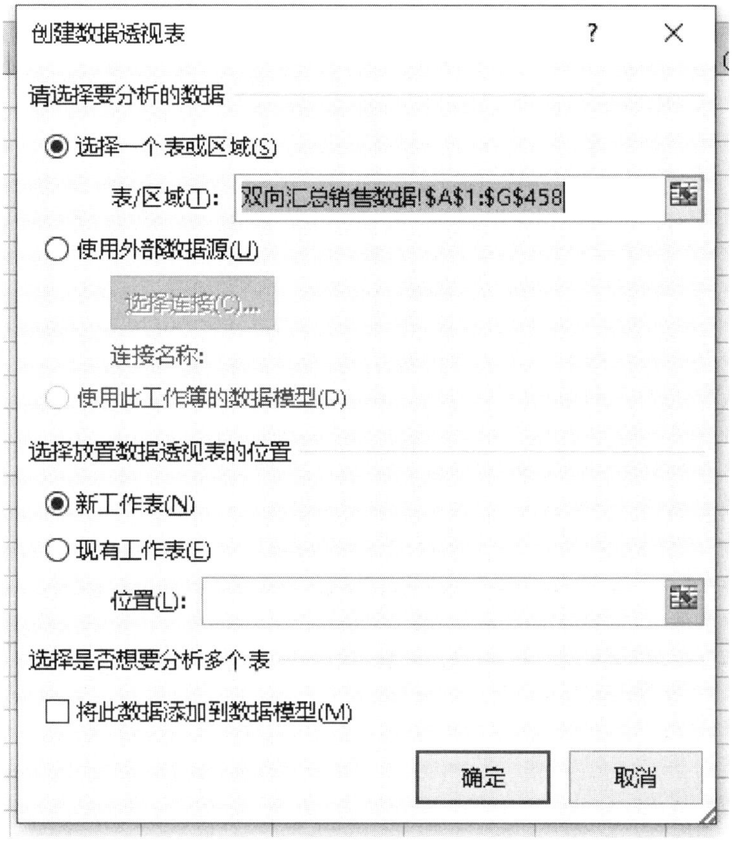

图 19.1　“创建数据透视表”对话框

注意

1. 从图 19.1 中可见，数据透视表的数据来源可以是表、区域、外部数据，数据透视表可以放在本工作表，也可以放在新工作表中。

2. 数据来源的“表 / 区域”可以使用区域名，从而实现动态数据透视表。

在“创建数据透视表”对话框中，Excel 默认选定整个数据区域；新建的数据透视表放在“新工作表”中，单击【确定】按钮。

Excel 新建一个工作表，里面有一张空白的数据透视表，如图 19.2 所示。

从“数据透视表字段”对话框中可以看到数据透视表有 4 个区域，分别是：筛选器区域、列区域、行区域、值区域。

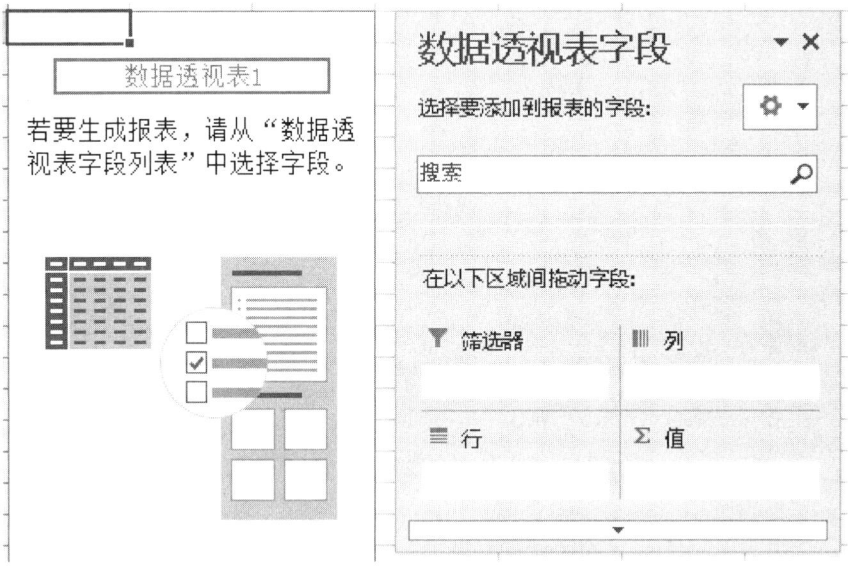

图 19.2　新建的空白数据透视表

筛选器区域：根据内容筛选符合条件的数据进行汇总分析；

列区域：按标签值分列汇总数据；

行区域：按标签值分行汇总数据；

值区域：根据筛选器、列区域、行区域的汇总分析结果。

步骤 2：在“数据透视表字段”对话框中，移动鼠标到“品名”字段上，直接按鼠标左键将“品名”拖到“行”区域中，松开鼠标。

移动鼠标到“销售地区”字段上，将“销售地区”拖到“列”区域中。

移动鼠标到“数量”字段上，将“数量”字段拖到“值”区域中，如图 19.3 所示。

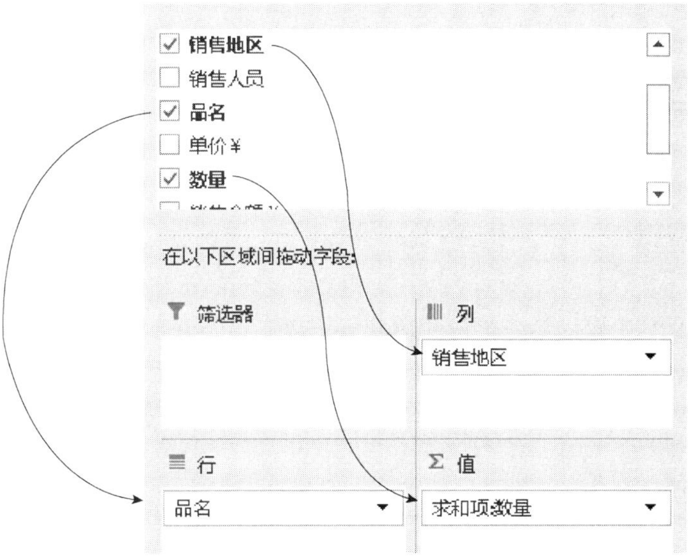

图 19.3　拖到字段到数据透视表不同区域

拖动过的字段在字段列表的复选框中打上钩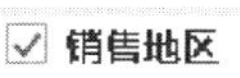

。

注意

1. Excel 的“空白数据透视表”与 2003 版本有了较大变化，勾选字段，可以默认地进入到行、列或数值区域。

2. 空白数据透视表支持鼠标拖动字段到行、列或数值标签框。

透视表的结果如图 19.4 所示。

求和项:数量	列标签						
行标签	北京	上海	南京	杭州	合肥	济南	总计
按摩椅	4253	3515	2974	2455	3201	1493	17891
电冰箱	4032	2647	4358	2167	3796	2201	19201
电饭煲	3099	2843	2984	3387	3669	2687	18669
电视机	4115	2445	4566	2720	2643	3070	19559
微波炉	2202	1675	3871	4149	4802	2896	19595
洗衣机	3429	2904	2843	2309	3644	2746	17875
音响	2710	2906	2421	1488	4005	1146	14676
油烟机	2253	4270	4344	1000	3253	2403	17523
总计	**26093**	**23205**	**28361**	**19675**	**29013**	**18642**	**144989**

图 19.4　添加行标签和数值项的透视表

步骤 3：增加筛选字段。

单击数据透视表任意单元格，“数据透视表字段”对话框会自动出现，或单击【分析—（显示）—字段列表】，显示“数据透视表字段”对话框。

勾选字段列表中的“销售人员”，如图 19.5 所示，销售人员数据增加到“行”区域。

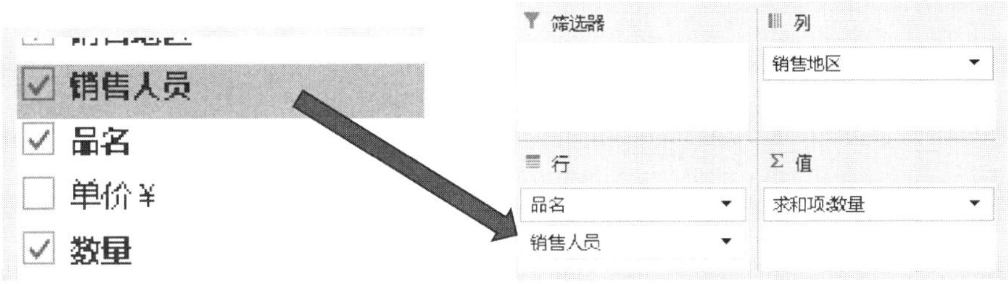

图 19.5　勾选销售人员字段

数据区域自动更新显示，每个商品名称下面，增加了销售该商品的人员，在数据区域，则为相应人员的销量，如图 19.6 所示。

求和项:数量	列标签			
行标签	北京	上海	南京	杭州
⊟按摩椅	4253	3515	2974	2455
曹南	1614			
陈坚				1297

图 19.6　更新透视表结果

拖动“行”区域中的“销售人员”字段到筛选器，如图 19.7 所示。

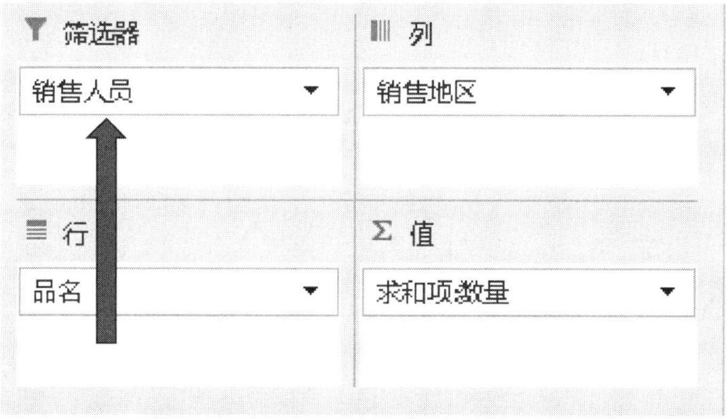

图 19.7　更改布局

在数据透视表中，筛选区域添加了“销售人员”筛选内容，如图 19.8 所示。

提高

1. 数据透视表中的字段不需要排序，可以自动分类。
2. 值字段默认的汇总方式是求和；可以提供的汇总方式还有计数、平均值、最大值、最小值、乘积、数值计数、标准偏差、总体标准偏差、方差、总体方差。
3. 非数值型字面拖到值区域，汇总方式仅可以是计数。
4. 数据透视表中的汇总数据不可以更改。

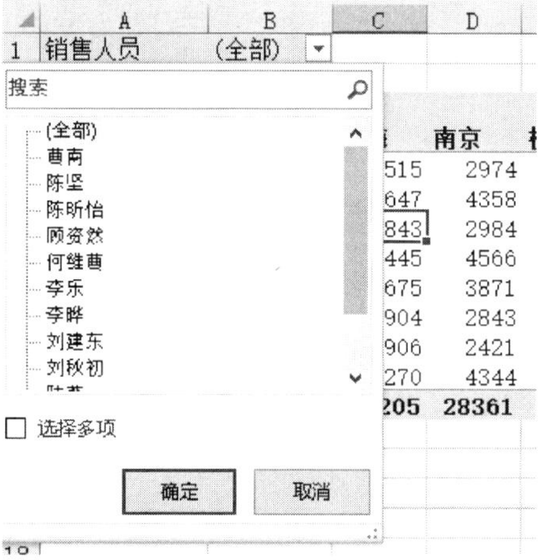

图 19.8　增加销售人员筛选

	A	B	C
1	销售人员	李乐	
2			
3	求和项:数量	列标签	
4	行标签	南京	总计
5	按摩椅	1493	1493
6	电冰箱	1166	1166
7	电饭煲	1525	1525
8	电视机	1930	1930
9	微波炉	1880	1880
10	洗衣机	1794	1794
11	音响	1711	1711
12	油烟机	2550	2550
13	总计	14049	14049

图 19.9　销售人员筛选结果

勾选销售人员，可以查看相应销售人员的销售数据，实现人员筛选，如图 19.9 所示。

步骤 4：取消筛选字段。

单击数据透表中的任意数据单元格，“数据透视表字段”对话框会自动出现，或单击【分析—（显示）—字段列表】，显示“数据透视表字段”对话框。

在“数据透视表字段”对话框中，移动鼠标到筛选器区域的“销售人员”字段上，直接按鼠标左键将“销售人员”拖到字段列表区域，松开鼠标，如图 19.10 所示。

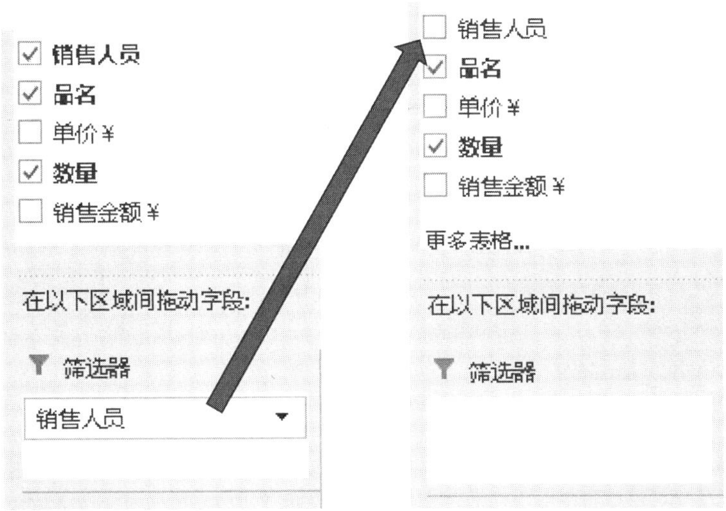

图 19.10 取消筛选字段

在“数据透视表字段”对话框中，移动鼠标到行区域的“品名”字段上，直接按鼠标左键将“品名”拖到字段列表区域，松开鼠标，取消品名的行汇总。

在“数据透视表字段”对话框中，移动鼠标到字段列表区域的“销售日期”字段上，直接按鼠标左键将“销售日期”拖到行区域，松开鼠标，如图 19.11 所示。

	A	B	C	D	E	F
1						
2						
3	求和项:数量	列标签				
4	行标签	按摩椅	电冰箱	电饭煲	电视机	微波炉
5	⊞2018年	4732	6167	3751	4579	3785
6	⊞2019年	13159	13034	14918	14980	15810
7	总计	17891	19201	18669	19559	19595

图 19.11 加入日期的数据透视表

单击行标签前的打开折叠标记⊞2018年 ⊞2019年，查看按季度的分类汇总数据，如图 19.12 所示。

求和项:数量	列标签			
行标签	按摩椅	电冰箱	电饭煲	电视机
⊟2018年				
第四季	4732	6167	3751	4579
⊟2019年				
第一季	2846	2505	4797	4346
第二季	2747	2960	3479	5389
第三季	3054	2902	3946	3107
第四季	4512	4667	2696	2138
总计	17891	19201	18669	19559

图 19.12 显示季度分类汇总

鼠标移至季度数据单元格上方，鼠标形状成为向下的黑色箭头，单击季度数据，在选中区域单击鼠标右键，在弹出的快捷菜单中选择【取消组合】命令，可以显示原始数据（日期）的分类汇总数据，如图 19.13 所示。

图 19.13 取消组合后的数据（部分）

鼠标移至行标签数据的上方，鼠标形状变为向下的黑色箭头，单击日期数据，在选中区域单击鼠标右键，在弹出的快捷菜单中选择【创建组】命令，弹出“组合”对话框，不改变起始和终止日期，单击“月”和“年”两个步长，如图 19.14 所示。

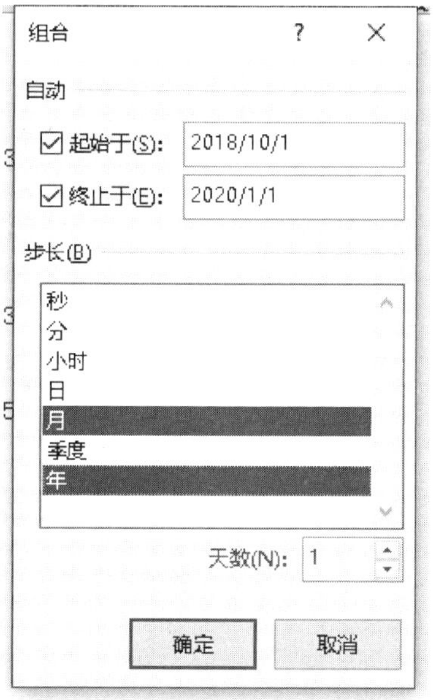

图 19.14 按月和年分类汇总

单击【确定】按钮，汇总数据以月和年分类汇总，如图 19.15 所示。

求和项:数量	列标签			
行标签	按摩椅	电冰箱	电饭煲	电视机
⊟2018年				
10月	2161	1326	800	1565
11月	2140	2616	917	483
12月	431	2225	2034	2531
⊟2019年				
1月	791	708	1026	3540
2月	570	95	2708	162
3月	1485	1702	1063	644

图 19.15 以月和年分类汇总销售数据

子任务20　切片统计销售数据

销售数据字段较多时，需要从多个角度进行分析，传统的筛选、透视分析不能够直观地展现分析结果。从 Excel 2010 版本开始，新增了“切片器”功能，不仅能够对数据透视表字段进行筛选操作，还可以非常直观地在切片器内查看该字段的所有数据项信息。

“切片”就是将物质切成极微小的横断面薄片，以观察其内部的组织结构。数据透视表的切片器实际上就是一种图形化的筛选方式，单独为数据透视表中的每个字段创建一个选取器，浮动于数据透视表之上。通过对选取器中的字段项筛选，实现了比字段下拉列表筛选按钮更加方便灵活的筛选功能。共享后的切片器还可以应用到其他的数据透视表中，从而在多个数据透视表数据之间架起了一座桥梁，轻松地实现了多个数据透视表联动。

步骤 1：单击工作表标签“切片表格分析销售数据”，再单击数据区域任意一个单元格，如 A2，然后单击【插入—（表格）—表格】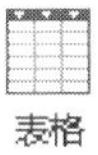

，弹出“创建表”对话框，如图 20.1 所示。

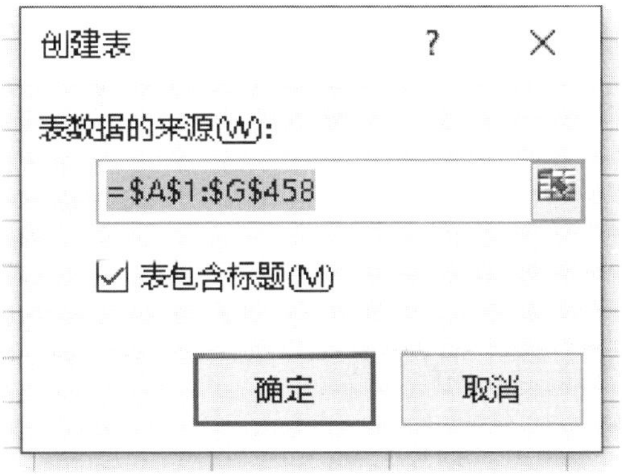

图 20.1 “创建表”对话框

Excel 自动确定数据区域，单击【确定】按钮。

数据区域转化为“表格”，并自动套用默认的蓝白相间的表格样式。

表格又称为“智能表”，可以自动扩展数据区域，还可以自动求和、极值、平均值等又不用输入任何公式，同时能随时转换为普通的单元格区域，从而极大地方便了数据管理和分析操作。

提高

1. Excel 的工作表要有标题行，并转为“表格”才有意义；通过标题行可以引用字段数据；使用方法是：[字段名]，如 SUM（[数量]）。

2. 表格可以自动扩充，当连续增加行或列后，表格的区域随之扩大。

3. 创建表格后，自动给表格命名，可以通过【设计—（属性）—表名称】查看或修改。

4. 表格可以转换为区域，可以单击【设计—（工具）—转换为区域】，将其转为区域。

步骤 2：单击表格中任意单元格，如 A2，再单击【设计—（工具）—插入切片器】，弹出“插入切片器”对话框，对话框中列出数据区域中所有字段，如图 20.2 所示。

图 20.2 “插入切片器”对话框

勾选“插入切片器”对话框中的“销售地区、销售人员、品名”三个字段，单击【确定】按钮；工作表中出现三个切片器，如图 20.3 所示。

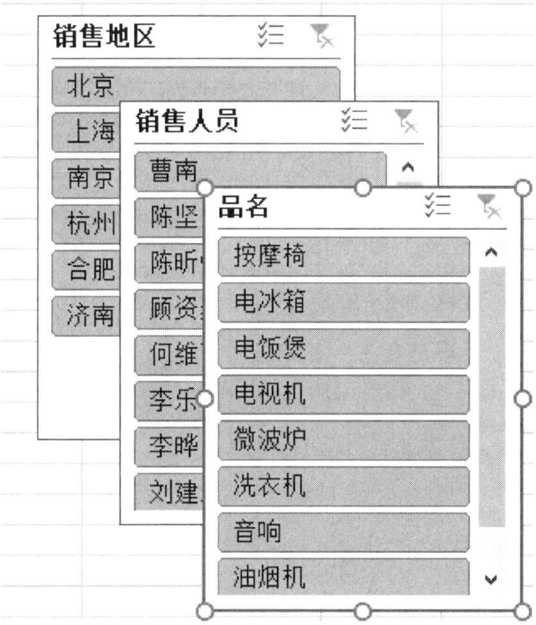

图 20.3 三个切片器

单击“销售地区”切片器，再单击销售地区“北京”，在按 Ctrl 键的同时单击“上海”，数据区域自动筛选出销售地区是北京、上海的数据，如图 20.4 所示。

单击“品名”切片器，再单击品名“音响”，则在北京、上海的数据中，筛选出音响数据，如图 20.5 所示。

图 20.4　切片器筛选北京、上海数据

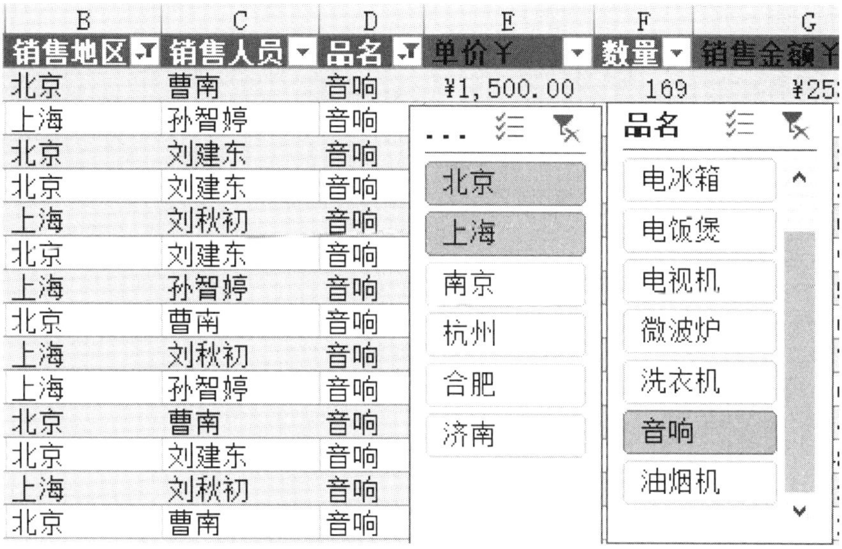

图 20.5　切片器筛选北京、上海的音响数据

提高

1. 切片器字段选取时，可以按 Ctrl 键，复选多个字段进行筛选。

2. 单击“插入切片器”对话框右上角的“清除筛选器”按钮，可以清除字段筛选，即选取所有字段；按 Delete 键可以删除切片器。

步骤 3：在数据透视表中切片分析销售数据。

单击工作表标签“切片透视表分析销售数据”。

单击工作表任意区域，如 A1，再单击【插入—（表格）—数据透视表—数据透视表】，弹出“创建数据透视表”对话框，如图 20.6 所示。

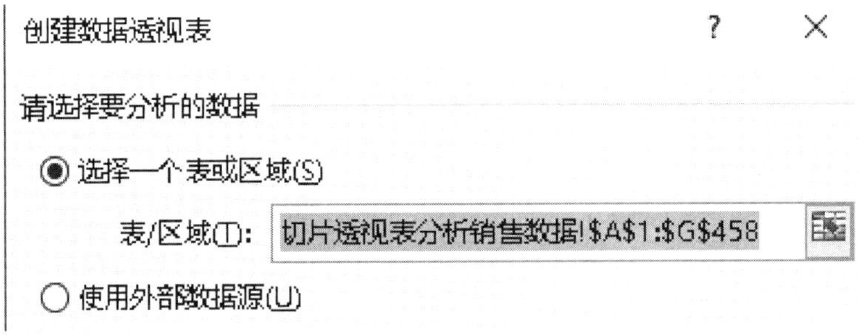

图 20.6 “创建数据透视表”对话框

在“创建数据透视表”对话框中，Excel 默认选定整个数据区域；新建的数据透视表放在“新工作表”中，单击【确定】按钮。

Excel 新建一个工作表，里面有一张空白的数据透视表，如图 20.7 所示。

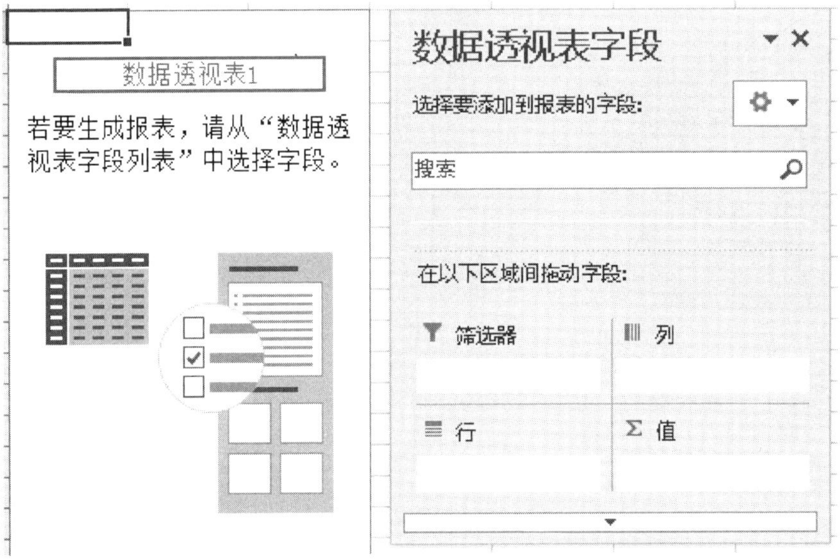

图 20.7 新建的空白数据透视表

在“数据透视表字段”对话框中，拖动“品名”到“列”区域。拖动“销售地区”字段到“行”区域；拖动“销售人员”字段到“行”区域；拖动“销售金额”字段到“值”区域，如图 20.8 所示。

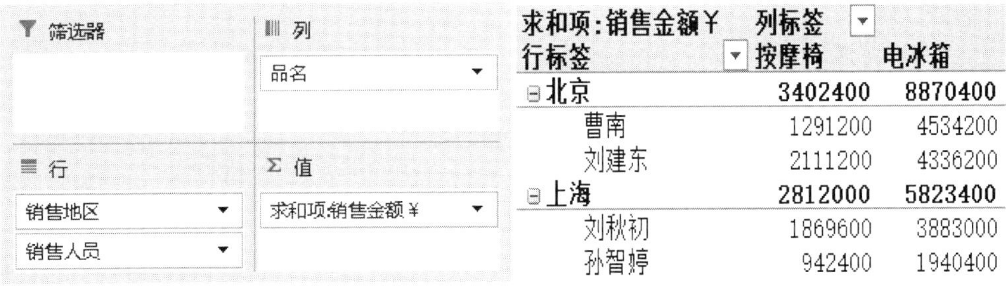

图 20.8 生成数据透视表

步骤 4：切片分析。

单击数据透视表中的任意单元格，再单击【分析—（筛选）—插入切片器】，弹出“插入切片器”对话框，勾选“销售日期”“销售地区”“销售人员”“品名”“年”，结果如图 20.9 所示。

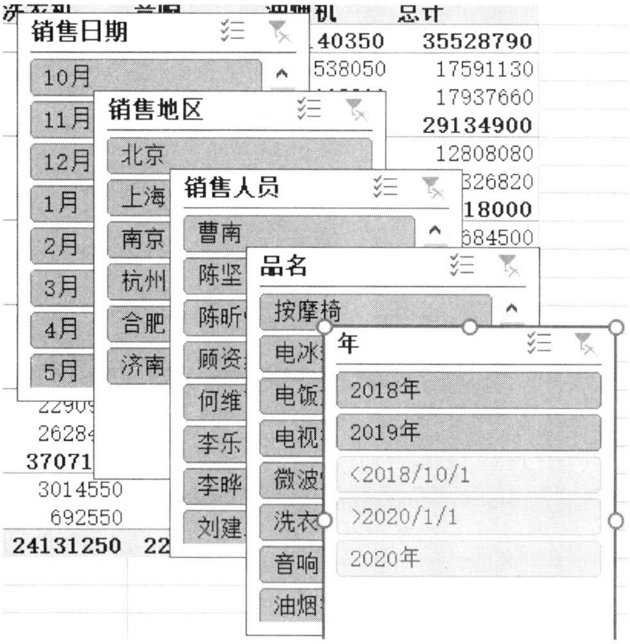

图 20.9　插入切片器

单击“品名”切片器，再单击其中的“按摩椅”；单击“年”切片器，再单击其中的“2018 年”；单击“销售人员”切片器，再单击其中的“李乐”。

综上操作，即汇总了“2018 年李乐销售的按摩椅”数据，如图 20.10 所示。

求和项:销售金额￥	列标签	
行标签	按摩椅	总计
⊟南京	344800	344800
李乐	344800	344800
总计	344800	344800

图 20.10　切片分析结果

任务6

商务数据的图表分析

任务说明

本任务主要是通过 Excel 提供的图表模板，对不同类型的数据绘制不同的图表。图表具有直观形象的优点，可以形象地反映数据的差异、构成比例或变化趋势。图形能够增强工作表或图表的视觉效果，创建出引人注目的报表。在任务中可以加入 Excel 的函数公式、定义名称、窗体控件、VBA 等功能，还可以创建实时变化的动态图表。

子任务21 通过迷你图概览销售数据

迷你图是 Excel 中的一个新功能，与普通工作表上的图表不同，迷你图不是对象，它实际上是单元格背景中的一个微型图表，因此迷你图可以与数据同时放在一个单元格中。Excel 可以为多行（或多列）数据创建一组迷你图，一组迷你图具有相同的图表特征。

步骤 1：单击工作表标签“迷你图”。

选择 N3：N8 区域；单击【插入—（迷你图）—柱形图】；弹出“创建迷你图”对话框，如图 21.1 所示。

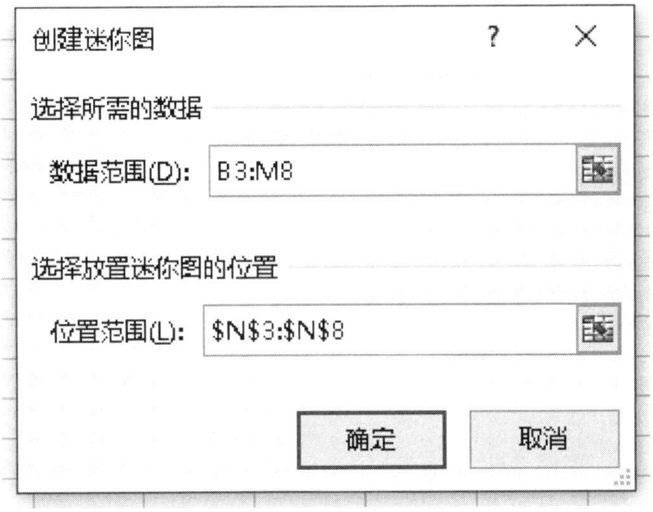

图 21.1 “创建迷你图”对话框

单击“数据范围”框，在工作表中拖动 B3：M8 区域；单击【确定】按钮，出现柱形迷你图，如图 21.2 所示。

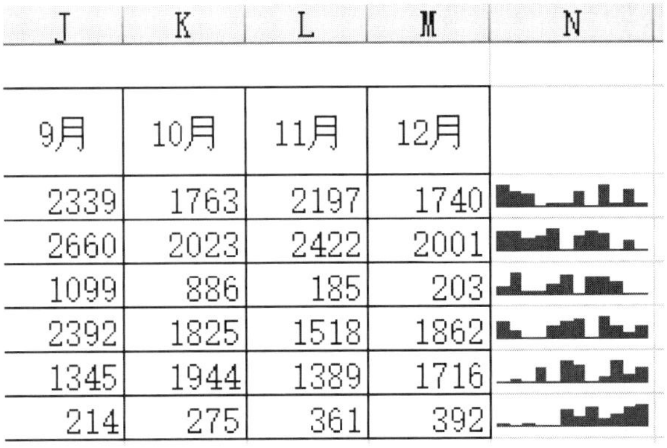

J	K	L	M	N
9月	10月	11月	12月	
2339	1763	2197	1740	
2660	2023	2422	2001	
1099	886	185	203	
2392	1825	1518	1862	
1345	1944	1389	1716	
214	275	361	392	

图 21.2 柱形迷你图（部分）

单击鼠标选择 B9：M9 区域，再单击【插入—（迷你图）—折线图】，弹出“创建迷你图”对话框，如图 21.3 所示。

图 21.3　插入迷你图

单击“数据范围”框，在工作表中拖动鼠标选择 B3：M8 区域。单击【确定】按钮，出现迷你图，如图 21.4 所示。

月份 / 类目	1月	2月	3月	4月	5月	6月	7月	8月
近视眼镜	2344	2108	2081	1617	1754	1727	2117	1712
太阳眼镜	2716	2706	2464	2571	2794	2080	2522	2731
平光眼镜	601	1391	441	414	811	1316	228	1132
老花眼镜	2086	1587	1188	1265	1820	2153	2246	1108
偏光眼镜	1142	1199	1071	1668	1095	1903	1740	1076
护目镜	153	103	164	125	112	347	236	374

图 21.4　插入折线迷你图（部分）

选中 B9：M9 区域，单击【设计—（显示）】，勾选“高点”和“低点”选项 ，迷你图中会加上高低值点，如图 21.5 所示。

月份 / 类目	1月	2月	3月	4月	5月	6月	7月	8月
近视眼镜	2344	2108	2081	1617	1754	1727	2117	1712
太阳眼镜	2716	2706	2464	2571	2794	2080	2522	2731
平光眼镜	601	1391	441	414	811	1316	228	1132
老花眼镜	2086	1587	1188	1265	1820	2153	2246	1108
偏光眼镜	1142	1199	1071	1668	1095	1903	1740	1076
护目镜	153	103	164	125	112	347	236	374

图 21.5　加高低值点的迷你图（部分）

步骤 2：改变迷你图类型。

单击 N4 单元格，再单击【设计—（分组）—取消组合】，这时就取消了迷你图的组合。

单击【设计—(类型)—折线图】，单元格的迷你图从柱形图变为折线图，如图 21.6 所示。

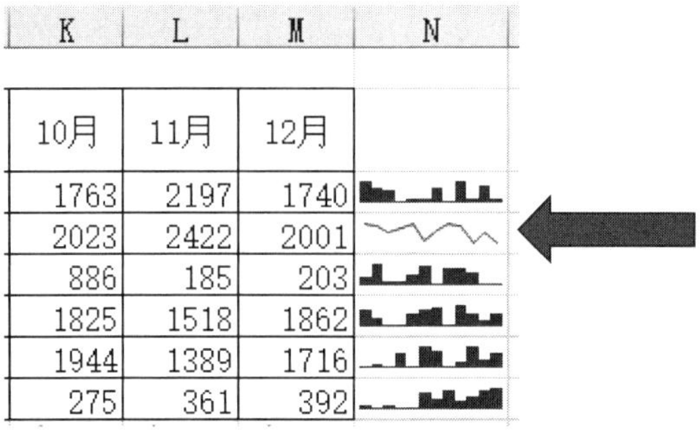

K	L	M	N
10月	11月	12月	
1763	2197	1740	
2023	2422	2001	
886	185	203	
1825	1518	1862	
1944	1389	1716	
275	361	392	

图 21.6　改变迷你图的组合

注意

1. 按区域绘制的迷你图不能更改部分绘图类型，必须先“取消组合”，再更改类型。
2. 迷你图可以随单元格大小的变化而变化。

步骤 3：单击 D8 单元格，按 Delete 键删除数据，迷你图因为缺少数据而产生空距，如图 21.7 所示。

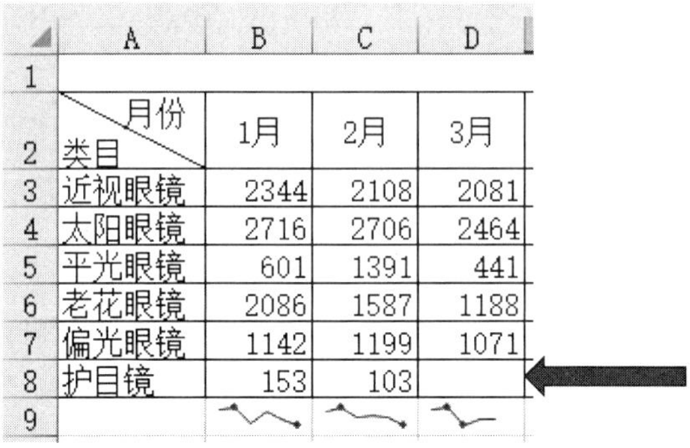

	A	B	C	D
1				
2	月份 类目	1月	2月	3月
3	近视眼镜	2344	2108	2081
4	太阳眼镜	2716	2706	2464
5	平光眼镜	601	1391	441
6	老花眼镜	2086	1587	1188
7	偏光眼镜	1142	1199	1071
8	护目镜	153	103	
9				

图 21.7　缺少数据的迷你图

单击任意迷你图，如 F9 单元格，再单击【设计—（迷你图）—编辑数据—隐藏和清空单元格】，弹出“隐藏和空单元格设置”对话框，如图 21.8 所示。

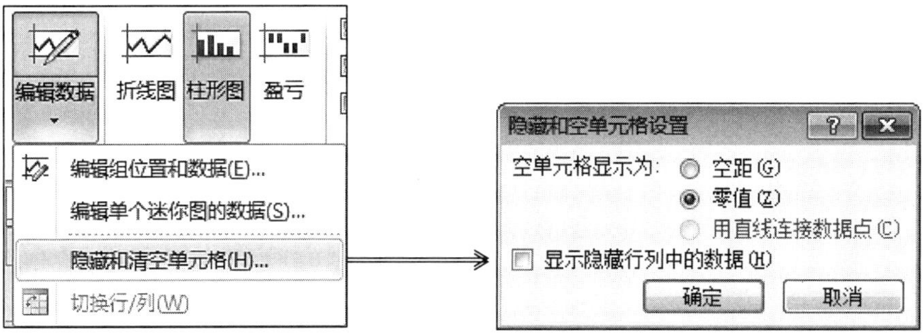

图 21.8　设置空单元格绘零值

在“隐藏和空单元格设置”对话框中，点选“空单元格显示为”为“零值”，单击【确定】按钮；迷你图中缺少数据的项在绘图时，用零值代替，如图 21.9 所示。

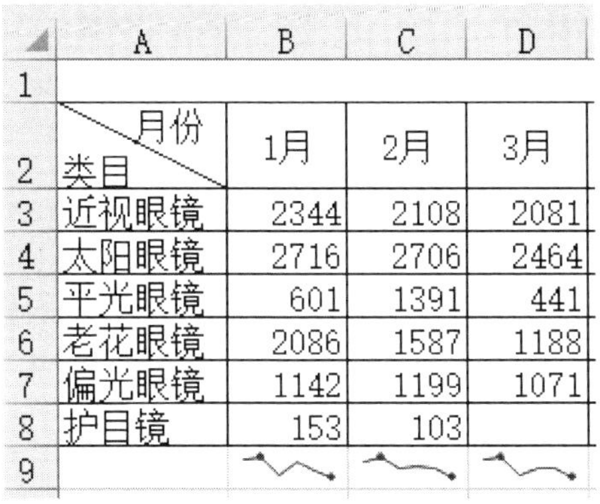

	A	B	C	D
1				
2	月份 / 类目	1月	2月	3月
3	近视眼镜	2344	2108	2081
4	太阳眼镜	2716	2706	2464
5	平光眼镜	601	1391	441
6	老花眼镜	2086	1587	1188
7	偏光眼镜	1142	1199	1071
8	护目镜	153	103	
9				

图 21.9　将空值绘制成零值的迷你图

子任务22　通过柱形图对比月份销量

柱形图也称为直方图，是 Excel 默认的图表类型，也是销售数据处理过程中常用的一种图表类型。

柱形图通常用来描述不同时期数据的变化情况或者描述不同类别数据之间的差异，也可以同时描述不同时期、不同类别数据的变化和差异。柱形图包括有 19 种子图表类型，如图 22.1 所示。

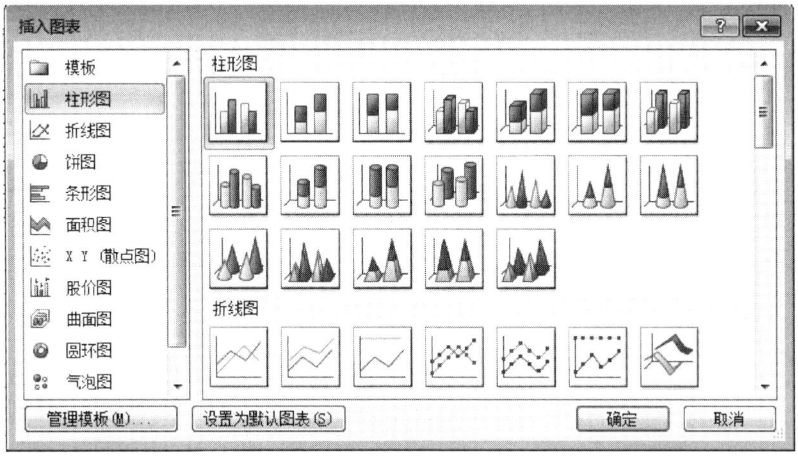

图 22.1　柱形图表类型

步骤 1：单击工作表标签“销量对比柱形图”。

单击 A2 单元格，拖动鼠标选择 A2：E4 区域；单击【插入—（图表）—柱形图—簇状柱形图】，如图 22.2 所示。

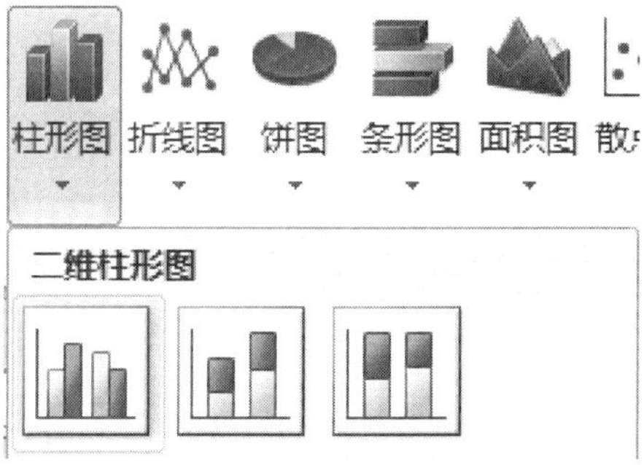

图 22.2　插入簇状柱形图

系统自动产生一个二维柱形图，如图 22.3 所示。

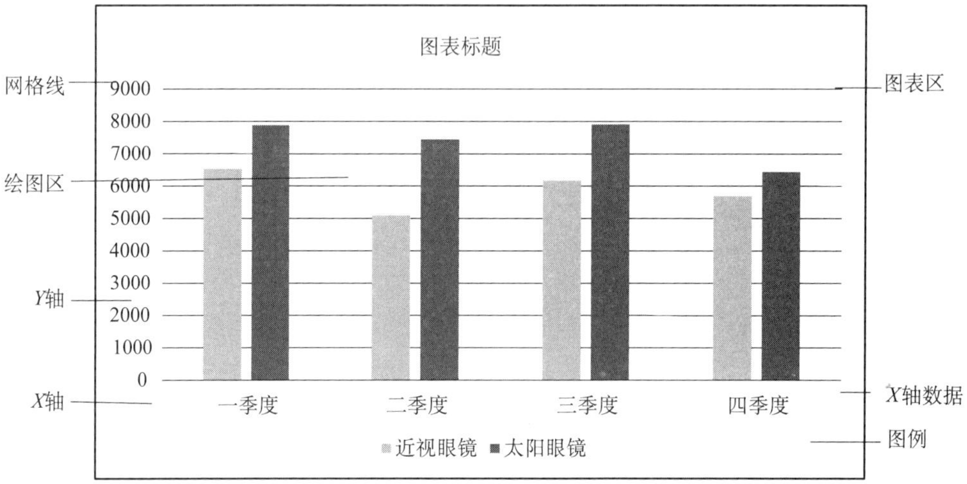

图 22.3　柱形图的组成部分

注意

1. 选定一个区域绘制柱形图时，Excel 默认以行方式来处理数据，并按行方式来绘图。

2. Excel 在绘图时会分析数据区域的数据类型。如果某列（行）上存在文本型数据，这将此列（行）作为 X 轴，其余列（行）上的数值作为 Y 轴；如果行与列上都有文本型数据，则将文本作为 X 轴，文本行数据作为图例。

步骤 2：转换图表的行与列。

右击图表区，在弹出的快捷菜单中选择【选择数据】命令，弹出“选择数据源”对话框，如图 22.4 所示。单击【切换行 / 列】按钮，图表的 X 轴、Y 轴互换，单击【确定】按钮，如图 22.5 所示。

对比图 22.3 和图 22.5，X 轴由季度换至商品类目。

步骤 3：增 / 删数据系列。

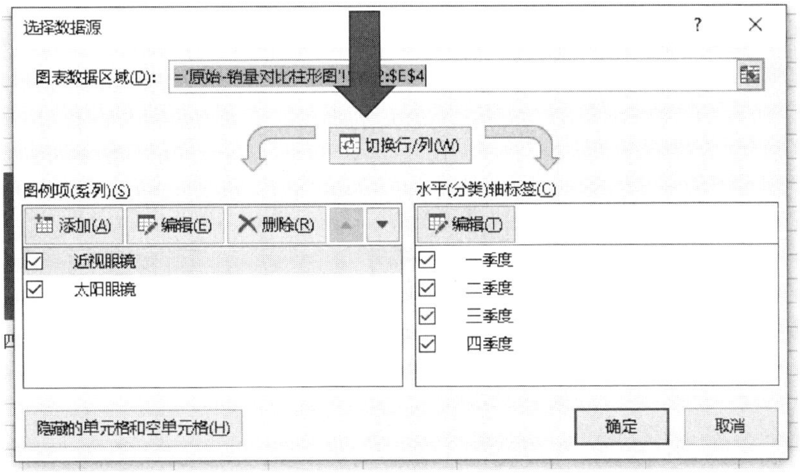

图 22.4　切换行 / 列

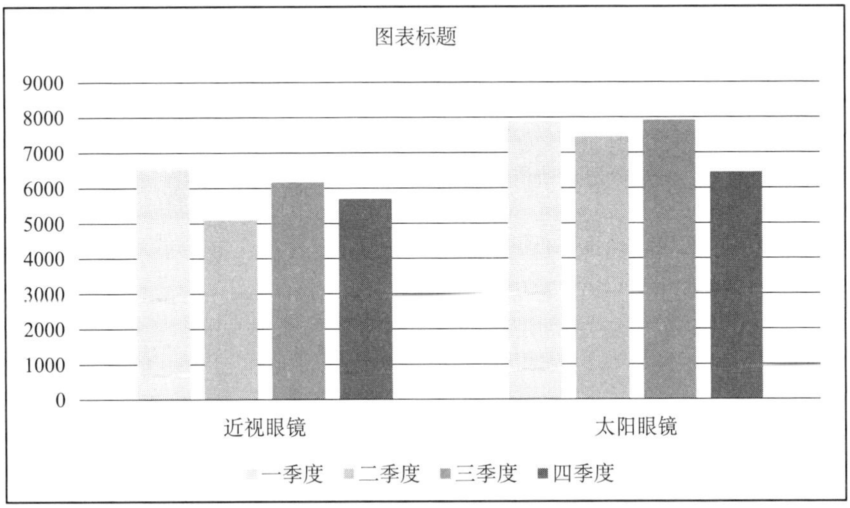

图 22.5　互换后的图

以图 22.5 为例，右击图表区，在弹出的快捷菜单中选择【选择数据】命令，弹出“选择数据源”对话框。单击对话框左侧“图例项（系列）”数据“一季度”，单击【删除】按钮，再单击【确定】按钮，如图 22.6 所示。

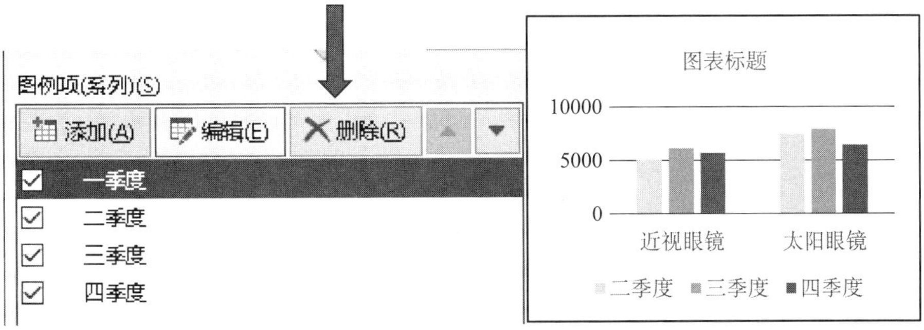

图 22.6　删除数据后的图

从图 22.7 所示的数据区域可以看出，所有商品类目的一季度数据没有被选中，表明这些数据没有放入图表。

	A	B	C	D	E
1			产品销量表		
2	名称	一季度	二季度	三季度	四季度
3	近视眼镜	6533	5098	6168	5700
4	太阳眼镜	7886	7445	7913	6446

图 22.7　数据区域

右击图表区，在弹出的快捷菜单中选择【选择数据】命令，弹出“选择数据源”对话框。单击对话框左侧的【添加】按钮，弹出“编辑数据系列”对话框。

单击“系列名称”下方的文本框，选择 B2 单元格。

单击“系列值”下方的文本框，删除自动生成的内容“={1}”，选择 B3 : B4 区域。

如图 22.8 所示，单击【确定】按钮，返回“选择数据源”对话框。

在“选择数据源”对话框中，增加了“一季度”系列，单击【确定】按钮，完成数据系列的增加操作。

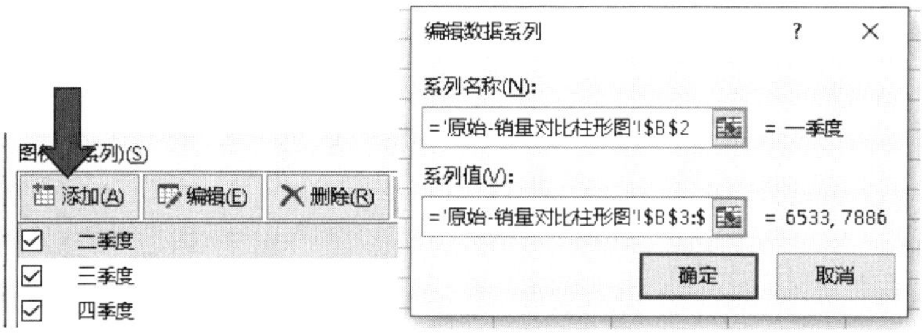

图 22.8　增加数据系列

技巧

1. 单击绘图区中某个系列的柱形图，整个图表中的同类柱形图都会被选中，直接按 Delete 键，可以将这个系列的数据从绘图区中删除。

2. 选中数据区域，按 Ctrl+C 组合键复制，到绘图区再按 Ctrl+V 组合键粘贴，可以增加数据系列。

3. 两次单击绘图区中某个系列的柱形图，可以只选中这一个柱形图，并且只对这一个柱形图进行设置，如颜色、数据标记等。

步骤 4：修饰图表。

单击“图表标题”选中图表标题部分，再次单击，进入编辑状态，修改内容为“产品销量表”，拖动标题边框，可以移动到图表区任意位置。

鼠标右击绘图区的网格线，在弹出的快捷菜单中选择【设置网格线格式】命令，弹出“设置主要网格线格式”对话框，如图 22.9 所示。

在“线条”选项中，点选“无线条”，关闭“设置主要网格线格式”对话框。

注意

如果不关闭“设置 XXX”对话框，单击不同对象，则该对象的设置对话框会一直存在，且随对象的变化而变化。

鼠标右击 *Y* 轴，在弹出的快捷菜单中选择【设置坐标轴格式】命令，在弹出的“设置坐标轴格式”对话框中，选择“填充与线条”命令，在右侧点选“无线条”，如图 22.10 所示。

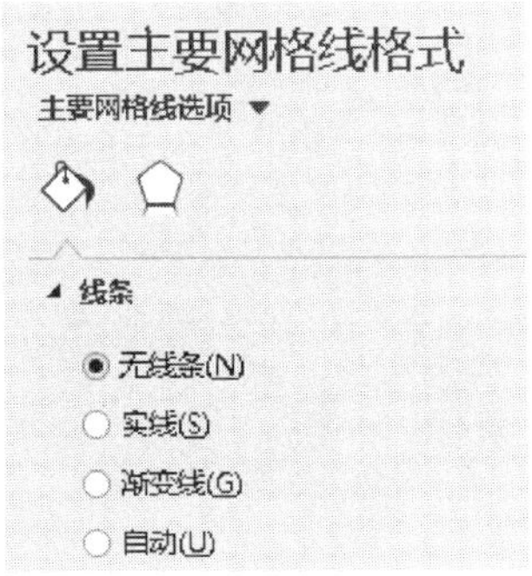

图 22.9 “设置主要网络线格式”对话框

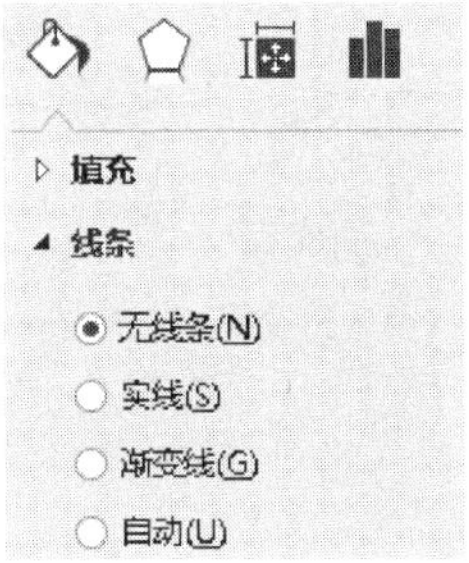

图 22.10　更改坐标轴格式

选择“坐标轴选项”，在“数字”—“类别”列表中选择“自定义”，在“格式代码”框中输入“#,###" 元 "”，单击【添加】按钮，如图 22.11 所示。

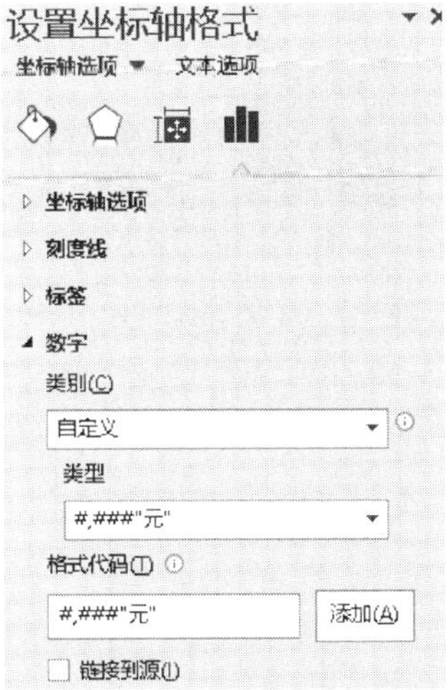

图 22.11　更改坐标轴数字格式

单击 × 按钮关闭对话框。这时，图表没有了网格线，*Y* 轴线条也没有了，*Y* 轴的数值加上了单位“元”，如图 22.12 所示。

单击【插入—（插图）—形状—矩形】，在工作表空白区域绘制一个矩形，再单击【格式—（形状样式）—形状填充—橙色】，矩形区域被橙色填充。

右击绘制的矩形，在弹出的快捷菜单中选择【复制】命令或直接按 Ctrl+C 组合键，单击绘图区中二季度数据系列柱形条，所有的二季度数据柱形条都被选中，如图 22.13 所示。

按 Ctrl+V 组合键，这时刚复制的橙色矩形被粘贴到全部的柱形条中，如图 22.14 所示。

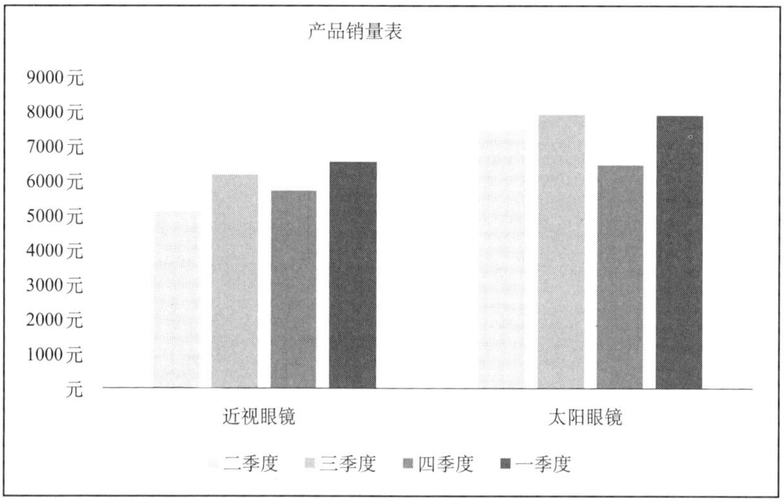

图 22.12　修饰后的图表

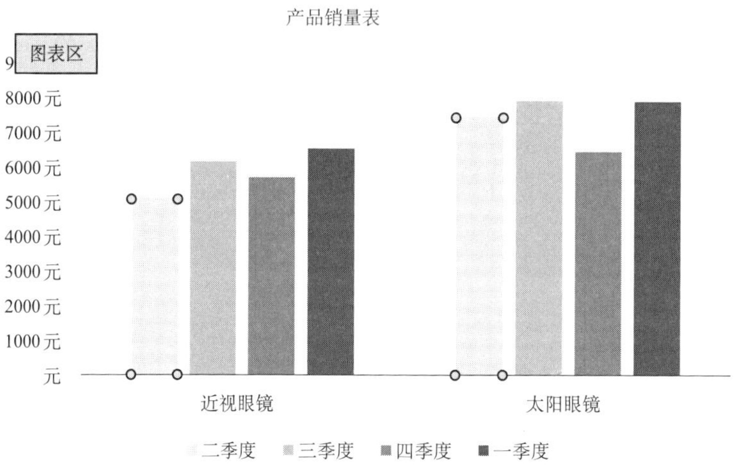

图 22.13　选中全部二季度数据柱形条

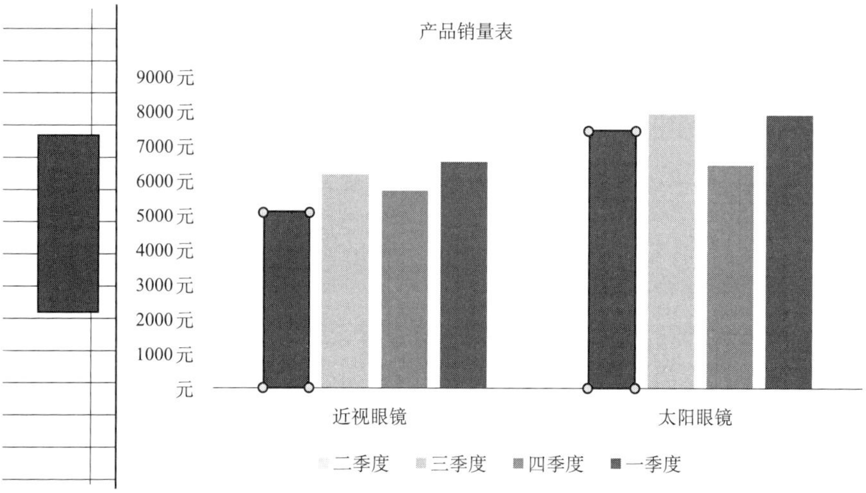

图 22.14　更改柱形图

技巧

用图片编辑工具（如 Windows 附件中自带的画图软件）选中整个图片或部分图片区域，按 Ctrl+C 组合键，再返回到 Excel 软件中，单击柱形图，按 Ctrl+V 组合键，即可以将图片粘贴到图中。

子任务23　通过饼图分析店铺销售占比情况

饼图通常只用一组数据系列作为数据源。它将一个圆分为若干个扇形，每个扇形代表数据系列中的一项数据值，其大小用来表示相应数据项占该数据系列总和的比例值。

饼图一般用来表示个体占总体的比例，或者总体之间的构成等信息。Excel 的饼图包含 6 种子图表类型。

步骤 1：单击工作表标签“销售数据饼图”。

拖动鼠标选择 A1：I1 区域，按住 Ctrl 键不放，再拖动鼠标选择 A10：I10 区域。前一个区域是数据标志，后一个区域是数据。

单击【插入—（图表）—饼图—三维饼图】，如图 23.1 所示。

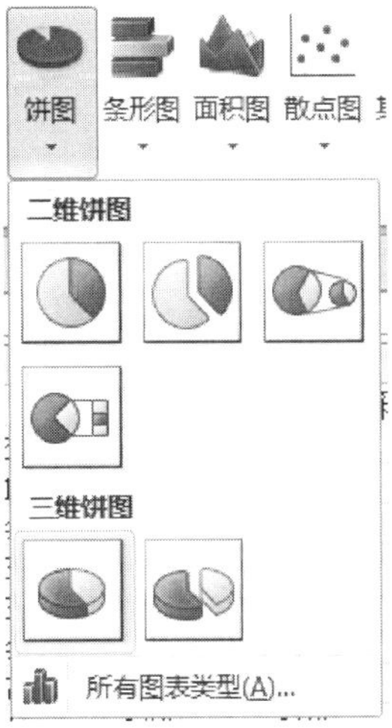

图 23.1　插入饼图

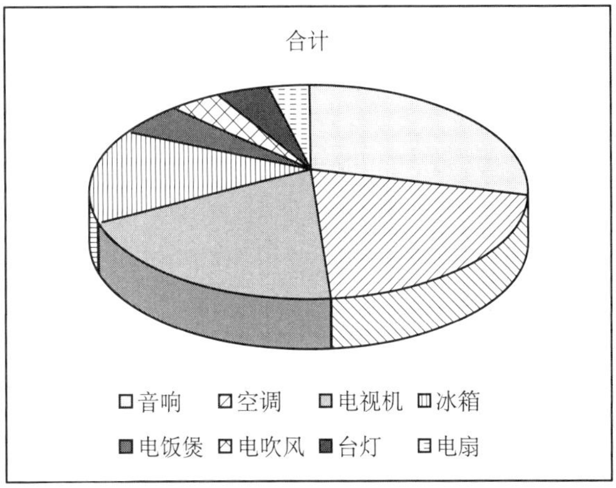

图 23.2　系统默认绘制的饼图

系统自动插入一个饼图，如图 23.2 所示。单击选中饼图，功能区出现“图表工具”上下文选项卡；单击【设计—（图表布局）—快速布局】，选择第 1 个布局，如图 23.3 所示。

所有图例和比例值都已显示在饼图上，选择“图表标题”文本框，将内容改成“家电销售总额比例”，如图 23.4 所示。

步骤 2：改变图表数据顺序及类型。

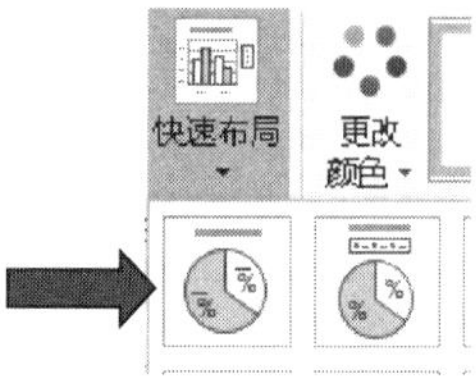

图 23.3　更改饼图布局

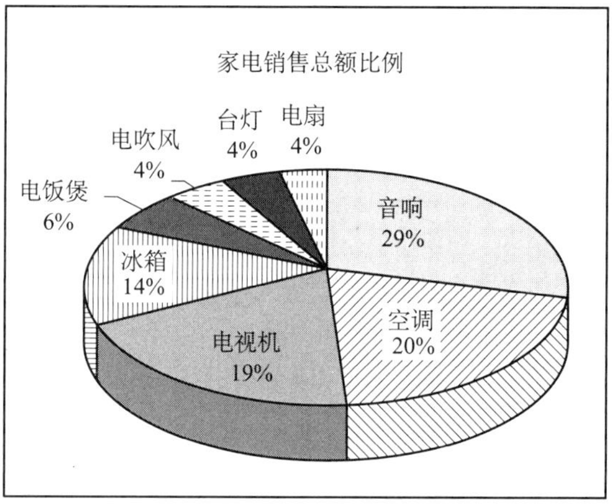

图 23.4　更改布局后的饼图

选择数据区域的任意单元格，如 C1，再单击【数据—(排序和筛选)—排序】，弹出“排序”对话框，如图 23.5 所示。

图 23.5　按总额排序

要求按合计行（第 10 行）数值的降序排列。单击【选项】按钮，在弹出的“排序选项”对话框中，选择“按行排序”，单击【确定】按钮。

“主要关键字”选择“行 10”字段，“排序依据”选择“数值”，“次序”选择“降序”；单击【确定】按钮；数据清单按合计的降序排序，饼图也随之变化。

在图表区右击鼠标，在弹出快捷菜单中选择【更改图表类型】命令，弹出“更改图表类型”对话框。在左侧的类型框中选择“饼图”，在右侧的分类型框中选择“复合饼图”，如图 23.6 所示。

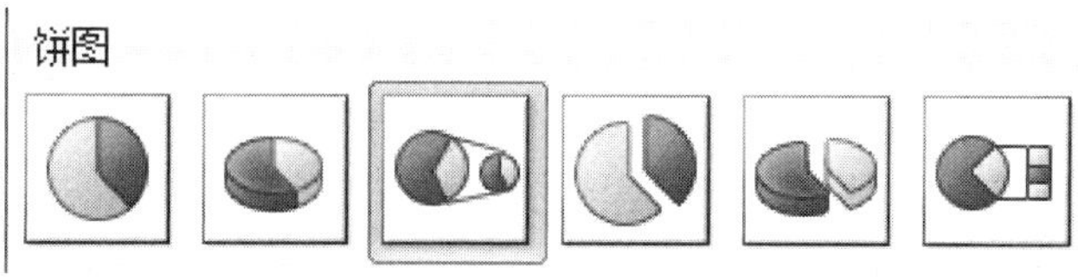

图 23.6　选择复合饼图

单击【确定】按钮，Excel 自动给出复合饼图，并将最后三个数据放到第二个饼图上，如图 23.7 所示。

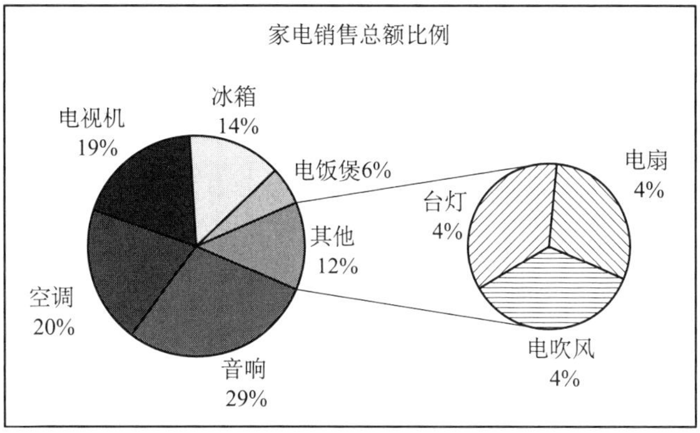

图 23.7　复合饼图

右击绘图区，在弹出的快捷菜单中选择【设置数据系列格式】命令，弹出“设置数据系列格式”对话框。在“系列选项—系列绘制在”中，依据“位置”第二绘图区绘制 4 个数值，即“第二绘图区中的值”设为 4；“分类间距”设为 60%，如图 23.8 所示。

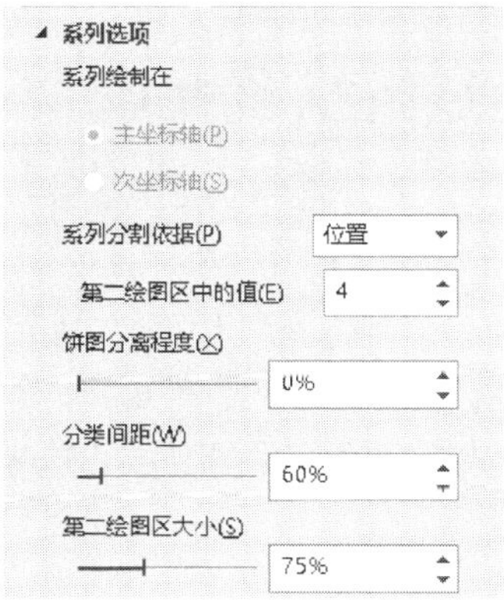

图 23.8　更改饼图分类间距

选择“效果”选项，在对话框的左侧栏中选择“三维格式”命令，在右侧选项中做如下设置：棱台选项，顶端选择松散嵌入，如图 23.9 所示。

材料选择：“半透明—粉”，如图 23.10 所示。

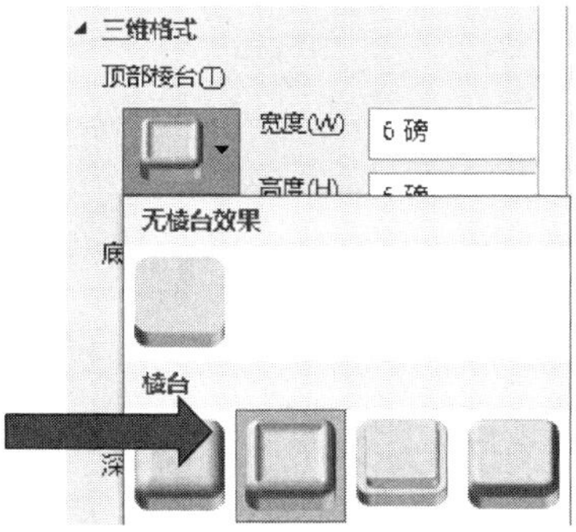

图 23.9　饼图的棱台选择

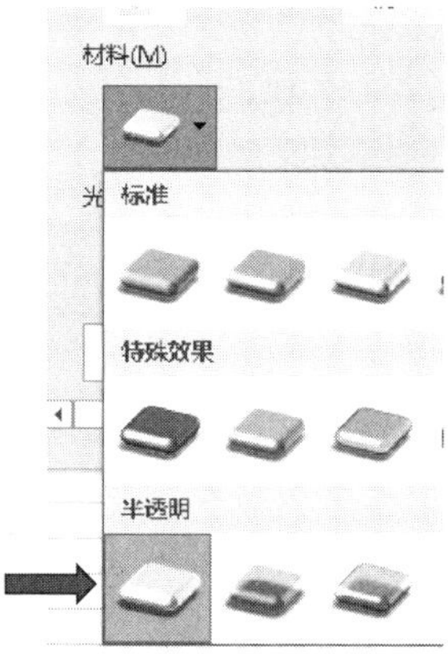

图 23.10　材料选择

光源选择“暖调—日出”;角度设为30°，如图23.11所示，最终的饼图效果如图23.12所示。

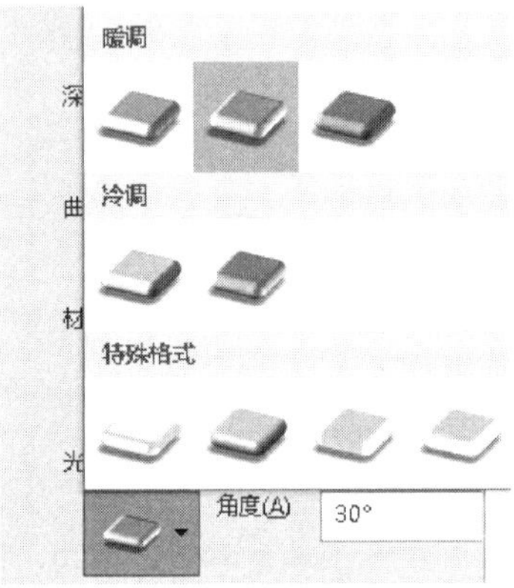

图 23.11 设置光源

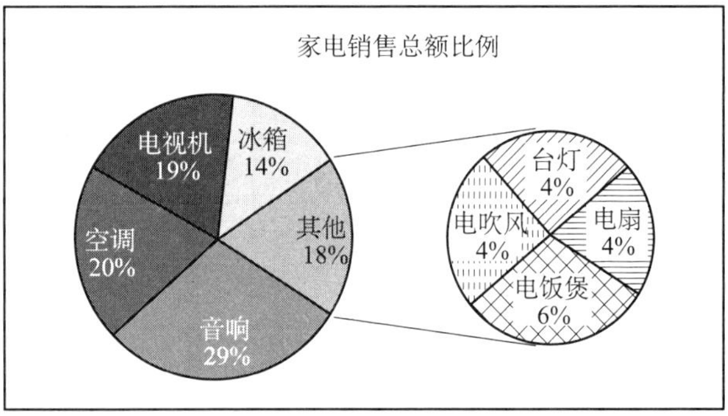

图 23.12 最终设置的饼图

子任务24 通过折线图查看销量的增减变化

折线图是用直线段将各数据点连接起来而组成的图形，以折线方式显示数据的变化趋势。折线图可以清晰地反映出数据是递增的还是递减的，以及增减的速率、增减的规律、峰值等特征。因此，折线图常用来分析数据随时间变化的趋势，也可以用来分析多组数据随时间变化的相互作用和相互影响。

折线图包含7种子图表类型。

步骤1：单击工作表标签“销售数据折线图”。

选择A2：M4区域，单击【插入—（图表）—折线图—二维折线图—折线图】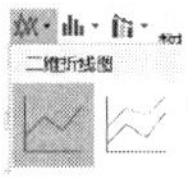，Excel绘出折线图，如图24.1所示。

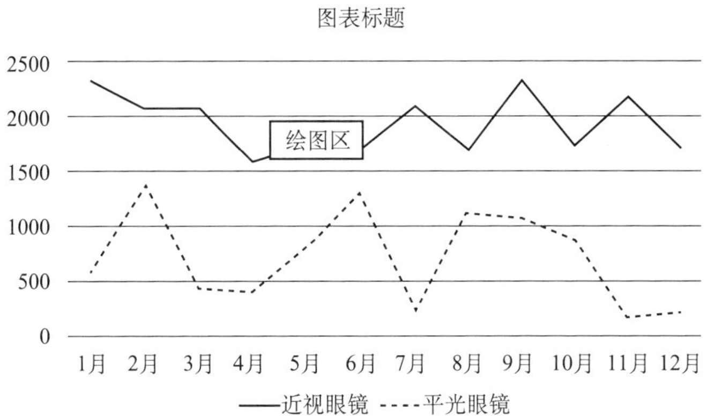

图 24.1 默认的折线图

平光眼镜的销售数据相对于近视眼镜的销售数据太小，因此可以适当做出调整。

单击鼠标，选中平光眼镜的数据线，如图 24.2 所示。

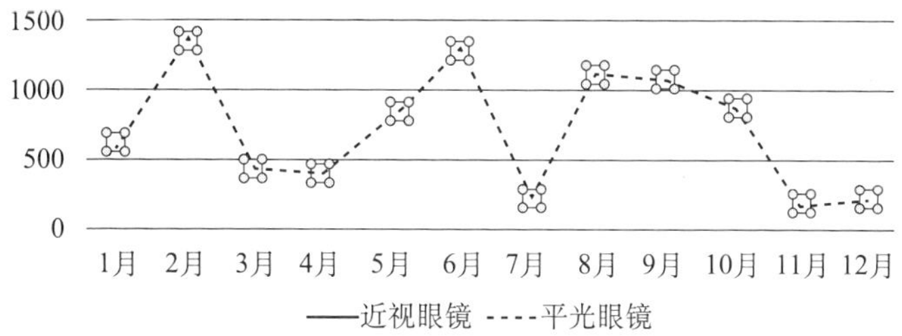

图 24.2　选中平光眼镜数据线

在平光眼镜的数据线上右击鼠标，在弹出的快捷菜单中选择【设置数据系列格式】命令，弹出“设置数据系列格式”对话框，如图 24.3 所示。

图 24.3　更改坐标轴主次

在“系列选项—系列绘制在”中点选“次坐标轴”，单击【关闭】按钮；这时图表会在右侧的 Y 轴上出现一系列新刻度，用来标记平光眼镜的数据，如图 24.4 所示。

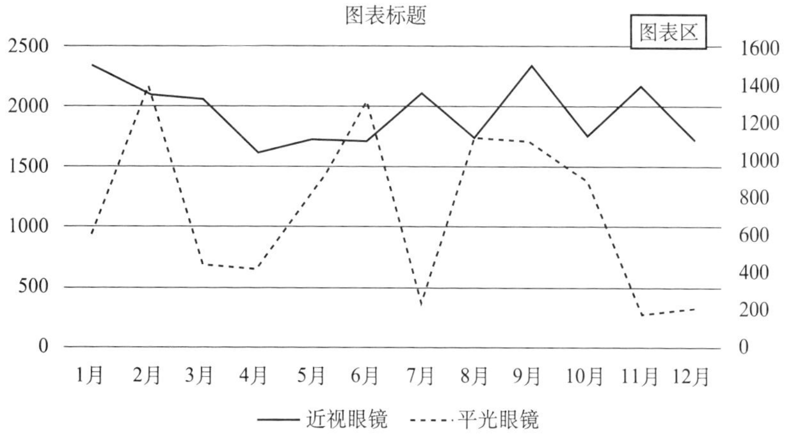

图 24.4　双坐标轴折线图

步骤 2：调整图表。

考察图 24.4，近视眼镜数据最小值是 1617，最大值是 2344；平光眼镜数据最小值是 185，最大值是 1391；一方面，平光眼镜的最大值没有超过近视眼镜的最小值，而图中部分平光眼镜的数据点超过了近视眼镜的数据点，需要更改；另一方面，默认的 *X* 轴与 *Y* 轴交于 0，可以更改 *X* 轴与 *Y* 轴的交叉点，使折线图的阅读性更好。

将鼠标移到左侧的 *Y* 轴，单击鼠标右键，在弹出的快捷菜单中选择【设置坐标轴格式】命令，弹出“设置坐标轴格式”对话框，如图 24.5 所示。

在对话框的左侧选择“坐标轴选项”，在“最小值”框中输入 600.0，“最大值”框中输入 2500.0，在“坐标轴值”框中输入 600.0。

同上，单击右侧的 *Y* 轴，采用同样操作打开“设置坐标轴格式”对话框，更改设置，如图 24.6 所示。单击【确定】按钮，重置刻度后的折线图如图 24.7 所示，再修改图表标题，最终的双折线图如图 24.8 所示。

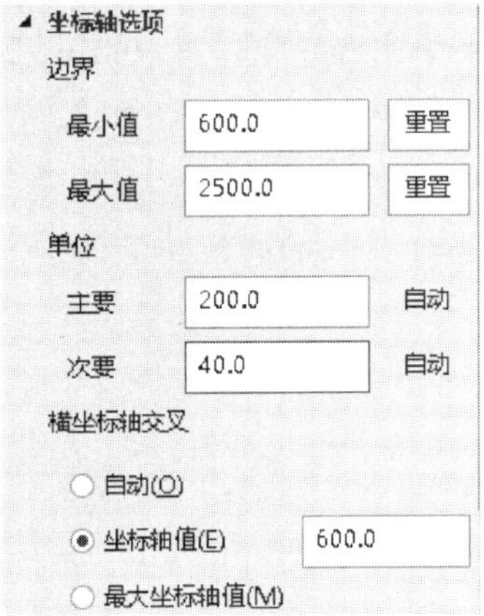

图 24.5　设置左侧坐标轴刻度

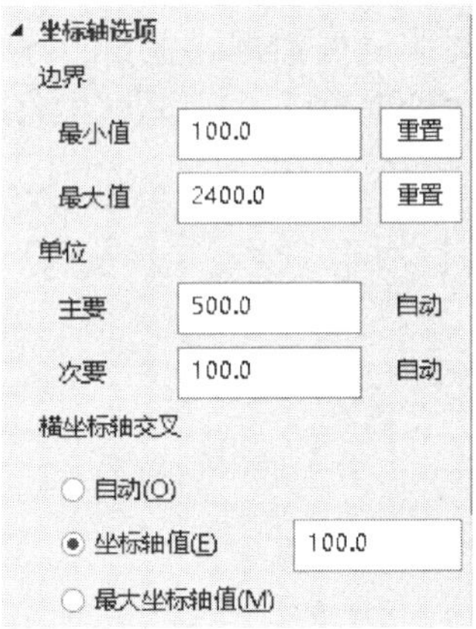

图 24.6　设置右侧坐标轴刻度

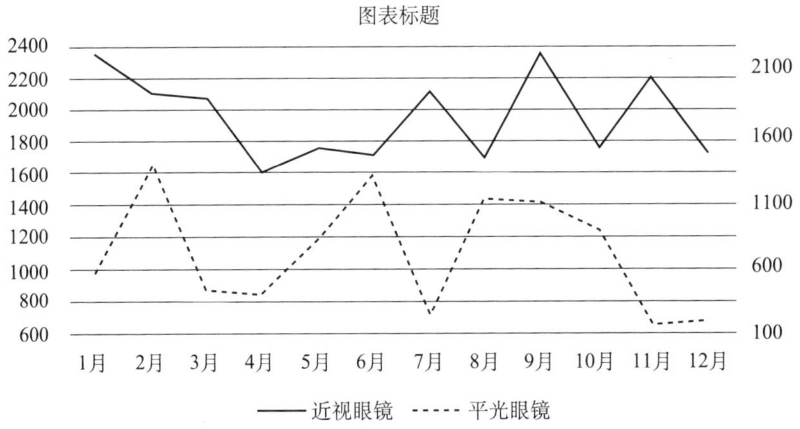

图 24.7　重置刻度后的折线图

技巧

1. 折线图中如果有两列数据，且数据相差较大时，双 *Y* 轴刻度是常用的绘图方式。

2. 在使用双刻度时，由于两折线对应两刻度，有时较难分辨哪一根折线对应哪一个轴刻度，因此常在坐标轴旁进行说明；有时也用不同的绘图方式进行区分，如柱形图。

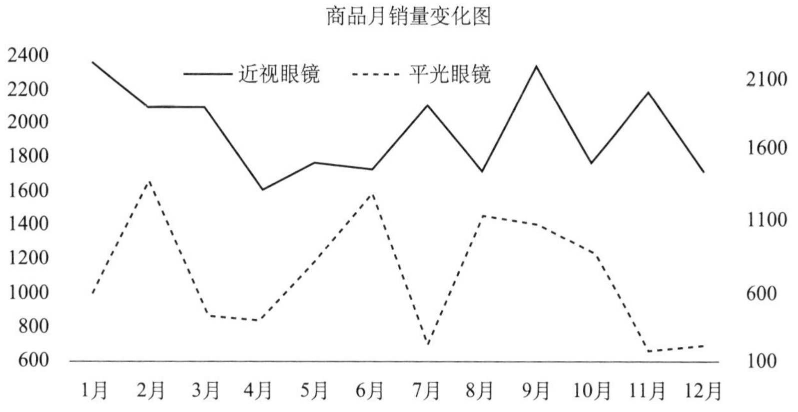

图 24.8　最终的双折线图

步骤 3：在图中标记最大值与最小值。

单击绘图区中的近视眼镜折线，再次单击第 1 个数据点，此时，仅这个数据点被选中，如图 24.9 所示。

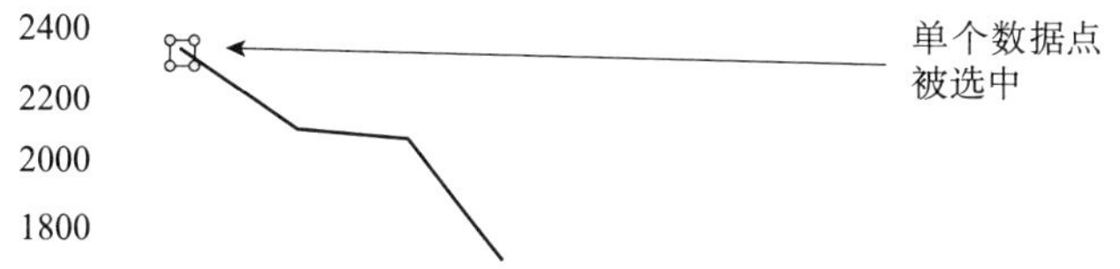

图 24.9　选中单个数据点

在该数据点单击鼠标右键，在弹出的快捷菜单中选择【设置数据点格式】命令，弹出“设置数据点格式”对话框。选择“数据标记选项”，再选择“内置”选项，“类型”选择实心菱形，“大小”设为 10，如图 24.10 所示。

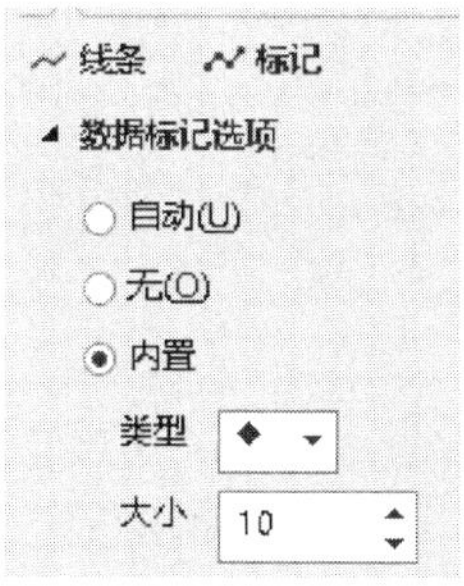

图 24.10　设置数据标记

单击【关闭】按钮，再单击绘图区中的平光眼镜线，再次单击倒数第二个数据点（最小值点），此时，仅这个数据点被选中，如图 24.11 所示。

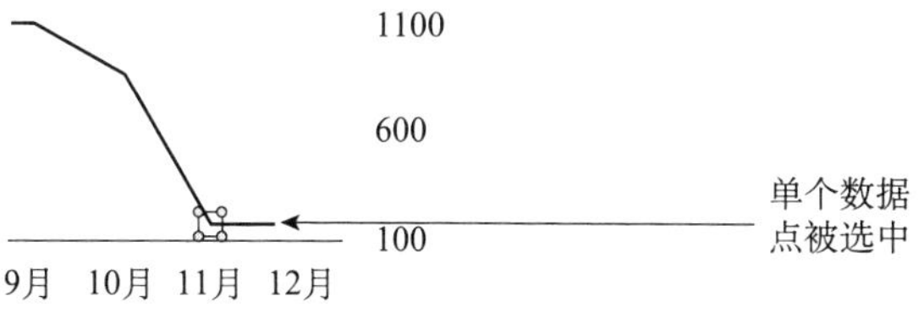

图 24.11　选中平光眼镜的最小值点

在该数据点单击鼠标右键，在弹出的快捷菜单中选择【设置数据点格式】命令，弹出“设置数据点格式”对话框。选择“数据标记选项”，再选择“内置”，“类型”选择“X”，“大小”设为 10，如图 24.12 所示。

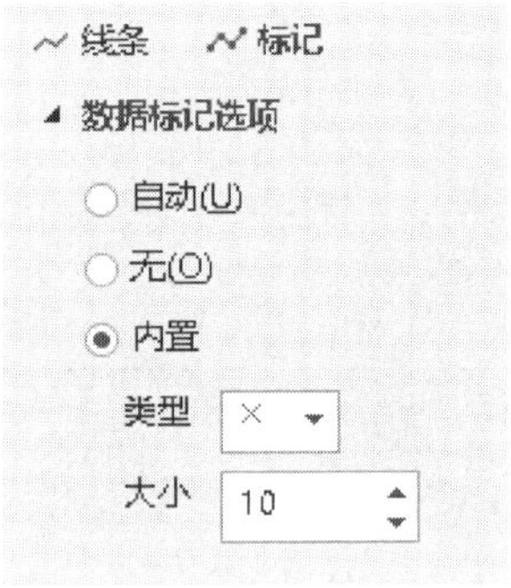

图 24.12　设置数据标记

单击【关闭】按钮，最终效果如图 24.13 所示。

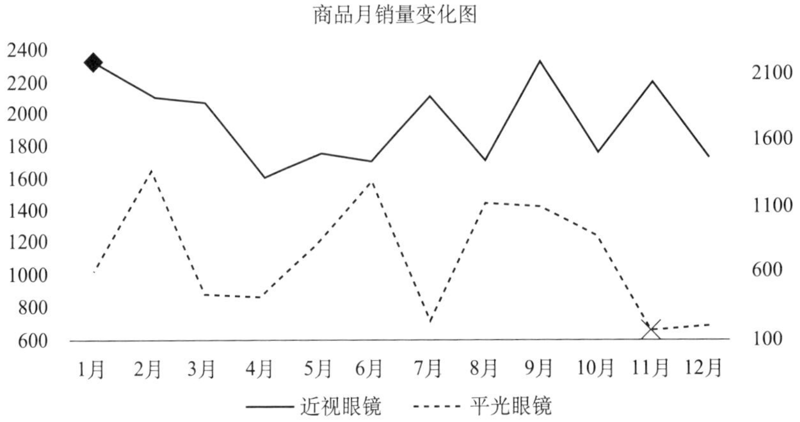

图 24.13　加上最大最小值标记点的折线图

步骤 4：改变其中一类数据的图表类型。

选中平光眼镜数据线，则所有数据点都被选中，在线上单击鼠标右键，在弹出的快捷菜单中选择【更改系列图表类型】命令，弹出“更改图表类型”对话框，选择左侧的“柱形图”，再选择右侧的“簇状柱形图”，如图 24.14 所示，单击【确定】按钮，原来的双折线图变成了柱形图，如图 24.15 所示。

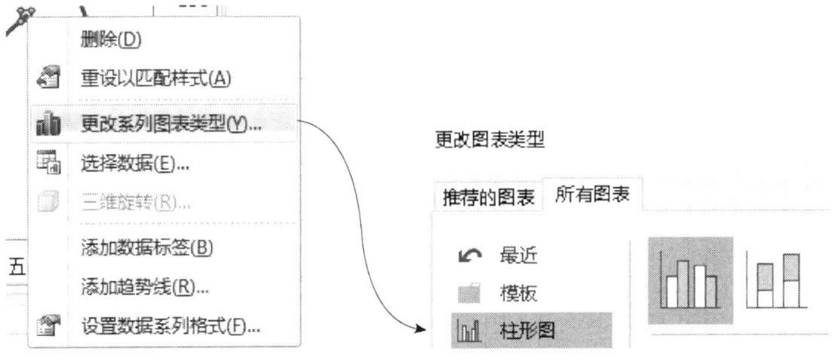

图 24.14　更改图表类型

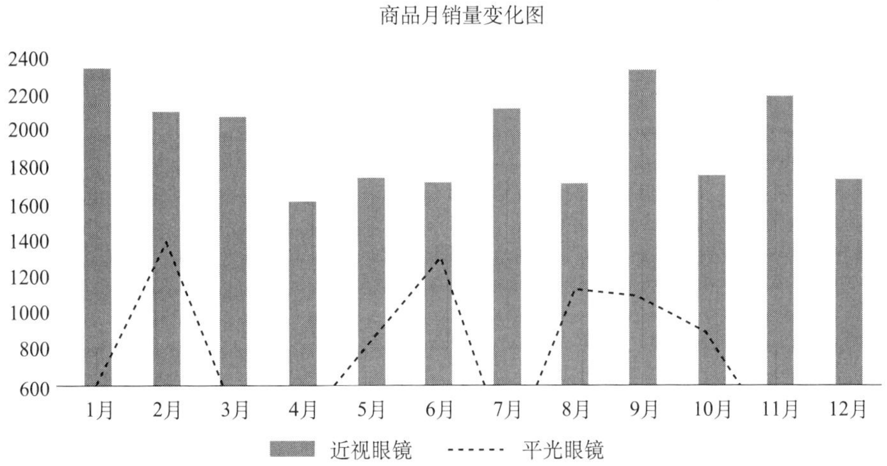

图 24.15　柱形图的最终效果

由于已经改变了坐标轴刻度，所以单击近视眼镜数据线再右击，在弹出的快捷菜单中选择【设置数据系列格式】命令，在弹出的对话框中选择“系列选项”，再选择“次坐标轴”，如图 24.16 所示。最终效果如图 24.17 所示。

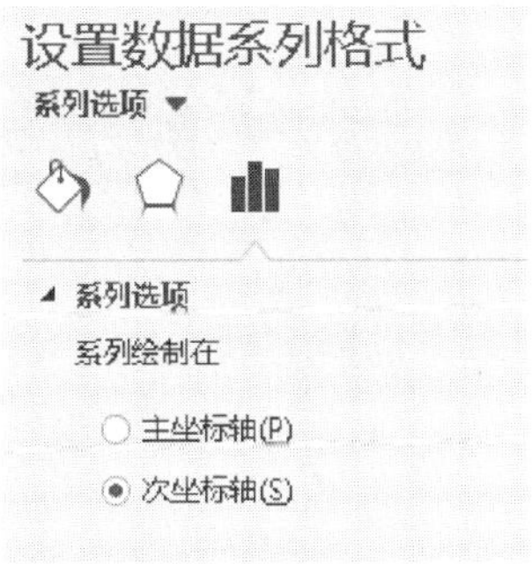

图 24.16　设置次坐标轴

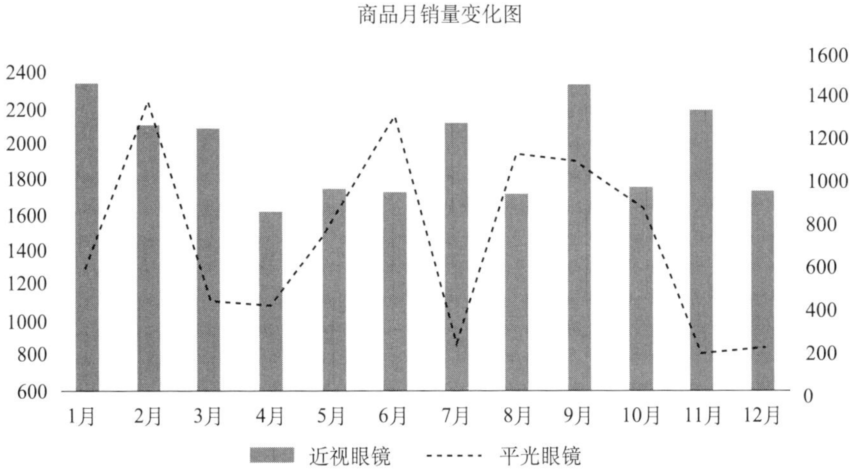

图 24.17　柱形图

子任务25 通过面积图对比商品的市场占有率

面积图又称区域图，强调数量随时间而变化的程度，也可用于引起对总值趋势的注意。堆积面积图还可以显示部分与整体的关系。

步骤 1：单击工作表标签“市场占有率”。

选中 A2：H9单元格区域，单击【插入—(图表)—查看所有图表】，打开“插入图表”对话框。选中“所有图表”选项卡，选择“面积图”→“百分比堆积面积图”，如图 25.1 所示。

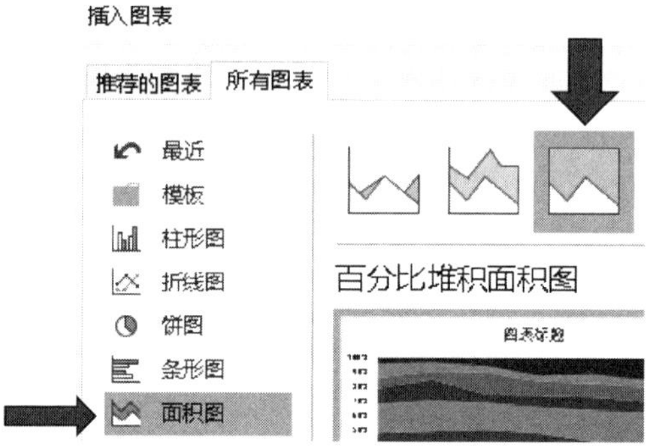

图 25.1 插入图表

单击【确定】按钮，绘制出面积图，如图 25.2 所示。

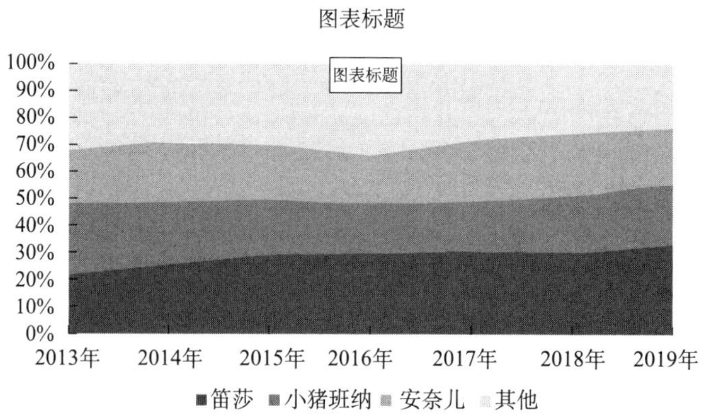

图 25.2 堆积的面积图

选中图表，单击【图表工具—设计—（图表布局）—添加图表元素—图例—无】，如图 25.3 所示。

关闭图例，也可以选中图例后，按 Delete 键来实现。

单击图表标题，按 Delete 键，删除图表标题。

步骤 2：改变图表样式。

单击【图表工具—设计—（图表样式）】，再单击右侧的“其他”扩展按钮，选择“样式 10”，图形显示出三维效果，如图 25.4 所示。

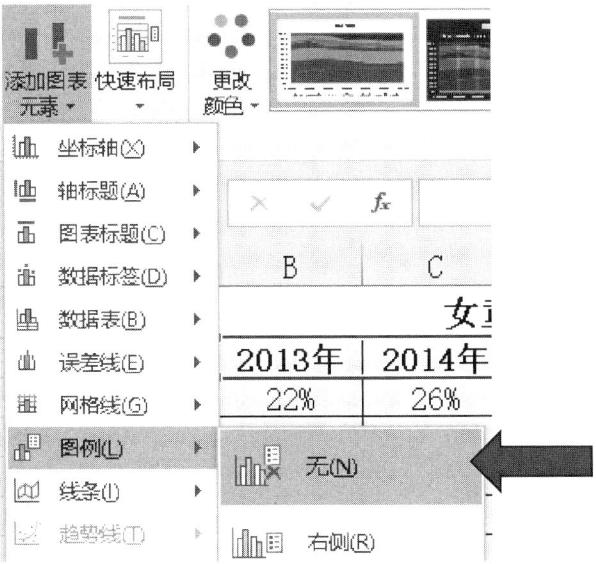

图 25.3　关闭图例

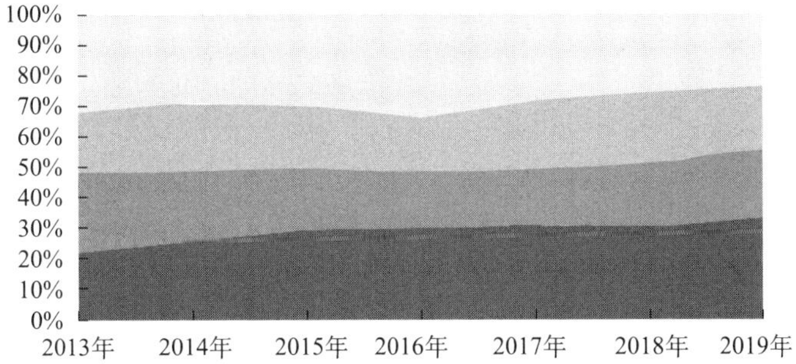

图 25.4　更改面积图样式

单击【插入—（文本）—文本框—横排文本框】，在图表区的系列位置上单击并拖动鼠标绘制文本框，在文本框中输入文本“笛莎童装”。

单击文本框边框，再单击【开始—（对齐方式）—垂直居中】≡，效果如图 25.5 所示。

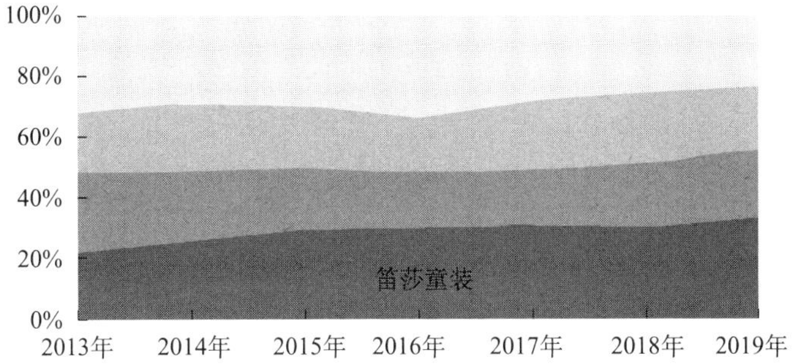

图 25.5　添加文本框

同样的操作，给另两个系列位置分别加上“小猪班纳童装”“安奈儿童装”“其他”；同样设置为居中排列，如图 25.6 所示。

图 25.6　在图表中加入文本框

选中“笛莎童装”文本框，再单击【格式—（形状样式）—强烈效果蓝色】，如图 25.7 所示；同样给另 3 个文本框设置格式“强烈效果红色”“强烈效果橄榄色”“强烈效果紫色”，如图 25.8 所示。

图 25.7　强烈效果蓝色

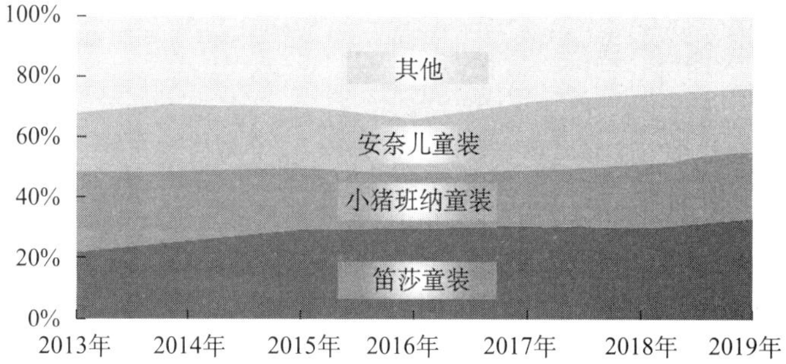

图 25.8　更改后的效果

子任务26　制作产品销售动态折线图

在子任务 24 的基础上，通过复选框可以动态绘制产品销售折线图。

步骤 1：单击工作表标签“动态销售数据折线图”。

选择 A2：M4 区域，单击【插入—（图表）—折线图—折线图】，得到默认的折线图，如图 26.1 所示。

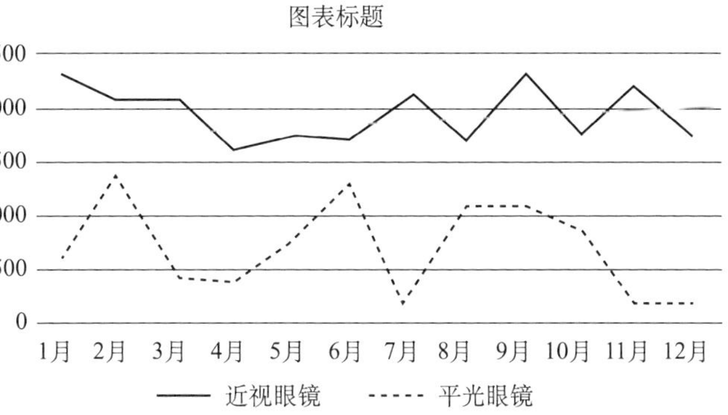

图 26.1　绘制折线图

步骤 2：插入控件。

注意

1. 默认安装情况下，“开发工具”没有在功能区中显示。

2. 单击【文件—选项】，在弹出的“Excel 选项”对话框中，选择“自定义功能区”，勾选“开发工具”。

单击【开发工具—（控件）—插入—（表单控件）—复选框】，如图 26.2 所示。

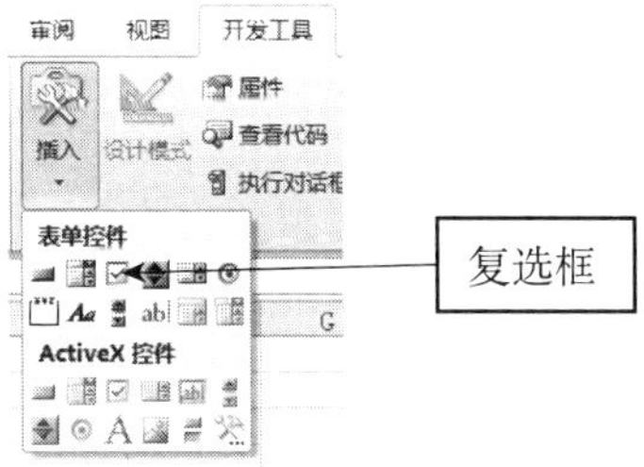

图 26.2　插入复选框

鼠标在 B6 单元格上拖动，放置复选框，单击复选框的文字部分，修改文字内容为“近视眼镜”。

同样的方法，在 B7 单元格位置再插入一个复选框，修改文字内容为“平光眼镜”，效果如图 26.3 所示。

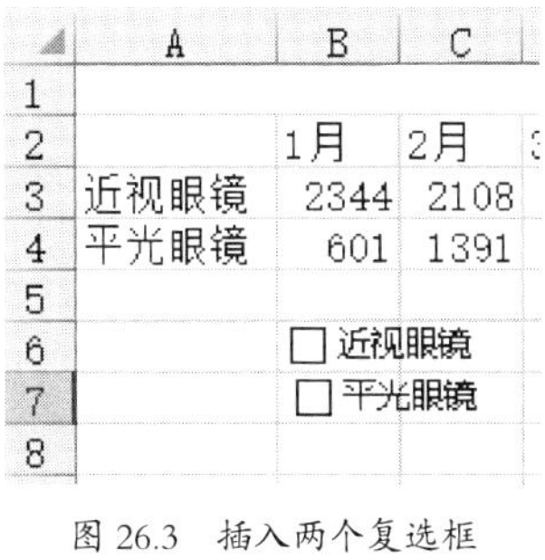

图 26.3　插入两个复选框

技巧

1. 如果无法选中复选框，则可以先在复选框中右击鼠标，随后单击，就可以修改文字内容。

2. 同样，可以用上述方法移动复选框。

右击“近视眼镜”复选框，在弹出的快捷菜单中选择【设置控件格式】命令，弹出“设置控件格式”对话框。在“控制”选项卡中，点选“单元格链接”，再单击N3单元格，如图26.4所示，单击【确定】按钮。

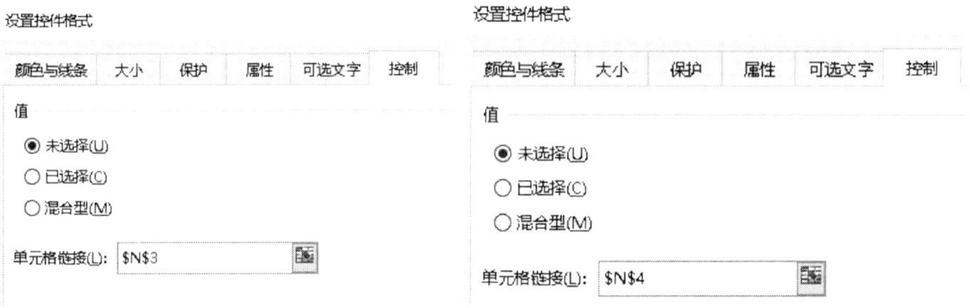

图26.4　设置单元格链接

右击“平光眼镜”复选框，在弹出的快捷菜单中选择【设置控件格式】命令，弹出“设置控件格式”对话框。在“控制”选项卡中，点选“单元格链接”，再单击N4单元格，如图26.4所示，单击【确定】按钮。

当单击勾选时，对应单元格中会出现“TRUE”或“FALSE”，如图26.5所示。

图26.5　链接到单元格的效果

步骤3：定义名称。

单击【公式—（定义的名称）—定义名称】，弹出“编辑名称”对话框。“名称”框中输入“jsyj”，“引用位置”框中输入“=IF($N$3,$A$3:$M$3,$A$5:$M$5)”，如图26.6所示，单击【确定】按钮完成定义。

图26.6　定义jsyj名称

单击【公式—（定义的名称）—定义名称】，弹出“编辑名称”对话框。“名称”框中输入“pgyj”，“引用位置”框中输入“=IF($N$4,$A$4:$M$4,$A$6:$M$6)”，单击【确定】按钮完成定义。

单击【公式—（定义的名称）—名称管理器】，可以查看、修改已定义的名称。

步骤 4：用名称替换区域绘图。

在折线图内的任意位置单击鼠标右键，在弹出的快捷菜单中选择【选择数据】命令，弹出“选择数据源”对话框。

“图例”项选中“近视眼镜”，再单击【编辑】按钮，弹出“编辑数据系列”对话框。修改“系列值”为“= 子任务 26.xlsx!jsyj”，单击【确定】按钮。

“图例”项选中“平光眼镜”，再单击【编辑】按钮，弹出“编辑数据系列”对话框。修改“系列值”为“= 子任务 26.xlsx!pgyj”，单击【确定】按钮。

在返回的“选择数据”对话框中，单击【确定】按钮，这样就完成了替换操作。

提高

1. 在数据系列值中，不可以直接使用定义的名称。

2. 在图表的系列中，如果要使用定义的名称，必须是“工作簿全名”+“!”+“名称”，如“= 子任务 26.xlsx!jsyj”。

步骤 5：单击复选框，则可以动态显示折线图。

勾选两个复选框，右击折线图中的“平光眼镜”折线，在弹出的快捷菜单中选择【设置数据系列格式】命令，弹出“设置数据系列格式”对话框。在“系列选项”中，点选“次坐标轴”，如图 26.7 所示，单击【关闭】按钮。

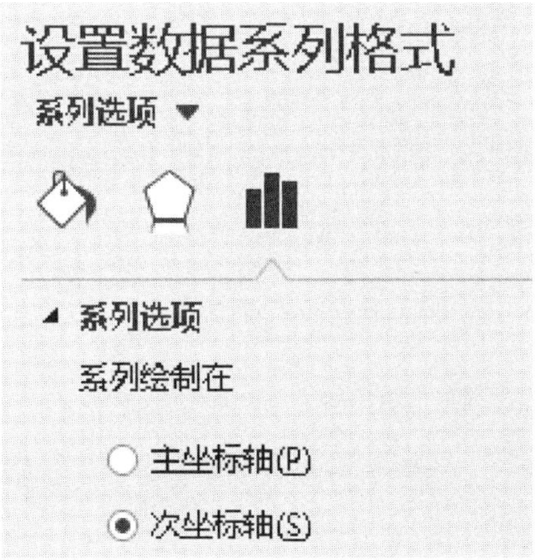

图 26.7　设置数据系列格式

选择“图例”，按 Delete 键删除图例。

鼠标右击绘图区左侧的 *Y* 轴，在弹出的快捷菜单中选择【设置坐标轴格式】命令，弹出“设置坐标轴格式”对话框。在“坐标轴选项”中，将坐标轴中所有刻度“固定”在默认值上，如图 26.8 所示，单击【关闭】按钮。

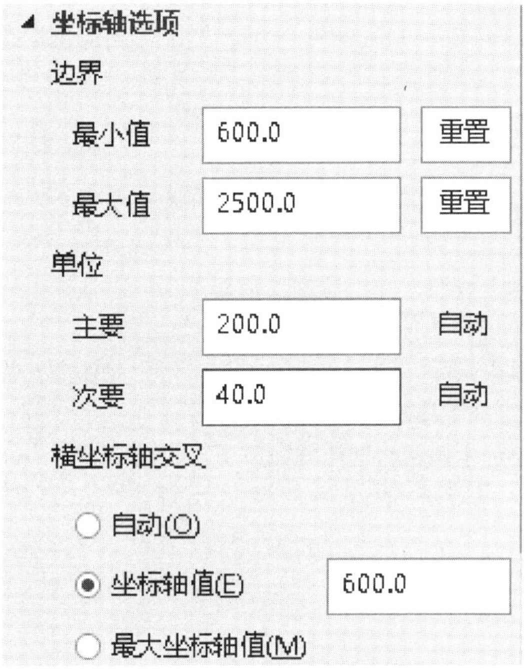

图 26.8　固定左侧 *Y* 轴刻度

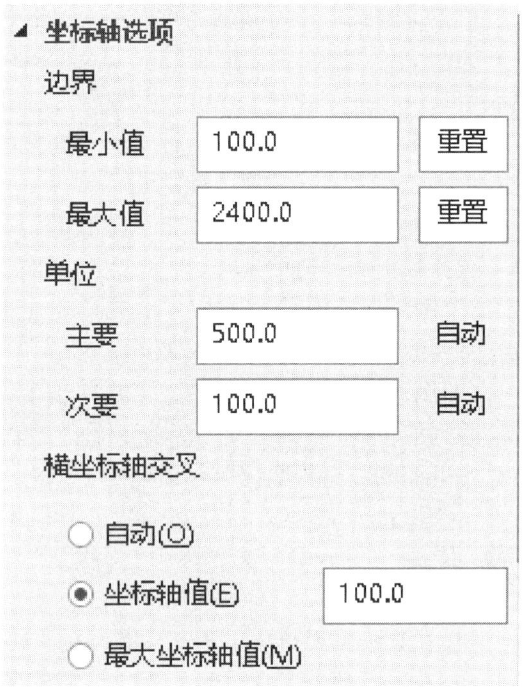

图 26.9　固定右侧 *Y* 轴刻度

同样的方法，设置绘图区右侧的 *Y* 轴，将刻度固定下来，如图 26.9 所示。

技巧

1. 固定两个 *Y* 轴的刻度，其目的是避免勾选和取消勾选时图表的刻度切换。
2. 可以通过调整 *Y* 轴刻度，调节折线图的位置。

修改图表标题为“2019 年眼镜销量一览表”；单击网格线，按 Delete 键。

选择复选框，将复选框移动到图表区中，最终效果如图 26.10 所示。

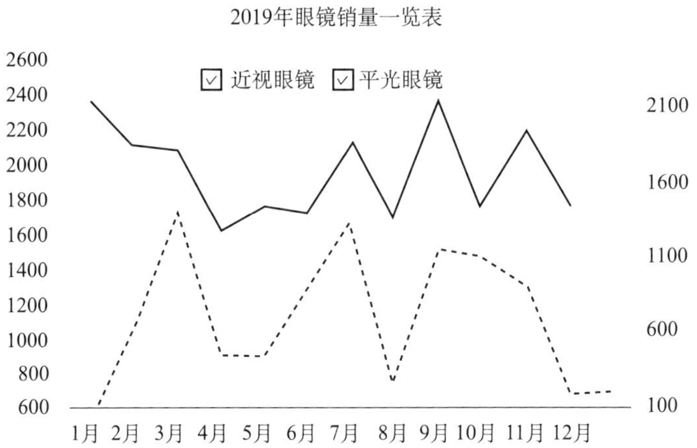

图 26.10　动态折线图

子任务27　通过饼环图查看细分市场

圆环图类似于饼图，可以显示每个数据占总数值的大小，也可以包含多个数据系列。环形图可以与饼图组合构成环饼图，显示具有包含关系的数据。

步骤 1：绘制圆环图。

单击工作表标签“市场占有率环形图”。

选择 C2：D15 区域（两个数据），单击【插入—（图表）—其他图表—圆环图】，绘制出圆环图，如图 27.1 所示。

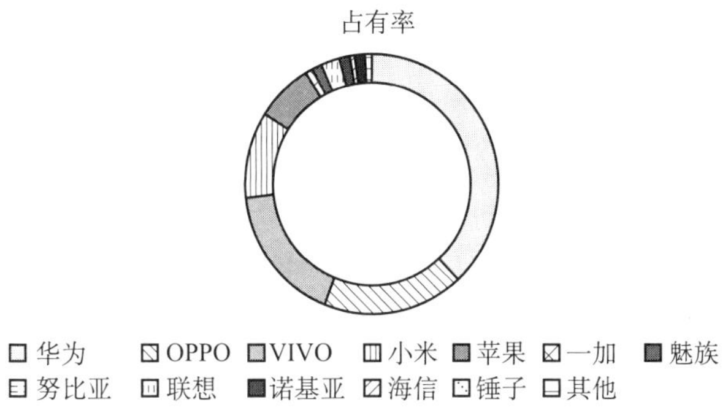

图 27.1　市场占有率圆环图

步骤 2：在圆环图中右击鼠标，在弹出的快捷菜单中选择【选择数据】命令，弹出“选择数据源”对话框。

在对话框中单击【添加】按钮，弹出“编辑数据系列”对话框。

在“系列名称”中选取 A3：A16 区域;在“系列值”中先删除默认值 1，再选取 B3：B15 区域，如图 27.2 所示。

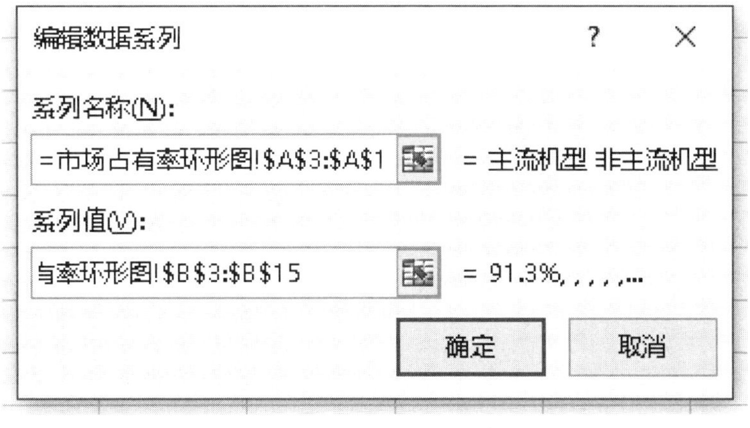

图 27.2　添加数据

单击【确定】按钮返回“选择数据源”对话框，再单击【确定】按钮完成添加操作，得到双环图，如图 27.3 所示。

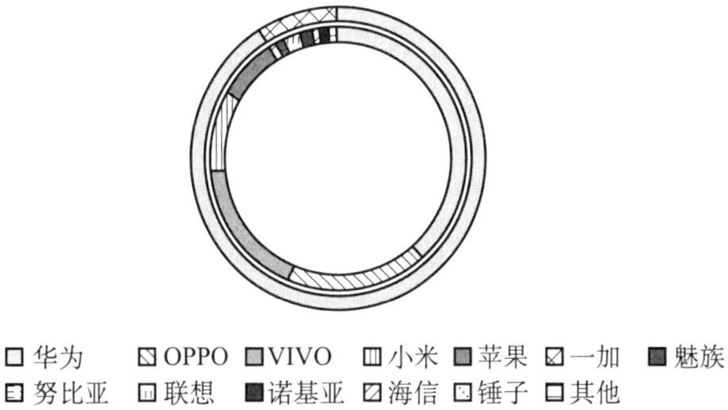

图 27.3　双圆环图

步骤 3：更改双环图为饼环图。

鼠标在外部环形图上右击，在弹出的快捷菜单中选择【更改系列图表类型】命令，弹出“更改图表类型”对话框。选择“所有图表”选项卡，单击左侧的“组合”，在右侧第二个系列中选择“图表类型”为“饼图”，如图 27.4 所示。

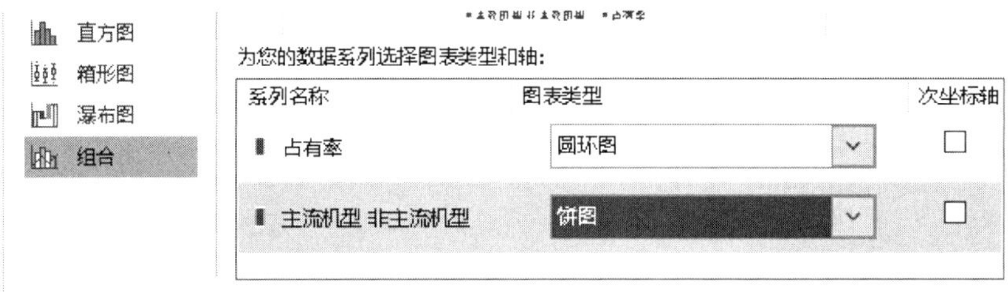

图 27.4　设置饼图

单击【确定】按钮，完成更改，如图 27.5 所示。

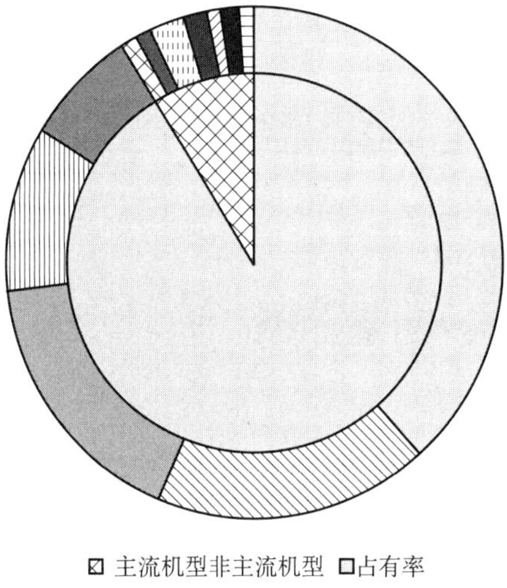

图 27.5　饼环图

技巧

1. 任意一个环都可以改为饼图。

2. 饼环之间可以通过设置切换，一般是将饼图切换为环图，再将另一个环图切换为饼图。

步骤 4：单击图例，按 Delete 键删除图例，调整绘图区大小。

鼠标在外层环形图上右击，在弹出的快捷菜单中选择【添加数据标签—添加数据标签】命令。

在任意一个标签上右击鼠标，在弹出的快捷菜单中选择【设置数据标签格式】命令，弹出“设置数据标签格式”对话框。在“标签选项”中，勾选“类别名称”选项，如图 27.6 所示，单击【关闭】按钮。

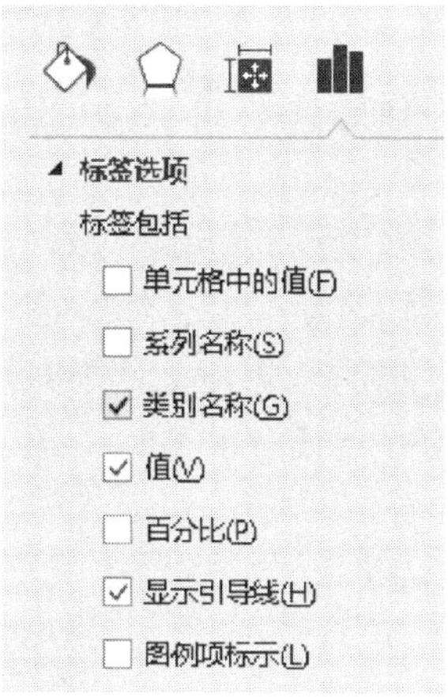

图 27.6　设置数据标签格式式

在绘图区添加文本框，给内部饼图注明分类，如图 27.7 所示。

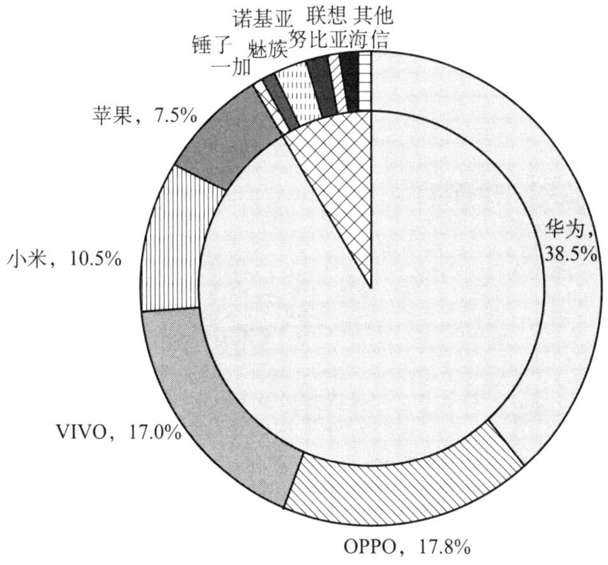

图 27.7　饼环图

技巧

1. 内部饼图的数据是后添加的，可以为这些数据添加数据标签。

2. 为了避免与环图的标签混淆，一般是通过添加文本框的方法来制作数据标签的。

子任务28 制作工程进度甘特图

甘特图（Gantt Chart）又称为横道图、条状图（Bar Chart）和肯特图，以发明者亨利·甘特（Henry L. Gantt）的名字命名。

甘特图通过条状图来显示项目进度，即以图示的方式表示出项目的活动顺序与持续时间。甘特图基本是一条线条图，横轴表示时间，纵轴表示项目内容，线条表示在整个期间计划和实际的活动完成情况。它直观地表明任务计划在什么时候进行，以及实际进展与计划要求的对比。管理者由此可明确一项任务（项目）还剩下哪些工作要做，并可评估工作进度。

步骤 1：单击工作表标签“甘特图”。

选择 B2：B9 区域，将内容设置为数字（常规）

格式。

单击数据区域任意一个单元格，如 A2，按 Ctrl+A 组合键，全选数据区域（或拖动鼠标选择 A1：C9 区域）。

单击【插入—（图表）—条形图—（二维条形图）—堆积条形图】，如图 28.1 所示，单击【确定】按钮，软件生成堆积条形图，如图 28.2 所示。

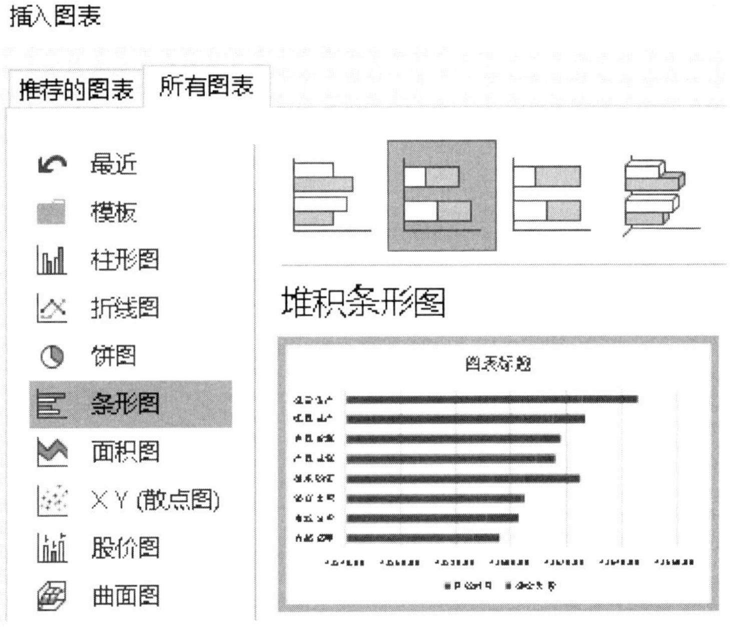

图 28.1 创建堆积条形图

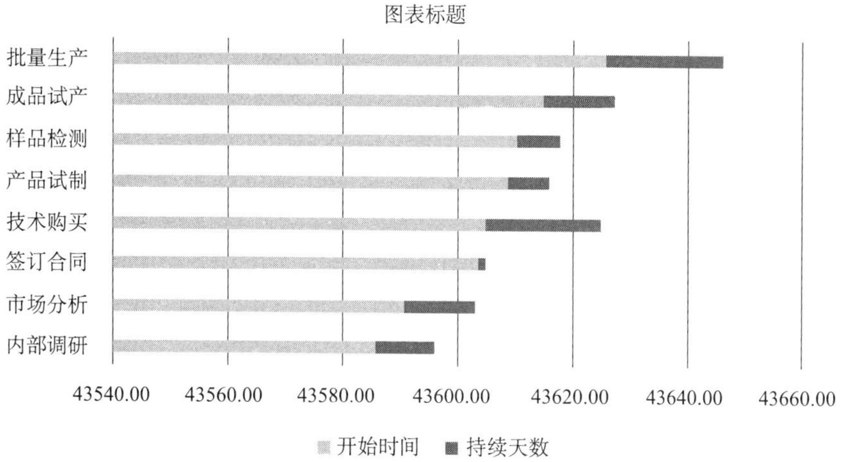

图 28.2　堆积条形图

步骤 2：为图表设置 *X* 轴。

鼠标右击绘图区中的“开始时间”系列，在弹出的快捷菜单中选择【设置数据系列格式】命令，弹出“设置数据系列格式”对话框。

选择“填充”项，点选“无填充”，如图 28.3 所示，单击【关闭】按钮完成设置，其效果如图 28.4 所示。

图 28.3　设置无填充

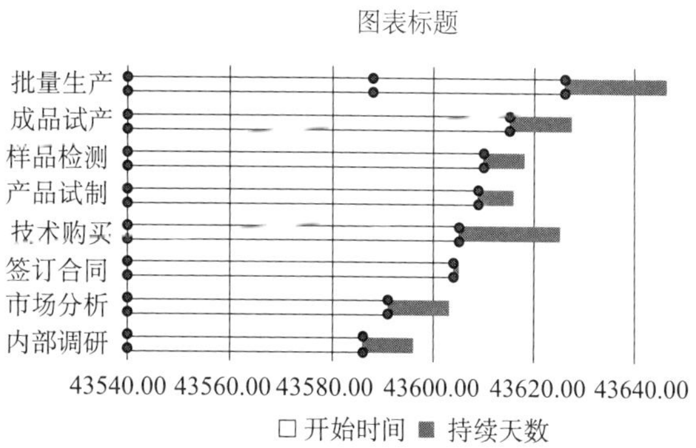

图 28.4　无填充效果

鼠标右击 *X* 轴，在弹出的快捷菜单中选择【设置坐标轴格式】命令，弹出“设置坐标轴格式”对话框。

在“坐标轴选项”中，点选“最小值”为“固定”，输入值：43586，如图 28.5 所示。

图 28.5　设置 *X* 轴的最小值

选择“数字”项，“类别”选择“日期”，“类型”设为“3 月 14 日”，即短日期格式，如图 28.6 所示。

单击【关闭】按钮，返回图表，删除图例。

步骤 3 ：为图表设置 *Y* 轴。

鼠标左键单击绘图区中的竖网络线，再按 Delete 键，删除网格线。鼠标双击 *Y* 轴，打开“设置坐标轴格式”对话框。在“坐标轴选项”中，勾选“逆序类别”，点选“横坐标轴交叉”下的“最大分类”，如图 28.7 所示。

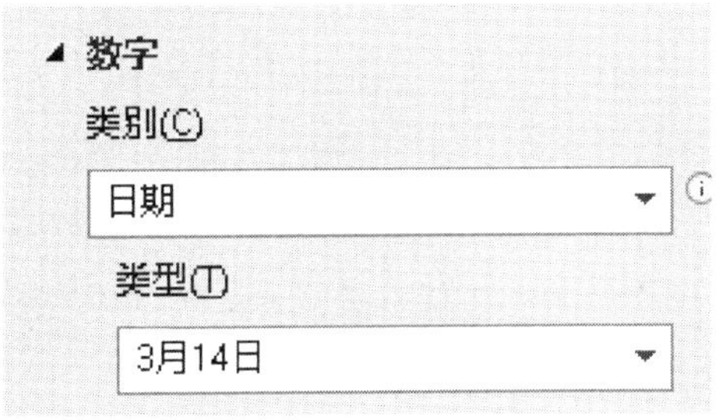

图 28.6 设置 *X* 轴为短日期格式

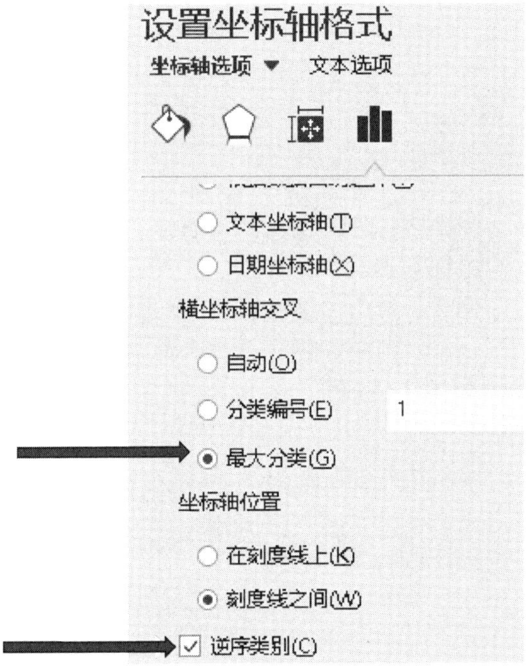

图 28.7 设置 *Y* 轴

关闭“设置坐标轴格式”对话框，结果如图 28.8 所示。

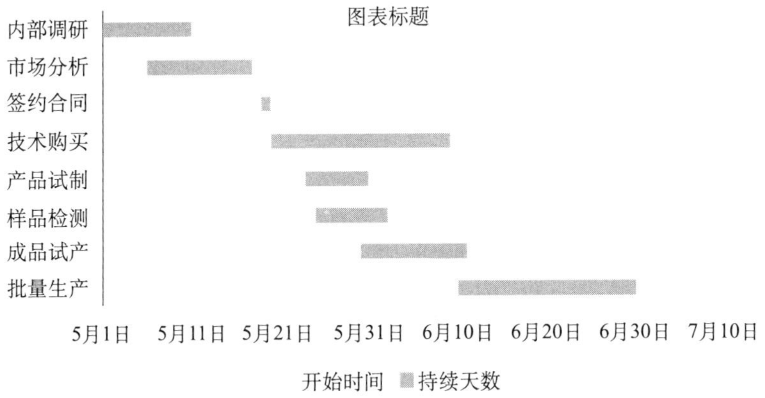

图 28.8 初步设置完成的甘特图

单击图例，按 Delete 键将其删除。更改图表标题为“工程进度图”。最终效果如图 28.9 所示。

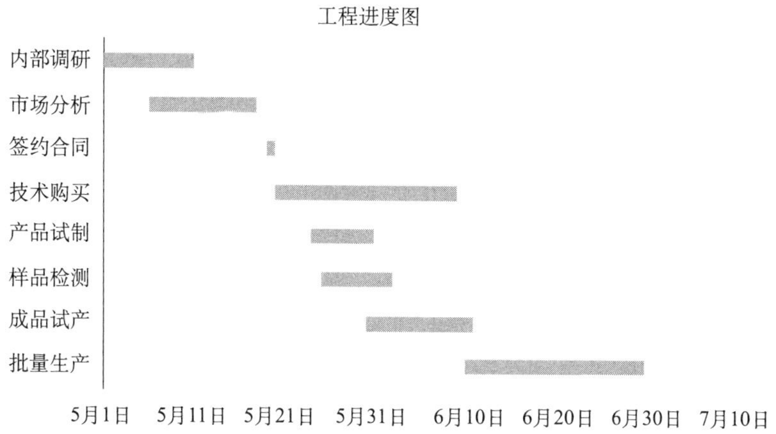

图 28.9　优化后的甘特图

提高

1. 高级的甘特图可以将当前日期放入图中，可直观看出项目状态：已完成、进行中、未开始。

2. 在“高级甘特图”工作表中，有带时间调节的甘特图，有兴趣的读者可以自行研究。

任务7

营销数据分析与应用

任务说明

本任务主要是在获得市场调查数据的基础上进行预测分析。本任务首先从数理统计的层面进行分析，然后通过模拟运算创建各种营销方案，便于对比各种方案，促进商品销售。

统计分析，顾名思义即将信息统括起来进行计算的意思，常指对收集到的有关数据资料进行整理归类并进行解释的过程，是对数据进行定量处理的理论与技术。统计分析按不同的分类标志，可划分为不同的类别。常用的分类标准是功能标准，依此标准进行划分，统计分析可分为描述统计和推断统计。

1. 描述统计

描述统计是将研究中所得的数据加以整理、归类、简化或绘制成图表，以此描述和归纳数据的特征及变量之间的关系的一种最基本的统计方法。描述统计主要涉及数据的集中趋势、离散程度和相关强度，最常用的指标有众数、平均数、标准差、相关系数等。

2. 推断统计

推断统计指用概率形式来决断数据之间是否存在某种关系及用样本统计值来推测总体特征的一种重要的统计方法。推断统计包括总体参数估计和假设检验，最常用的方法有 Z 检验、T 检验、卡方检验等。

子任务29 分析人口结构对销售量的影响

收集到销售数据之后，营销分析师给出以什么样的方式做广告的建议之前，需要了解什么类型的人群愿意购买该产品。例如，跑车就不宜在《老年周报》上做广告，因为老年人不太会关注跑车，老年人也不是跑车的重点销售目标人群，因此在《老年周报》上投放跑车广告效果会明显不如其他报纸或媒介。

步骤 1：单击工作表标签“人口结构对销售量的影响”。

步骤 2：单击列标签“C”，选中整个 C 列；在选中区域右击鼠标，在弹出的快捷菜单中选择【插入】命令；新插入的 C 列用来存放收货地址的省份。

步骤 3：单击 C1，输入“省名”。

单击 C2，输入函数: =LEFT(D2,FIND(" ",D2))。

提高

1. LEFT(单元格或字符串，长度) 函数，其作用是从左侧截取“单元格或字符串”，截取的长度是函数的第二个参数指定的“长度”。

2. FIND(字符，单元格或字符串)，该函数的作用是找到“字符”在“单元格或字符串”中的位置。

3. 步骤 3 中的函数，就是用 FIND 函数找到收货地址中第一个空格的位置，再将收货地址中从开始向右到第一个空格处所有的字符截取出来，截取出来的正好是省名。

步骤 4：单击 C2 单元格的填充柄，得到整个 C 列数据，如图 29.1 所示。

	A	B	C	D	E
1	性别	订单付款时间	省名	收货地址	买家实际支付金额
2	男	2018/6/16 17:36	安徽省	安徽省 池州市 贵池区 马衙街道	118
3	男	2018/6/20 21:22	安徽省	安徽省 池州市 青阳县 蓉城镇青	59
4	女	2018/6/19 19:05	安徽省	安徽省 池州市 青阳县 蓉城镇青	59
5	男	2018/6/12 12:30	安徽省	安徽省 滁州市 琅琊区 琅琊街道	118
6	男	2018/6/15 10:12	安徽省	安徽省 滁州市 琅琊区 琅琊街道	59
7	男	2018/6/12 11:51	安徽省	安徽省 滁州市 琅琊区 琅琊街道	118
8	男	2018/6/20 14:42	安徽省	安徽省 合肥市 蜀山区 稻香村街	29
9	男	2018/6/18 13:15	安徽省	安徽省 六安市 霍山县 衡山镇海	118
10	男	2018/6/9 13:49	安徽省	安徽省 六安市 裕安区 城南镇安	112
11	男	2018/6/12 19:42	安徽省	安徽省 马鞍山市 花山区 解放路	107
12	男	2018/6/16 10:30	安徽省	安徽省 芜湖市 镜湖区 滨江公共	59
13	男	2018/6/16 17:48	安徽省	安徽省 芜湖市 鸠江区 安徽芜湖	118
14	女	2018/6/7 14:59	安徽省	安徽省 芜湖市 鸠江区 龙山街道	118
15	男	2018/6/6 22:07	北京	北京 北京市 昌平区 百善镇王庄	59

图 29.1 原始数据

步骤 5：单击工作表任意区域，如 A1，再单击【插入—（表格）—数据透视表—数据透视表】，弹出“创建数据透视表”对话框，如图 29.2 所示。

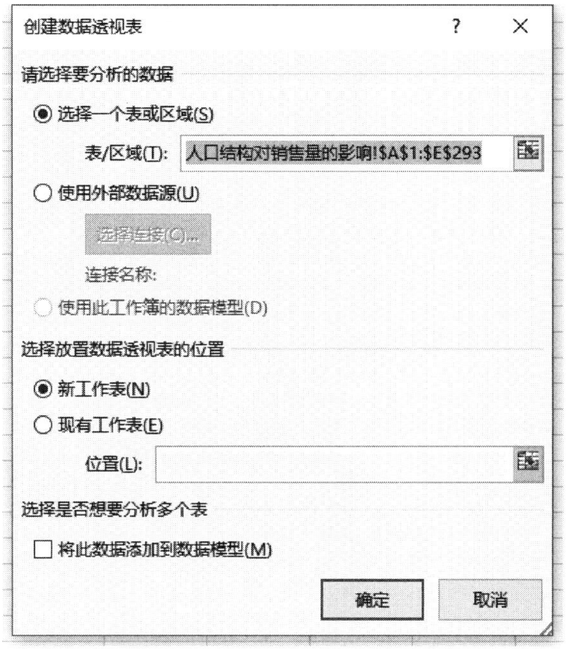

图 29.2 “创建数据透视表”对话框

步骤 6：在“创建数据透视表”对话框中，Excel 默认选定整个数据区域；新建的数据透视表放在“新工作表”中。

单击【确定】按钮，Excel 新建一个工作表，里面有一张空白的数据透视表，如图 29.3 所示。

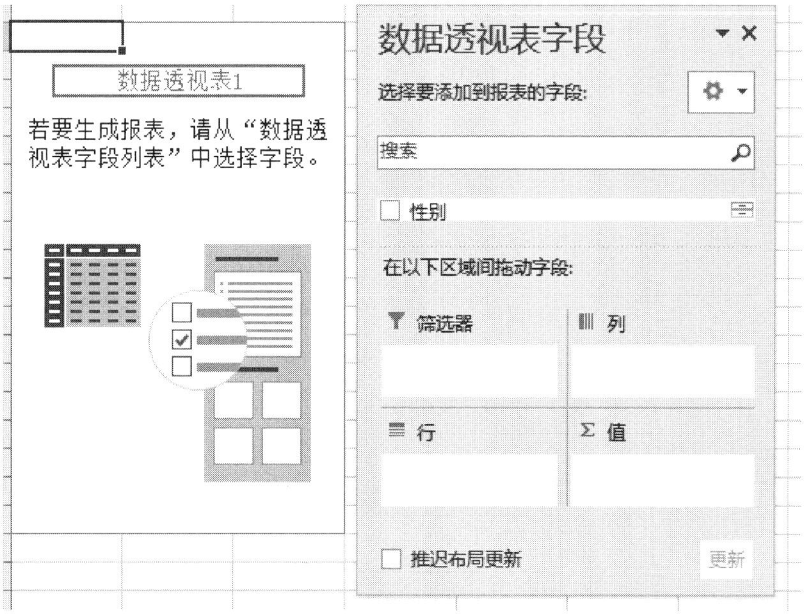

图 29.3 未添加数据的数据透视表

步骤 7：在“数据透视表字段”对话框中，将“性别”字段拖到行区域，将“买家实际支付金额”拖到值区域，数据透视表随即产生数据，如图 29.4 所示。

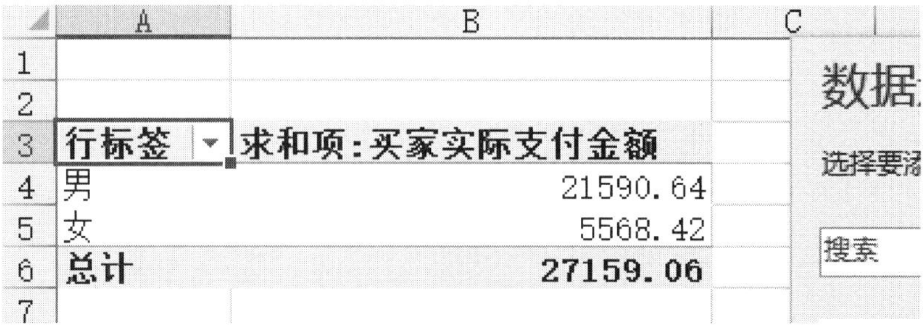

图 29.4　带有数据的数据透视表

步骤 8：单击“数据透视表字段”对话框值区域中求和项的下拉箭头，选择【值字段设置】，弹出“值字段设置”对话框，如图 29.5 所示。

图 29.5　“值字段设置”对话框

单击“值显示方式”选项卡，在值显示方式下拉列表中，选择【总计的百分比】选项，单击【确定】按钮，最终数据透视表数据按性别显示买家支付金额的百分比，如图 29.6 所示。

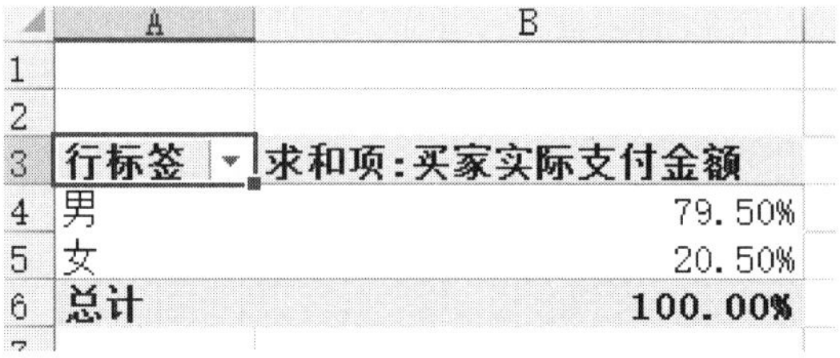

图 29.6　按性别显示买家实际支付金额的百分比

步骤 9：单击数据透视表中的任意单元格，在“数据透视表字段”对话框中，将行区域中的“性别”字段拖到列区域中，将字段列表中“省名”拖到行区域中，透视表自动变成二维表格，显示按性别和省名的统计结果，如图 29.7 所示。

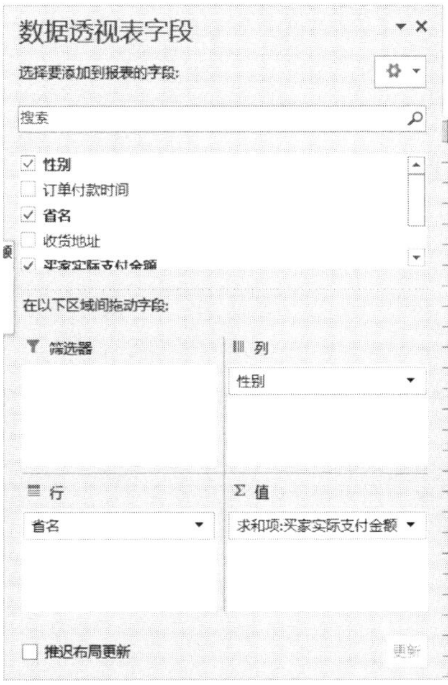

求和项：买家实际支付金额	列标签		
行标签	男	女	总计
安徽省	3.74%	0.65%	4.39%
北京	1.28%	0.37%	1.65%
福建省	4.24%	0.82%	5.07%
甘肃省	0.43%	0.00%	0.43%
广东省	8.79%	2.92%	11.72%
广西壮族自治区	2.98%	0.59%	3.57%
河北省	11.46%	3.48%	14.94%
河南省	4.24%	0.65%	4.89%
黑龙江省	0.94%	0.22%	1.16%
湖北省	2.96%	0.00%	2.96%
湖南省	7.71%	2.40%	10.11%
吉林省	1.75%	0.24%	1.99%
江苏省	6.09%	1.48%	7.57%
江西省	1.08%	0.43%	1.51%
辽宁省	2.37%	0.00%	2.37%
山东省	6.50%	1.30%	7.80%
山西省	1.52%	1.09%	2.61%
陕西省	1.06%	0.37%	1.44%
上海	3.42%	1.52%	4.94%
四川省	2.39%	0.91%	3.30%
天津	0.87%	0.22%	1.09%
云南省	0.42%	0.21%	0.63%
浙江省	3.26%	0.22%	3.48%
重庆	0.00%	0.41%	0.41%
总计	79.50%	20.50%	100.00%

图 29.7　二维数据透视表

子任务30　分析广告对销售额的影响

商品经济时代，市场充满竞争，若要抢占更多市场份额，必须通过广告来扩大影响力。当前市场促销媒介主要有：网络、电视、广播、报纸等。

企业在某一时段，可能采用多个方式做广告，但是其中某一个广告方式是否能带来收益，需要通过数据分析来验证。

步骤 1：单击 F3 单元格，拖动鼠标选择 F3：H7 区域，输入公式“=Linest(B3:B10, C3:D10,1,1)”，输入完毕后，按 Ctrl+Shift+Enter 组合键，结果如图 30.1 所示。

F	G	H
1.274962	2.283844	166.5657
0.288418	0.281908	2.884132
0.929211	1.201704	#N/A
32.81629	5	#N/A
94.77954	7.220464	#N/A

图 30.1　数组运算结果

根据计算结果，得到广告与销售额的拟合方程：

$$Y=2.28X_1+1.27X_2+166.5657$$

基础

1. 函数格式：Linest(已知 Y 值，[已知 X 值]，[常数是否为 0]，[是否返回附加回归统计值])；函数拟合 $y=mx+b$ 或 $y=m_1x_1+m_2x_2+\cdots+b$。

2. 函数为数组函数，返回一个数组，其中第一行返回的是系数和常量 m_1，m_2，…，b，即 1.27、2.28、166.56；第二行返回的是 m_1,m_2,b 的标准误差值，即 0.2884、0.2819、2.8841；第三行返回的是判定系数（0.929211）和常量 Y 的标准误差值（1.201704）；第四行为 F 统计或 F 观察值（32.81629）和自由度（5）；第五行为回归平方和（ssreg，94.77954）和残差平方和（ssresid，7.220464）。

步骤 2：显著性检验。

单击 F9 单元格，输入公式“=FINV(0.05，8-1，8-2)”，其中，a=0.05 为显著性水平，n=8 为样本数，k=2 是自变量数。

单击 G9 单元格，输入公式“=IF(F6>F9，" 显著 "，" 不显著 ")”，结果如图 30.2 所示。

步骤 3：对回归系数进行显著性检验。

求出常数项 b 的 t 值；单击 F11，输入“t 值”，单击 F12 单元格，输入公式“=H3/H4”。

求出自变量 X_1 的系数 m_1 的 t 值；单击 F13 单元格，输入公式“=G3/G4”。

求出自变量 X_2 的系数 m_2 的 t 值；单击 F14 单元格，输入公式“=F3/F4”。

1.274962	2.283844	166.5657
0.288418	0.281908	2.884132
0.929211	1.201704	#N/A
32.81629	5	#N/A
94.77954	7.220464	#N/A
4.206658	显著	

图 30.2　显著性检验

求出各 t 值相应的 p 值。

单击 G11 单元格，输入“p 值”；单击 G12 单元格，输入公式“=TDIST(F12，8-2，2)”，输入完毕后，按回车键；拖动 G12 单元格的填充柄到 G14 单元格，结果如图 30.3 所示。

t值	p值
57.75245	0.000000001811
8.101394	0.000189718089
4.420531	0.004468386341

图 30.3　回归系数显著性

步骤 4：显著性判断。

单击 H12 单元格，输入公式“=IF(G12<0.05,"显著","不显著")”，输入完毕后按回车键。拖动 H12 单元格填充柄到 H14 单元格，产生结果，如图 30.4 所示。

t值	p值	
57.75245	0.000000001811	显著
8.101394	0.000189718089	显著
4.420531	0.004468386341	显著

图 30.4　显著性判断

根据结果，在总体拟合优度 0.95 的条件下，通过了 F 检验，回归方程总体显著；从回归系数的检验来看，电视广告和报纸广告的回归系数均显示“显著”，说明电视广告和报纸广告对销售收入都有显著影响。

步骤 5：运用回归工具进行多元回归分析。

单击 B16 单元格，再单击【数据—（分析）—数据分析】，弹出“数据分析”对话框。在对话框中选择“回归”分析工具，如图 30.5 所示。

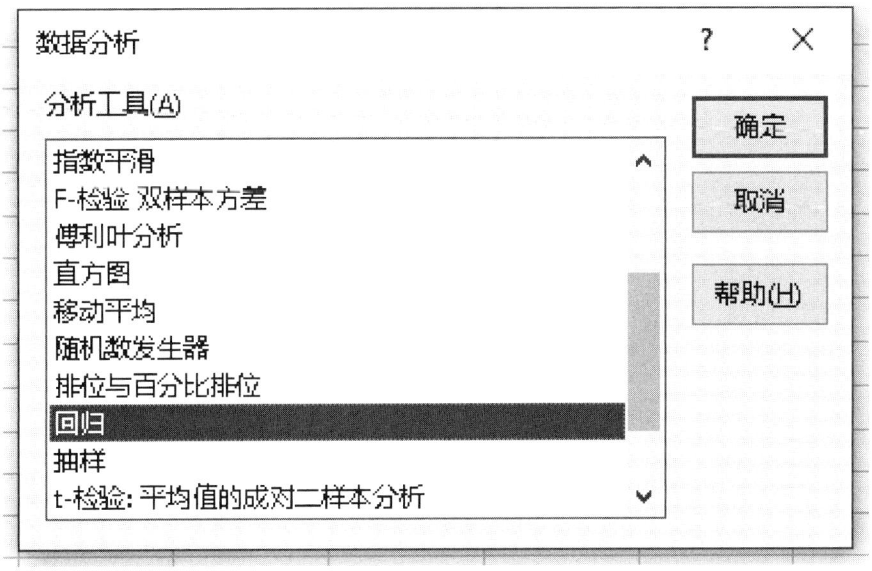

图 30.5　选择回归分析工具

单击【确定】按钮，弹出“回归”对话框。

在“回归”对话框中，在“Y 值输入区域”中选择 B2：B10 区域；在“X 值输入区域”中选择 C2：D10 区域；勾选“标志”和“置信度”选项，然后在右边的框中输入 95。

在“输出选项”栏的“输出区域”中选择 B16：H28 区域。

“残差”部分，勾选“残差”和“残差图”，如图 30.6 所示。单击【确定】按钮，得到分析结果，如图 30.7 所示。分析得到的残差结果，如图 30.8 所示。

电视广告投入、报纸广告投入的残差图，如图 30.9 所示。

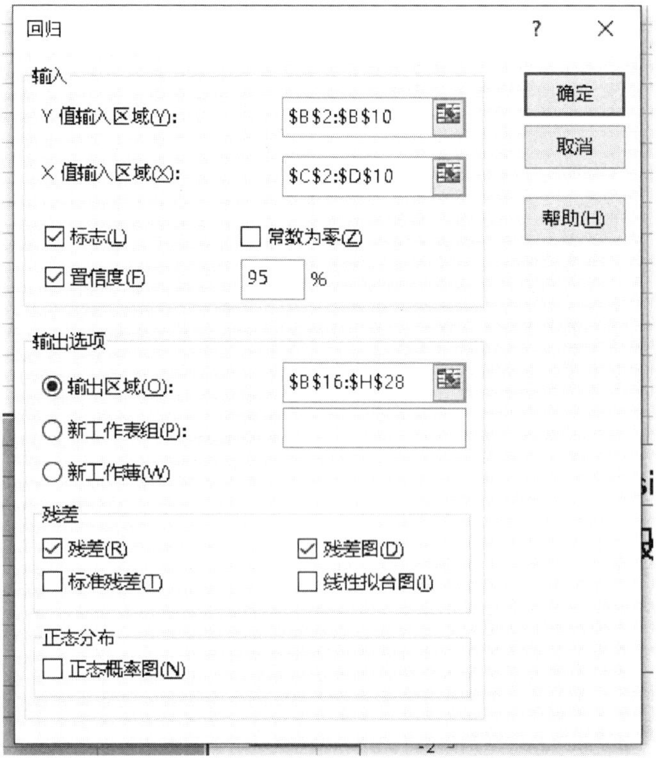

图 30.6　回归分析设置

回归统计								
Multiple R	0.963955986							
R Square	0.929211142							
Adjusted R Square	0.900895599							
标准误差	1.201704082							
观测值	8							
方差分析								
	df	SS	MS	F	Significance F			
回归分析	2	94.7795365	47.38977	32.81629	0.001333252			
残差	5	7.220463501	1.444093					
总计	7	102						
	Coefficients	标准误差	t Stat	P-value	Lower 95%	Upper 95%	下限 95.0%	上限 95.0%
Intercept	166.5656849	2.884131931	57.75245	2.94E-08	159.1517877	173.9796	159.1518	173.9796
电视广告投入	2.283844253	0.281907565	8.101394	0.000465	1.559177788	3.008511	1.559178	3.008511
报纸广告投入	1.274961598	0.288418209	4.420531	0.006889	0.533558988	2.016364	0.533559	2.016364

图 30.7　回归分析结果

观测值	预测销售收入	残差
1	193.2290122	-1.229012222
2	180.8009083	-0.800908302
3	188.6613237	1.338676284
4	184.3597142	-0.359714152
5	189.1934816	0.8065184
6	188.417418	-0.417418019
7	188.6945836	-0.694583584
8	186.6435584	1.356441595

图 30.8　残差分析

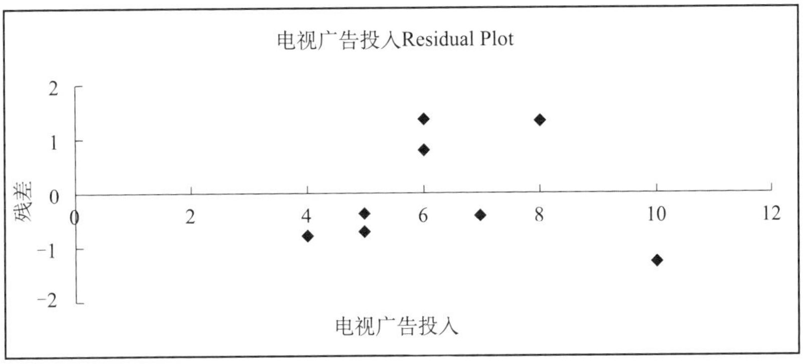

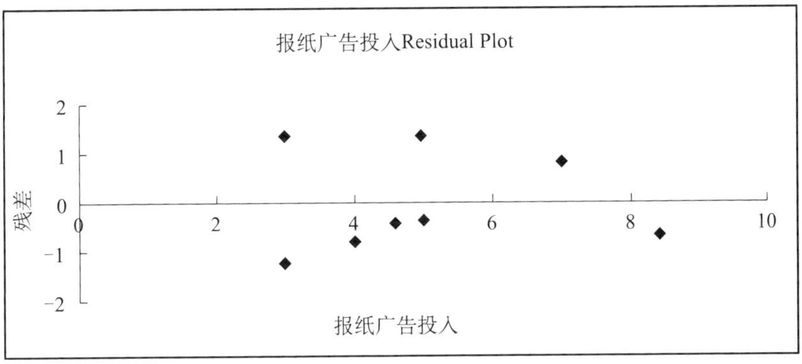

图 30.9　残差图

从回归系数检验来看，两个自变量对应的回归系数的 p 值均小于 0.05

P value
2.94E-08
0.000465
0.006889

，因此，两个自变量均对总收入有显著影响。

子任务31　根据销售额细分市场

通常市场营销人员需要根据调查数据将对象分组（或聚类），以使每组中的对象都是相似的，或者可以针对不同的组制定相适应的促销策略、定价策略或者不同的产品策略，这也就是市场细分。

根据市场调查，收集了某个网店销售数据，经过汇总，共有 90 座城市，现要将这 90 座城市根据销售额分成 4 组目标市场。

步骤 1：单击工作表标签“根据销售额细分市场”。

步骤 2：在 J1 单元格中输入“平均值”；在 J2 单元格中输入“标准差”。

在 K1 单元格中输入公式“=average(C2:C91)”，得到销售额的平均值。

在 K2 单元格中输入公式“=stdev(C2:C91)”，得到销售额的标准差。

步骤 3：在 D1 单元格中输入“正态化值”。

在 D2 单元格中输入公式“=standardize(C2,$M$1,$M$2)；双击 D2 单元格的填充柄，计算整个 D 列的正态化值，如图 31.1 所示。

A	B	C	D
序号	城市	销售额	正态化值
1	安阳市	72	-2.21375
2	鞍山市	1551	2.352265
3	北京市	293	-1.53147
4	滨州市	1381	1.827436
5	沧州市	629	-0.49416
6	常州市	774	-0.04651
7	潮州市	942	0.472141

图 31.1 计算正态化值

步骤 4：在 K3：K6 区域中输入“城市 1、城市 2、城市 3、城市 4”；在 L3：L6 区域中输入预设的序号:“1、2、3、4”。

步骤 5：在 M3 单元格中输入公式“=VLOOKUP(L3,$A$1:$D$91,4,0)”；拖动 M3 单元格填充柄到 M6 单元格。

步骤 6：在 E1 单元格中输入“数值差平方和 1”，拖动 E1 单元格填充柄到 H1。

在 E2 单元格中输入公式“=sumxmy2(d2,$M$3)”，双击 E2 单元格填充柄，生成 E 列数据。

在 F2 单元格中输入公式“=sumxmy2(d2,$M$4)”，双击 F2 单元格填充柄，生成 F 列数据。

在 G2 单元格中输入公式“=sumxmy2(d2,$M$5)”，双击 G2 单元格填充柄，生成 G 列数据。

在 H2 单元格中输入公式“=sumxmy2(d2,$M$6)”，双击 H2 单元格填充柄，生成 H 列数据。

生成数据的分析表如图 31.2 所示。

A	B	C	D	E	F	G	H
序号	城市	销售额	正态化值	数值差平方和1	数值差平方和2	数值差平方和3	数值差平方和4
1	安阳市	72	-2.21375	0	20.84850966	0.465503783	16.33119484
2	鞍山市	1551	2.352265	20.84850966	0	15.08342435	0.275446025
3	北京市	293	-1.53147	0.465503783	15.08342435	0	11.2822692
4	滨州市	1381	1.827436	16.33119484	0.275446025	11.2822692	0
5	沧州市	629	-0.49416	2.956984564	8.10215429	1.076012265	5.389821076
6	常州市	774	-0.04651	4.696917061	5.754143717	2.205102694	3.511689016
7	潮州市	942	0.472141	7.214017182	3.534868419	4.014468557	1.836824687
8	成都市	926	0.422745	6.951113958	3.723048569	3.818968596	1.973156173

图 31.2 生成数据的分析表

步骤 7：在 I1 单元格中输入“最小平方和”；在 I2 单元格中输入“=min(e2:h2)”，双击 I2 单元格的填充柄，产生 I 列数据。

步骤 8：在 J1 单元格中输入“分类”。

在 J2 单元格中输入“=match(i2,e2:h2,0)”；双击 J2 单元格的填充柄，产生 J 列数据。

这时，在 J 列产生了初步城市分类结果，但不是最优的，下面还需要进一步优化这个分类结果。

步骤 9：在 K8 单元格中输入“最小平方和之和”；在 L8 单元格中输入公式“=sum(I2:I91)”。

步骤 10：单击【数据—（分析）—规划求解】，弹出“规划求解参数”对话框。在“设置目标”中选择单元格 L8；在“通过更改可变单元格”中选择 L3：L6 区域；单击【添加】按钮，弹出“添加约束”对话框，输入以下三个约束。

第 1 个约束：L3：L6<=90；

第 2 个约束：L3：L6>=1；

第 3 个约束：L3：L6 为整数，如图 31.3 所示。

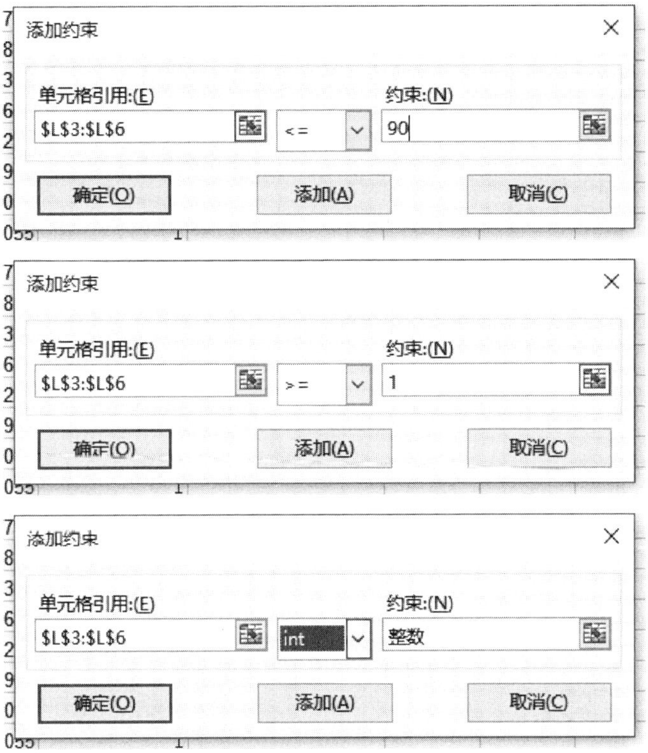

图 31.3　三个约束

每次设置完成后，单击【添加】按钮，最后一次完成设置后单击【确定】按钮；在“规划求解参数”对话框的“选择求解方法”下拉列表中，选择“演化”，如图 31.4 所示；单击【求解】按钮，Excel 会花费一段时间求解。

由于复杂程度不一，不同机器求解时间长短不一，最终提示求解结束，如图 31.5 所示；单击【确定】按钮，得到结果，如图 31.6 所示。

提高

规划求解的过程，是不断调整预设的序号，不同的预设值，返回不同的正态化值，不同的正态化值，计算得到不同的数值差平方和，再通过最小平方和确定分类值，最终得到最小的 L8 单元格值。

图 31.4 添加完成的约束条件

图 31.5 求解结束

K	L	M
	平均值	789.0667
	标准差	323.9147
城市1	74	0.712945
城市2	90	-0.2194
城市3	47	-1.14866
城市4	2	2.352265
最小平方和之和	10.2318	

图 31.6 得到求解结果

步骤 11：在 J1 单元格中输入“分类”；在 J2 单元格中输入“=match(I2,E2：H2，0)”；得到最优的分类结果，双击 J2 单元格的填充柄，得到 J 列数据，得到所有城市细分结果。

步骤 12：观察细分结果。

按鼠标左键并拖动鼠标选择 A、B、C 列，松开鼠标，按住 Ctrl 键，再单击 J 列；再选中区域，单击鼠标右键，在弹出的快捷菜单中选择【复制】命令。

步骤 13：单击工作表标签 ⊕，新建一个工作表；在新工作表的 A1 单元格中，单击鼠标右键，再单击粘贴选项中的“123 数值”。

步骤 14：单击 C 列的任意单元格，如 C2，再单击【数据—（排序和筛选）—升序】。

观察结果:市场细分的销售额在 72 至 555 元之间、570 至 853 元之间、880 至 1232 元之间、1381 至 1835 元之间，对应的城市也在表格之中。

子任务32 多因素细分市场

市场调查的数据一般是多维度的，从多维度细分市场，相对较为复杂，但是其原理基本一样。收集到 90 座不同城市某网店的消费数据，将这 90 座城市根据销售额分成 4 组目标市场。

步骤 1：单击工作表标签“多因素市场细分”，数据中有 5 个调查数据，如图 32.1 所示。其中，C、D 两列是订单数量；G 列是样本城市所有消费者的平均年龄。

A	B	C	D	E	F	G
序号	城市	男性	女性	PC订单	手机订单	平均年龄
1	安阳市	121	35	2	154	32
2	鞍山市	139	2	1	140	31
3	北京市	127	23	3	147	29
4	滨州市	104	1	1	104	33
5	沧州市	122	11	5	128	30
6	常州市	157	1	2	156	32
7	潮州市	96	20	4	112	31
8	成都市	145	1	1	145	31

图 32.1　原始调查数据

步骤 2：选择 C1：G91 区域，单击【公式—（定义的名称）—根据所选内容创建】，弹出“以选定区域创建名称”对话框，仅勾选“首行”选项，单击【确定】按钮，如图 32.2 所示。

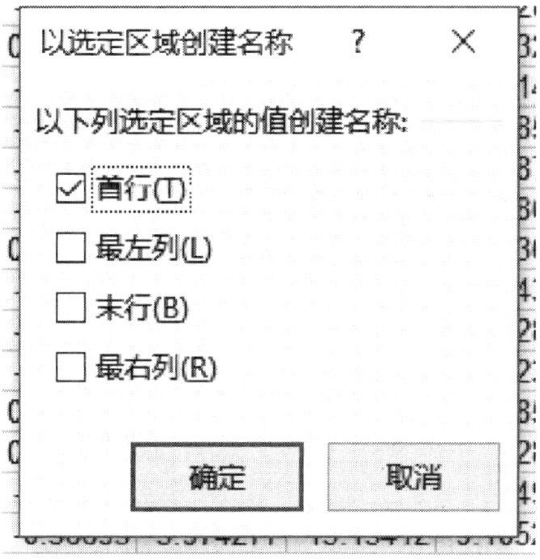

图 32.2　以首行定义区域

步骤 3：选择 H1：L1 区域，单击【开始—（对齐方式）—合并后居中】，在合并后的单元格中输入“正态化”。

选择 M1：P1 区域，单击【开始—（对齐方式）—合并后居中】，在合并后的单元格中输入“差平方和”。

在 Q1 单元格中输入“最小值”，在 R1 单元格中输入“分类”。

选择 C1：G1 区域，按 Ctrl+C 组合键，复制区域内容；单击 U1 单元格，按 Ctrl+V 组合键，粘贴复制的内容。

在 T2 单元格中输入“平均值”；在 T3 单元格中输入“标准差”；在 U2 单元格中输入公式“=average(indirect(U1))”，得到男性订单量的平均值，再拖动 U2 单元格的填充柄到 Y2。

在 U3 单元格中输入公式“=stdev(indirect(U1))”，得到男性订单量的标准差，再拖动 U3 单元格的填充柄到 Y3。

在 S4：S7 区域中输入“细分城市 1、细分城市 2、细分城市 3、细分城市 4”。

在 T4：T7 区域中输入预设序号“1、2、3、4”。

步骤 4：在 H2 单元格中输入公式“=STANDARDIZE(C2,U$2,U$3)”，按回车键后，再次单击 H2 单元格，拖动 H2 单元格的填充柄到 L2。

选中 H2:L2 区域，双击区域右下角的填充柄，生成整个正态化区域的数据，如图 32.3 所示。

A	B	C	D	E	F	G	H	I	J	K	L
序号	城市	男性	女性	PC订单	手机订单	平均年龄			正态化		
1	安阳市	3	35	2	154	32	-1.17	1.561	-0.77	0.119	-0.17
2	鞍山市	67	2	1	140	31	3.075	-0.93	-0.85	-0.34	-0.37
3	北京市	12	23	3	147	29	-0.57	0.654	-0.68	-0.11	-0.75
4	滨州市	59	1	1	104	33	2.544	-1.01	-0.85	-1.53	0.019
5	沧州市	26	11	5	128	30	0.356	-0.25	-0.5	-0.74	-0.56
6	常州市	32	1	2	156	32	0.754	-1.01	-0.77	0.185	-0.17
7	潮州市	39	20	4	112	31	1.218	0.427	-0.59	-1.26	-0.37
8	成都市	38	1	1	145	31	1.152	-1.01	-0.85	-0.18	-0.37
9	大连市	47	5	1	102	32	1.748	-0.71	-0.85	-1.59	-0.17
10	德州市	23	1	2	137	29	0.157	-1.01	-0.77	-0.44	-0.75
11	东营市	30	21	2	120	30	0.621	0.502	-0.77	-1	-0.56

图 32.3　生成正态化数据

步骤 5：单击 U4 单元格，输入公式“=VLOOKUP($T4,$A$1:$L$91,8,0)”，按回车键后，再次单击 U4 单元格，拖动 U4 单元格的填充柄到 U7 单元格。

单击 V4 单元格，输入公式“=VLOOKUP($T4,$A$1:$L$91,9,0)”，按回车键后，再次单击 V4 单元格，拖动 V4 单元格的填充柄到 V7 单元格。

单击 W4 单元格，输入公式“=VLOOKUP($T4,$A$1:$L$91,10,0)”，按回车键后，再次单击 W4 单元格，拖动 W4 单元格的填充柄到 W7 单元格。

单击 X4 单元格，输入公式“=VLOOKUP($T4,$A$1:$L$91,11,0)”，按回车键后，再次单击 X4 单元格，拖动 X4 单元格的填充柄到 X7 单元格。

单击 Y4 单元格，输入公式“=VLOOKUP($T4,$A$1:$L$91,12,0)”，按回车键后，再次单击 Y4 单元格，拖动 Y4 单元格的填充柄到 Y7 单元格。

结果如图 32.4 所示。

S	T	U	V	W	X	Y
		男性	女性	PC订单	手机订单	平均年龄
	平均值	20.6333	14.3556	10.6556	150.389	32.9
	标准差	15.0806	13.2252	11.3109	30.3921	5.17785
细分城市1	1	-1.1693	1.56099	-0.7652	0.11882	-0.1738
细分城市2	2	3.07458	-0.9342	-0.8537	-0.3418	-0.3669
细分城市3	3	-0.5725	0.65363	-0.6768	-0.1115	-0.7532
细分城市4	4	2.5441	-1.0099	-0.8537	-1.5263	0.01931

图 32.4　初步细分市场

步骤 6：在 M2 单元格中输入“=SUMXMY2(H2:L2,$U$4:$Y$4)”，按回车键后，再次单击 M2 单元格，拖动 M2 单元格的填充柄到 M91 单元格。

在 N2 单元格中输入“=SUMXMY2(H2:L2,$U$5:$Y$5)”，按回车键后，再次单击 N2 单元格，拖动 N2 单元格的填充柄到 N91 单元格。

在 O2 单元格中输入“=SUMXMY2(H2:L2,$U$6:$Y$6)”，按回车键后，再次单击 O2 单元格，拖动 O2 单元格的填充柄到 O91 单元格。

在 P2 单元格中输入“=SUMXMY2(H2:L2,$U$7:$Y$7)”，按回车键后，再次单击 P2 单元格，拖动 P2 单元格的填充柄到 P91 单元格。

结果如图 32.5 所示。

M	N	O	P
差平方和			
0	24.49	1.576	23.15
24.49	0	16.06	1.839
1.576	16.06	0	15.11
23.15	1.839	15.11	0
6.571	8.173	2.145	6.444
10.31	5.714	4.957	6.178
8.963	6.219	4.74	4.112
12.13	3.731	5.924	3.908
16.59	3.411	9.798	0.766

图 32.5　计算差平方和

步骤 6：在 Q2 单元格中输入“=min(M2:P2)”，按回车键后，再次单击 Q2 单元格，拖动 Q2 单元格的填充柄到 Q91 单元格。

在 S9 单元格中输入“最小化之和”；在 T9 单元格中输入“=sum(Q2:Q91)”。

步骤 7：单击【数据—（分析）—规划求解】，弹出“规划求解参数”对话框。在“设置目标”框中选择 T9 单元格；“到”目标选择为“最小值”。

在“通过更改可变单元格”中选择 T4：T7 区域。

单击【添加】按钮，弹出“添加约束”对话框，输入以下三个约束。

第 1 个约束 T4：T7<=90；

第 2 个约束：T4：T7>=1；

第 3 个约束：T4：T7 为整数，如图 32.6 所示。

每次设置完成后，要单击【添加】按钮，最后一次完成设置后单击【确定】按钮；在“规划求解参数”对话框的“选择求解方法”下拉列表中，选择“演化”，如图 32.7 所示；单击【求解】按钮，Excel 会花费一段时间求解。

由于复杂程度不一，不同机器求解时间长短不一，最终提示求解结束，如图 32.8 所示；单击【确定】按钮，得到结果，如图 32.9 所示。

步骤 8：在 R1 单元格中输入“分类”；在 R2 单元格中输入“=match(Q2,M2：P2，0)”，得到最优的分类结果，双击 R2 单元格的填充柄，得到 R 列数据，得到所有城市的细分结果。

步骤 9：观察细分结果。

按鼠标左键并拖动鼠标选择 A、B 列，松开鼠标，按住 Ctrl 键，再单击 R 列。

在选中区域，单击鼠标右键，在弹出的快捷菜单中选择【复制】命令。

图 32.6　三个约束

图 32.7　添加完成的约束条件

图 32.8　求解结束

S	T	U	V	W	X	Y
		男性	女性	PC订单	手机订单	平均年龄
	平均值	20.6333	14.3556	10.6556	150.389	32.9
	标准差	15.0806	13.2252	11.3109	30.3921	5.17785
细分城市1	83	-0.904	0.95609	-0.6768	-1.1644	-0.3669
细分城市2	54	-0.5062	-0.1025	-0.2348	1.10592	-0.1738
细分城市3	8	1.15159	-1.0099	-0.8537	-0.1773	-0.3669
细分城市4	58	0.35586	-0.0269	1.53343	-0.4076	0.79183
最小化之和	265.95					

图 32.9　得到求解结果

步骤 10：单击工作表标签⊕，新建一个工作表；在新工作表的 A1 单元格，单击鼠标右键，再单击粘贴选项中的“123 数值”。

步骤 11：单击 C 列的任意单元格，如 C2，再单击【数据—（排序和筛选）—升序】。

观察结果：市场细分的结果，如图 32.10 所示。

A	B	C
序号	城市	分类
1	安阳市	1
3	北京市	1
11	东营市	1
14	广州市	1
15	邯郸市	1
16	杭州市	1
18	衡阳市	1
22	惠州市	1
24	济宁市	1
26	江门市	1
36	南昌市	1

图 32.10　市场细分结果（部分）

子任务33　根据市场调查图细分市场

市场调查的数据是市场的一手数据，通过市场调查数据可以细分市场。设计如下的简单问卷，可以收集家庭收入和住房支出数据。

先生 / 女士：

您好，我们正在做一项关于本地房地产市场的调查问卷，想邀请您用几分钟时间帮忙填写这份问卷。本问卷实行匿名制，所有数据只用于统计分析，请您放心填写。题目选项无对错之分，请您按自己的实际情况填写。谢谢您的帮助。谢谢！

Q1：单选题　您的性别

A. 男

B. 女

Q2：单选题　您的就业状况

A. 学生

B. 在职

C. 失业

D. 离退休

Q3：单选题　您的工作年限是?

A. 1 年及以下

B. 2-3 年

C. 4-5 年

D. 6-9 年

E. 10 年及以上

Q4：单选题　您家庭成员数量

A. 1 人

B. 2 人

C. 3 人

D. 4 人

E. 5 人

F.6 人及以上

Q5：填空题　您家庭年收入（单位：万元）

______________________万元

Q6：填空题　您今年预计家庭住房支出是:（单位：万元）

______________________万元

Q7：单选题　您下一步住房目标是:

A. 初次购房

B. 改善性购房

C. 投资性购房

D. 没有购房打算

在问卷中，通过 Q2 过滤出在职人员，房地产市场中，在职人员的贡献度最大。

步骤 1：新建一个工作簿，将有效问卷输入工作表中；筛选出在职人员的问卷，输入家庭成员数量、收入（万元）和住房支出（万元），如图 33.1 所示。

A	B	C	D
序号	家庭成员数量	收入（万元）	住房支出（万元）
1	1	8	6
2	4	47	9
3	3	51	45
4	3	49	48
5	4	52	12
6	1	6	5
7	2	50	47
8	1	4	9
9	5	43	5
10	6	54	9

图 33.1　问卷调查表

步骤 2：选中 B 列，在按住 Ctrl 键的同时选中 D 列，松开 Ctrl 键。单击【插入—（图表）—散点图—散点图】，自动绘制散点图，如图 33.2 所示。

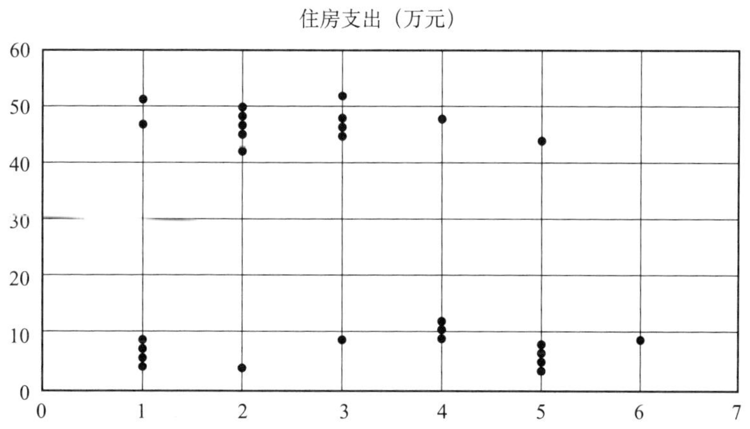

图 33.2　家庭成员与住房支出图

从图 33.2 中可以看出，根据收入，可以将市场细分为两组。

第 1 组：10 万元人群，家庭年住房支出在 10 万元左右，这组的家庭成员数量无明显特征。

第 2 组：48 万元人群，家庭年住房支出在 48 万元左右，这组家庭成员数量集中在 2~3 名家庭。

从数据初步来看，房地产市场细分，应关注家庭成员 2~3 人的家庭。

步骤 3：选中 C、D 两列，单击【插入—（图表）—散点图—散点图】，自动绘制散点图，如图 33.3 所示。

图中横坐标表示收入，纵坐标表示住房支出，从图中可以将市场细分为以下三组。

第 1 组：家庭收入低（少于 10 万元 / 家庭）且住房支出少（年支出低于 10 万元）的市场。

第 2 组：家庭收入高（大于 40 万元 / 家庭）且住房支出少（年支出低于 10 万元）的市场。

第 3 组：家庭收入高（大于 40 万元 / 家庭）且住房支出高（年支出高于 40 万元）的市场。

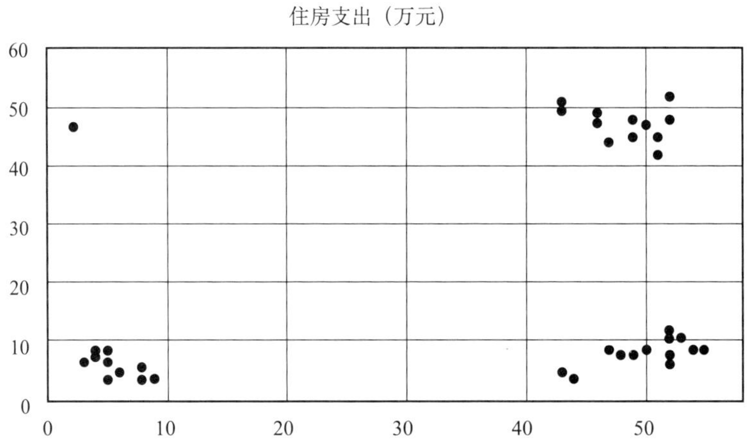

图 33.3　收入与住房支出图

从数据初步来看，房地产市场细分，应关注家庭年收入高的家庭。

步骤 4：选择 B:D 区域，单击【插入—（图表）—散点图—散点图】，如图 33.4 所示。

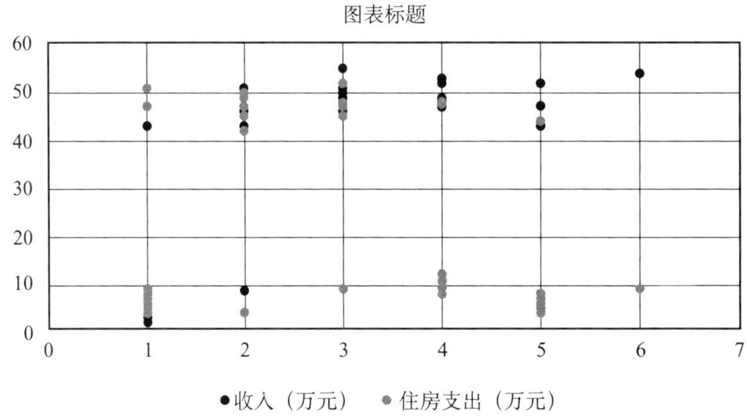

图 33.4　人口与收入、住房支出图

单击图中住房支出数据系列，单击鼠标右键，在弹出的快捷菜单中选择【设置数据系列格式】命令，如图 33.5 所示。

弹出“设置数据系列格式”对话框，在“系列选项”中，选择“次坐标轴”，如图 33.6 所示；设置后的效果如图 33.7 所示。

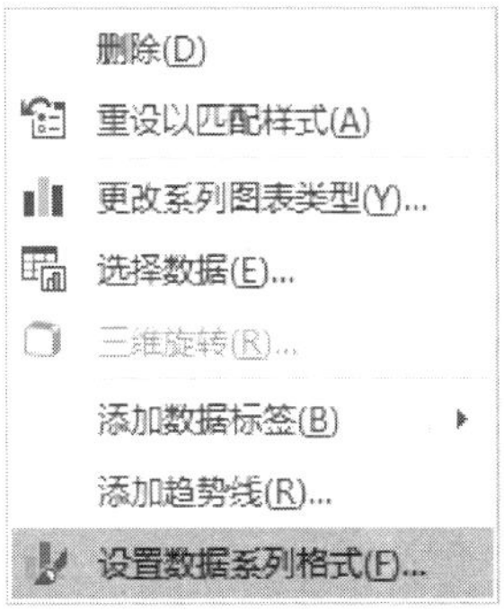

图 33.5　设置数据系列格式

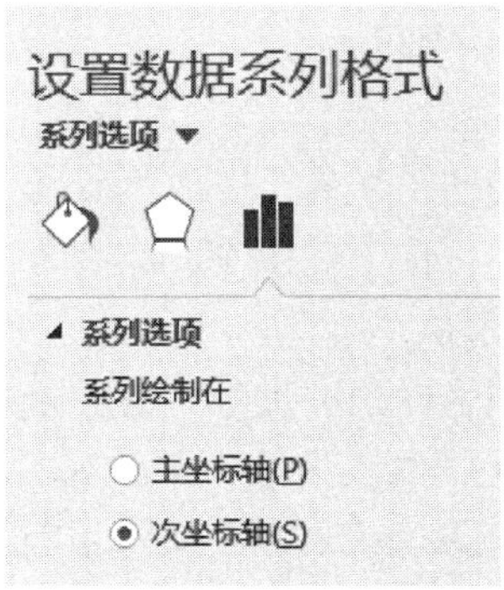

图 33.6　设置次坐标轴

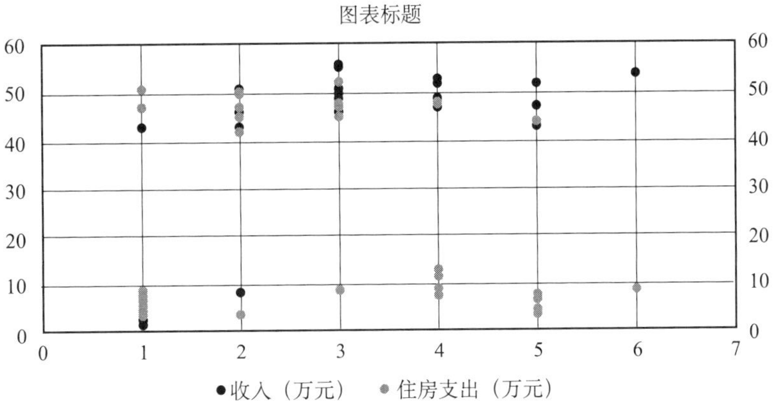

图 33.7　设置后的图

从图 33.7 中可以看出，数据点集中在横坐标 2~3 人、家庭收入和住房支出在 50 万元左右的位置，这也是市场细分的结果。

子任务34　市场销量预测

移动平均法是用一组最近的实际数据值来预测未来一期或几期内公司产品的需求量、公司产能等的一种常用方法。移动平均法适用于即期预测，当产品需求既不快速增长也不快速下降，且不存在季节性因素时，移动平均法能有效地消除预测中的随机波动，预测的拟合程度十分高。

销售预测常用的方法是通过 FORECAST 函数进行预测，FORECAST 函数根据一条线性回归拟合线返回一个预测值，使用此函数可以对未来销售额、库存需求、消费趋势进行预测。

步骤 1：加载分析库，如果已加载，此步可跳过。

单击【文件—选项】，弹出“Excel 选项”对话框。

在弹出的“Excel 选项”对话框中单击左侧窗口的“加载项”，在右侧窗口中单击【转到】按钮，弹出“加载宏”对话框，如图 34.1 所示。

勾选“分析工具库”选项，单击【确定】按钮。

步骤 2：单击工作表标签“移动平均”，再单击工作表任意单元格，如 B2 单元格，然后单击【数据—（分析）—数据分析】，弹出“数据分析”对话框。

在“数据分析”对话框中，选中“移动平均”选项，如图 34.2 所示，单击【确定】按钮，弹出“移动平均”对话框。

步骤 3：在“移动平均”对话框中，单击“输入区域”框，选择 B2 : B14 区域，并勾选“标志位于第一行”，因为这个区域包括了标题行。单击“间隔”文本框，输入 3，表示移动平均计算的项数，即每三年计算一次。单击“输出区域”框，选择 C2 : C15 区域，如图 34.3 所示，单击【确定】按钮。

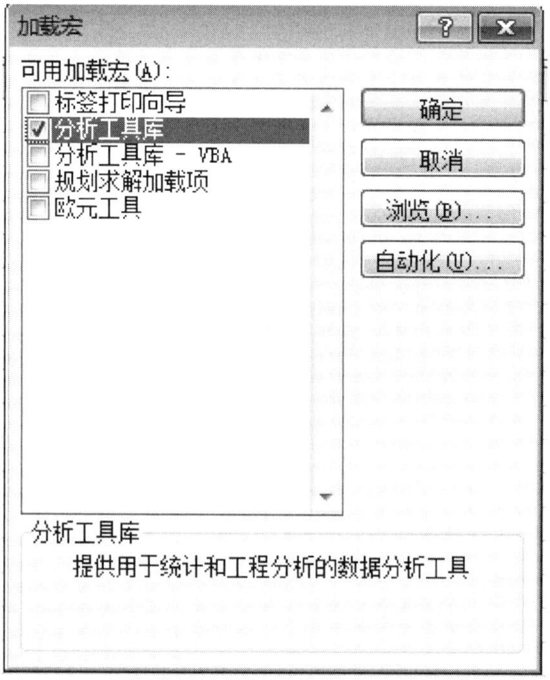

图 34.1 “加载宏”对话框

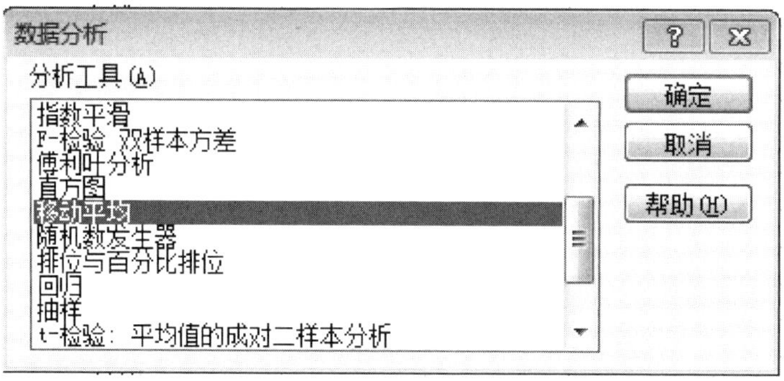

图 34.2 选择分析工具

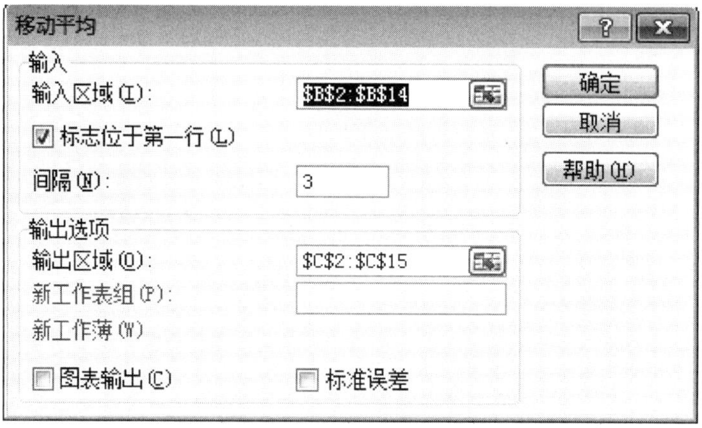

图 34.3 设置移动平均参数

注意

1. 移动平均的“间隔”大于等于 2 才有意义，原始数据项数必须大于间隔长度才有意义。

2. 移动平均的计算可以直接用 AVERAGE() 函数来代替，移动平均就是计算间隔周期的平均值。

步骤 4：观察 C 列，得到移动平均计算的结果，如图 34.4 所示。

	A	B	C
1	日期（年）	销售额（万元）	移动平均
2	2000	120	#N/A
3	2001	122	#N/A
4	2002	134	125.3333
5	2003	128	128
6	2004	190	150.6667
7	2005	182	166.6667
8	2006	202	191.3333
9	2007	218	200.6667
10	2008	197	205.6667
11	2009	188	201
12	2010	200	195
13	2011	225	204.3333
14	2012	210	211.6667
15	2013		
16	2014		

图 34.4　移动平均计算结果

解释：输出区域的第一行和第二行出现错误信息“#N/A”，表示在前两个计算周期内没有可用的数据，因为本次移动平均的项数是 3；C15 单元格没有得到移动平均值，虽然在图 34.3 中将此单元格包括在内，原因是 C15 单元格的结果要由 B13：B15 区域计算平均值得到，而 B15 没有数值。

步骤 5：单击 B15 单元格，输入公式“=AVERAGE(B12：B14)”，输入完毕后按回车键，得到移动平均值 212，与 C14 单元格值一样，如图 34.5 所示。

12	2010年	200	195
13	2011年	225	204.3333
14	2012年	210	211.6667
15	2013年	=AVERAGE(B12:B14)	
16	2014年	AVERAGE(**number1**, [number2], ...)	

图 34.5　直接输入公式计算移动平均

复制 B15 单元格到 B16 单元格，同样可以通过移动平均获得预测值。

步骤 6：单击工作表标签“销售数据预测”。

单击 B15 单元格，再单击【公式—（函数库）—插入函数 fx 插入函数】，弹出“插入函数”对话框。

在弹出的“插入函数”对话框中，单击“或选择类别”右侧的下拉箭头，选择“统计”选项，在“选择函数”列表框中选择“FORECAST”函数，单击【确定】按钮，如图 34.6 所示。

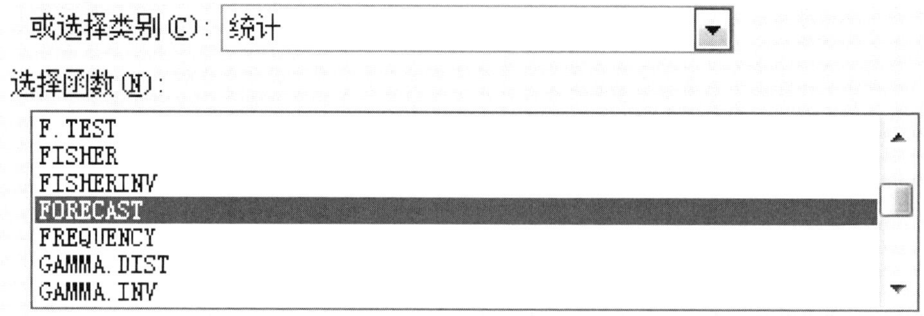

图 34.6　插入 FORECAST 函数

插入函数的步骤也可以通过单击【公式—（函数库）—其他函数—统计—FORECAST】来实现。

步骤 7：在弹出的“函数参数”对话框中，“X”为预测参数的自变量值，单击单元格 A15，“Known_y’s”为已知结果的值的区域，拖动选择工作表中的“B2：B14”区域，“Known_x’s”为已知结果的自变量区域，拖动选择工作表中的“A2：A14”区域，如图 34.7 所示，单击【确定】按钮。

在 B15 单元格中得到预测结果 237.7307692。

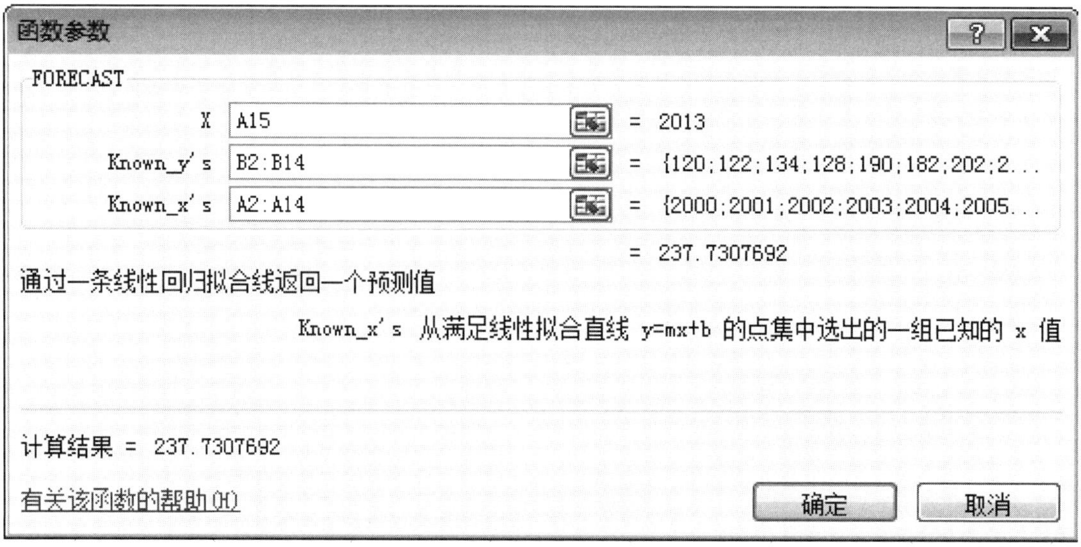

图 34.7　FORECAST 函数参数

步骤 8：单击单元格 B15，按 Ctrl+1 组合键，弹出“设置单元格格式”对话框，在“数字”选项卡的“分类”栏中选择“数值”，“小数位数”设为 0。

提高

1. FORECAST() 函数的格式是：FORECAST(X 值，已知因变量区域，已知自变量区域)。

2. FORECAST() 函数通过已知自变量与因变量拟合出一条直线：$Y=aX+b$；再将函数中的 X 值代入公式计算出预测值。

任务8

生产管理数据分析与应用

任务说明

生产与运作是一切社会组织将它的输入转化为输出的过程。生产与运作管理是从微观的角度，通过计划、组织和控制等职能使得社会组织投入各种资源和活动效益最大化的过程，在生产与运作管理中，需对大量的数据资料进行统计分析，以此为基础进行决策。将Excel引入生产与运作管理，可以帮助解决生产与运作管理中复杂的计算问题。

在生产与运作管理中，需定量化的决策有很多，例如，多元回归预测需求、线性规划确定最优厂址、最优订货（生产）批量、最优产品组合、网络优化与排队模型等。本任务主要是在获得市场调查数据的基础上，辅助生产管理、运营管理。

子任务35 产品质量分析

对于收集的数据，可以采用不同的统计方法来进行数据分析。在 Excel 中，可以对同样的数据采用不同的统计方法进行分析，方便地得到相应的分析结果。这样做可以从多个角度分析数据，辅助企业决策。

步骤 1：单击工作表标签“自动分类统计”。

单击 B 列任意单元格，如 B2，再单击【数据—（排序和筛选）—升序排序】A↓Z，得到按机床名称排序后的数据。

步骤 2：选择 D2：D6 区域，在名称框中输入“半自动机床”，如图 35.1 所示。

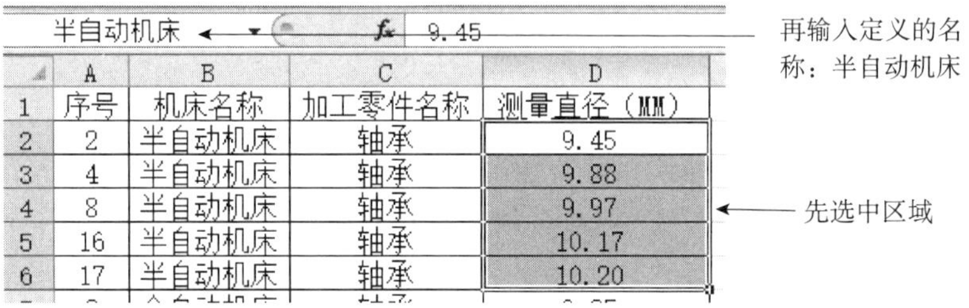

图 35.1 定义名称

选择 D7：D11 区域，在名称框中输入“全自动机床”。

选择 D12：D16 区域，在名称框中输入“手动机床”。

选择 D17：D21 区域，在名称框中输入“数控机床”。

步骤 3：单击 B26 单元格，输入“机床名称”；单击 C26 单元格，输入“统计方式”；单击 D26 单元格，输入“统计结果”。

步骤 4：单击单元格 B27，再单击【数据—（数据工具）—数据验证—数据验证】，弹出“数据验证”对话框。在“允许”下拉列表中选择“序列”，在“来源”框中输入“半自动机床，全自动机床，手动机床，数控机床”，如图 35.2 所示；输入完毕后单击【确定】按钮。

步骤 5：单击单元格 C27，再单击【数据—（数据工具）—数据有效性—数据有效性】，弹出“数据有效性”对话框。在“允许”下拉列表中选择“序列”，在“来源”框中输入“01– 平均，02– 计数，04– 最大值，05– 最小值，07– 标准偏差，08– 总体标准偏差，09– 求和，10– 方差，11– 总体方差”，如图 35.3 所示，输入完毕后单击【确定】按钮。

技巧

1. 步骤 4 中，数据有效性的内容与定义的名称相对应，这样可以用 INDIRECT() 函数来将其转换成对应区域。

2. 步骤 5 中，统计代号故意设计成两位数字，其目的是统一代号长度，方便下面 LEFT() 函数提取用；代号后面加上文字说明，则为了方便用户理解。

图 35.2　名称数据验证

图 35.3　统计方式数据验证

步骤 6：任意选择 B27、C27 单元格的内容；单击单元格 D27，输入公式“=SUBTOTAL(LEFT(C27,2),INDIRECT(B27))”，得到相应机床的对应统计结果，如图 35.4 所示。

24				
25				
26		机床名称	统计方式	统计结果
27		半自动机床	07－标准偏差	0.302043043
28				

图 35.4　统计结果

步骤 7：查看不同机床的平均值和方差值；半自动机床、全自动机床、手动机床、数据机床的平均值分别是：9.934、10.016、9.986、9.976，从数据上看最优机床是手动机床。

再查看半自动机床、全自动机床、手动机床、数据机床的方差值分别是：0.09132、0.01918、0.15893、0.00833，从数据上看最优机床是数控机床。

究竟哪个机床性能好呢？

提高

对测量数据统计中，平均值法可能将正、负测量数据抵消，容易产生一个错误的统计结果；而方差反映了测量数据偏离中心数据的程度，正负偏差不会抵消，方差越大，说明样本偏离越大，反之则偏离越小，机床的性能也最好。

步骤 8：选择 A1：D21 区域，单击【开始—(样式)—条件格式—新建规则】，弹出“新建格式规则”对话框。在“选择规则类型”中单击“使用公式确定要设置格式的单元格”选项，在“编辑规则说明”框中输入“=$B1=$B$27”，再单击【格式】按钮，弹出“设置单元格格式”对话框。在“填充”选项卡中，设置背景色为“黄色”，图案样式为“6.25% 灰色”，如图 35.5 所示，单击【确定】按钮。

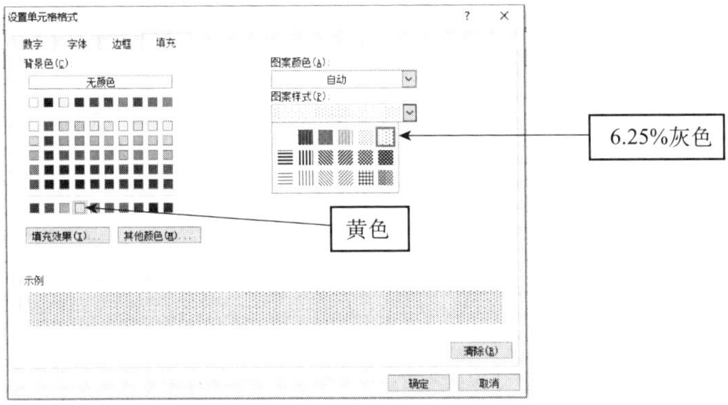

图 35.5 格式设置

图 35.6 设置条件格式

在返回的“编辑格式规则”对话框中，如图 35.6 所示，单击【确定】按钮;数据区域中，与 B27 单元格相同的机床名所在行变成“黄色 6.25% 灰度”格式，如图 35.7 所示。

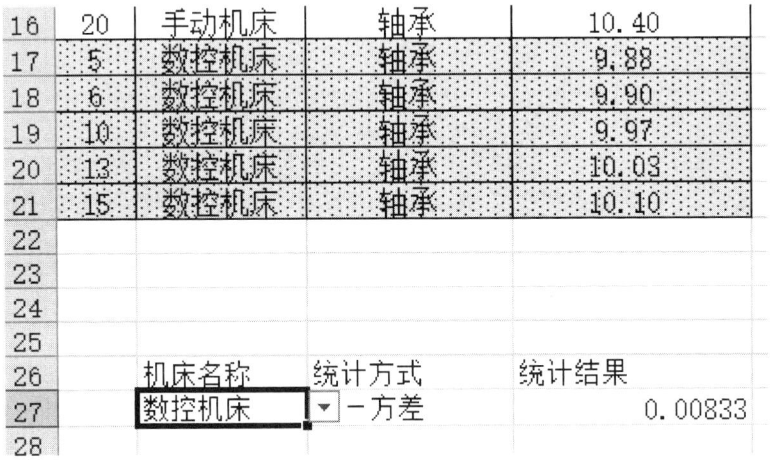

图 35.7 格式设置效果

子任务36　企业投资决策分析

企业进行项目投资，特别是固定资产投资论证时，假设项目投资（固定资产购置）后，在期末产生现金流；同时，固定资产也在产生折旧。在一个设定的期限内，项目或固定资产投资是否能产生效益来决定项目是否值得投资，投资决策可以通过净现值与内部收益率来论证。

项目说明，现在准备投资一台设置，总价 500 万元，利率 4.9%，自投入之日起（2016 年 1 月 1 日），每半年有一次现金不等的净现金流量，直至 2018 年年底，计算该固定资产投资的净现值。

步骤 1：单击工作表标签“净现值计算”。

步骤 2：单击 C10 单元格，输入净现值公式“=XNPV(B2,C3:C9,B3:B9)”，按回车键后得到结果：53.16，如图 36.1 所示。

C10　　fx　=XNPV(B2, C3:C9, B3:B9)

A	B	C
设备总值（万元）	500	
年利率	4.90%	
购置日期	2016/1/1	-500
预计现金流日期及金额	2016/6/30	80
	2016/12/31	120
	2017/6/30	120
	2017/12/31	100
	2018/6/30	100
	2018/12/31	80
净现值		¥53.16

图 36.1　通过 XNPV 计算净现值

提高

1. 净现值的数学计算公式为 $XNPV=\sum_{j=1}^{N}\frac{P_j}{(1+\text{rate})^{\frac{(d_j-d_1)}{365}}}$，其中 d_j 为第 j 个或最后一个支付日期，d_1 为初始投资（也称为第 0 个支付）的日期，P_j 为第 j 个或最后一个支付金额。

2. XNPV() 函数的格式是：XNPV(利率，系列值，系列日期)，系列值是与系列日期相对应的一系列现金流。首期支付是可选的，并与投资开始时的成本或支付有关；如果第一个值是成本或支付，则它必须是负值；所有后续支付都基于 365 天 / 年贴现；系列值必须至少要包含一个正数和一个负数。

步骤 3：单击 D4 单元格，输入公式“=C4/(1+$B$2)^((B4-$B$3)/365)”，输入完成后按回车键；拖动 D4 单元格的填充柄到单元格 D9。

单击 D10 单元格，输入公式“=sum(d3:d9)”，得到结果 53.16，如图 36.2 所示。

D10 f_x =SUM(D3:D9)

A	B	C	D
设备总值（万元）	500		
年利率	4.90%		辅助列
购置日期	2016/1/1	-500	-500
预计现金流日期及金额	2016/6/30	80	78.12
	2016/12/31	120	114.39
	2017/6/30	120	111.71
	2017/12/31	100	90.88
	2018/6/30	100	88.75
	2018/12/31	80	69.30
净现值		¥53.16	53.16

图 36.2　手动计算净现值

提高

1. 步骤 3 公式的意义是（以第 4 行 2016 年 6 月 30 日为例）：当前产生 80 元的现金流，按年利率 4.9% 折算到投资之日（2016 年 1 月 1 日）的价值，结果是 78.12。

2. 同理将各期的现金流都折算到投资之日（2016 年 1 月 1 日）的价值，来比较这项投资是否值得。

3. 净现值大于零则项目可行，且净现值越大，方案越优，投资效益越好。

步骤 4：单击工作表标签“内部收益率计算”。

注意

1. 内部收益率是指净现金流为 0 时的利率。

2. 内部收益率也表示项目操作过程中抗风险能力，比如内部收益率 10%，表示该项目操作过程中每年能承受最大风险为 10%。如果项目操作中需要贷款，则内部收益率可表示为最大能承受的利率，若在项目经济测算中已包含贷款利息，则表示未来项目操作过程中贷款利息的最大上浮值。

步骤 5：单击 C10 单元格，输入公式“=XIRR(C3:C9,B3:B9)”，结束输入按回车键，得到结果 11.47%，如图 36.3 所示。

C10 f_x =XIRR(C3:C9,B3:B9)

	A	B	C
1	设备总值（万元）	500	
2	年利率	4.90%	
3	购置日期	2016/1/1	-500
4	预计现金流日期及金额	2016/6/30	80
5		2016/12/31	120
6		2017/6/30	120
7		2017/12/31	100
8		2018/6/30	100
9		2018/12/31	80
10	内部收益率		11.47%

图 36.3　内部收益率

提高

1. 内部收益率的数学计算公式为 $\text{XIRR}=\sum_{j=1}^{N}\frac{P_j}{(1+\text{rate})^{\frac{(d_j-d_1)}{365}}}$，其中 d_j 为第 j 个或最后一个支付日期，d_1 为初始投资（也称为第 0 个支付）的日期，P_j 为第 j 个或最后一个支付金额。

2. XIRR() 函数的格式是：XIRR(系列值，系列日期 [，估计值])，系列值是与系列日期相对应的一系列现金流。首期支付是可选的，并与投资开始时的成本或支付有关；如果第一个值是成本或支付，则它必须是负值；所有后续支付都基于 365 天 / 年贴现；系列值必须至少要包含一个正数和一个负数；估计值如果省略，则假定为 0.1（10%）。

3. Excel 使用迭代法计算函数 XIRR。通过改变收益率（从 guess 开始），不断修正计算结果，直至其精度小于 0.000001%。如果函数 XIRR 运算 100 次，仍未找到结果，则返回错误值 #NUM!。

子任务37　企业销售利润最大化分析

一个企业生产的产品不止一种，每一种产品都有各自不同的成本和利润率，假设产品的各类成本与各销售点的单位产品销售利润是固定的，在企业可投入金额有限的情况下，如何分配资金投入或者各销售点销售产品比例才能使企业的利润最大化，常常需要在投入金额前花费很大的气力去分析。本次任务就是寻找最优销量。

步骤 1：查看数据。

公司的销售成本和利润如图 37.1 所示。

	A	B	C	D	E
1	公司不同网店不同产品的销售成本				
2		产品A成本	产品B成本	产品C成本	单件产品利润
3	销售点1	30	50	20	70
4	销售点2	50	40	50	90
5	销售点3	30	40	60	80
6	可投入最大销售费用	1500	1800	2000	
7	A销售点销售件数		20		
8	B销售点销售件数		30		
9	C销售点销售件数		40		

图 37.1　公司销售成本一览表

公司有三种产品 A、B、C；公司有三个销售网点；不同产品在不同网点的销售成本是不一样的；不同网点销售一件产品的利润是固定的，分别是 70、90、80；公司对三种产品投入的销售费用分别是 1500、1800、2000；三种产品的初步设定销量是 20、30、40；要求公司投入的费用尽量少，而利润最大。

步骤 2：计算最大利润。

单击 E6 单元格，输入公式“=E3*C7+E4*C8+E5*C9”，得到 7300，是在当前利润与销量的基础上，得到的最大利润。

步骤 3：规划求解，计算最大利润。

单击【数据—（分析）—规划求解】，弹出“规划求解参数”对话框。

在“规划求解参数”对话框中，在“设置目标”框中单击 E6 单元格，在“到”右侧的选项中选取“最大值”，在“通过更改可变单元格”框中输入“C7、C8、C9”，或者直接拖动 C7：C9 区域。

在“遵守约束”部分，单击【添加】按钮，弹出“添加约束”对话框。在“引用单元格”框中单击单元格 B6，“关系”设为“>=”，“约束”框中输入“B3*C7+B4*C8+B5*C9”，单击【添加】按钮。

添加第二个约束条件。在“引用单元格”框中单击单元格 C6，“关系”设为“>=”，“约束”框中输入“C3*C7+C4*C8+C5*C9”，单击【添加】按钮。

添加第三个约束条件。在“引用单元格”框中单击单元格 D6，“关系”设为“>=”，“约束”框中输入“D3*C7+D4*C8+D5*C9”，单击【确定】按钮，完成条件添加操作，如图 37.2 所示。

在“规划求解参数”对话框中，勾选“使无约束变量为非负数”选项；单击【求解】按钮，弹出“规划求解结果”确认对话框，如图 37.3 所示。

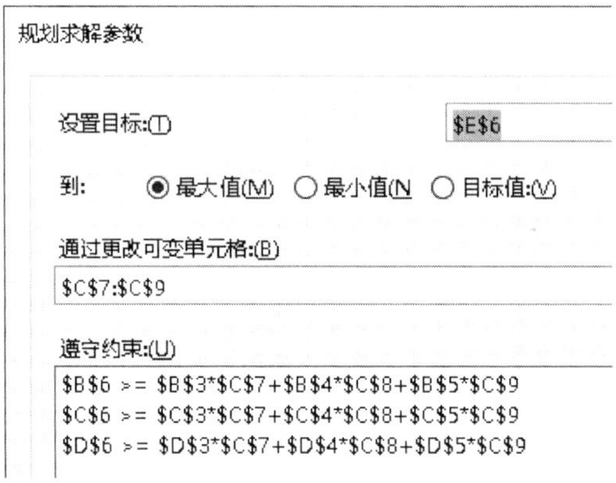

图 37.2　设置条件

图 37.3　规划求解确认框

单击【确定】按钮，得到计算结果，如图 37.4 所示。

	A	B	C	D	E
1	公司不同网店不同产品的销售成本（单位：元）				
2		产品A成本	产品B成本	产品C成本	单件产品利润
3	销售点1	30	50	20	70
4	销售点2	50	40	50	90
5	销售点3	30	40	60	80
6	可投入最大销售费用	1500	1800	2000	3396
7	A销售点销售件数		11		
8	B销售点销售件数		11		
9	C销售点销售件数		20		

图 37.4　规划求解结果

查看求解结果，C7：C9 区域自动被修改。当 A 销售点销售 11 件、B 销售点销售 11 件、C 销售点销售 20 件产品时，公司的销售利润最大，最大利润为 3396 元。

子任务38　企业投资风险最小化分析

企业在投资之前，除了要仔细分析效益和利润的问题，首要保证投资的风险率应该在企业可承受的范围内，且尽量要小。也就是说，通过确定一个投资各项目的比例构成，使得在该投资组合情况下，总风险率数值最小。

步骤 1：查看数据。

公司调研的市场风险率与产品分配比例如图 38.1 所示。

	A	B	C	D	E	F	G
1	产品风险评估						
2	调研风险率		5%		实际总风险率		
3		产品1	产品2	产品3	产品4	产品5	合计
4	产品构成比	20%	20%	20%	20%	20%	100%
5	产品风险率	45%	30%	25%	85%	75%	
6	市场期望指数	0.64	0.55	0.36	1.07	1.22	
7	加权市场指数						
8	加权风险率						

图 38.1　公司产品比例及风险一览表

公司有 5 种产品，这 5 种产品等比例投放市场；但不同产品的市场风险是不一样的；不同产品市场期望指数也是不一样的。

步骤 2：计算加权市场指数。

单击 B7 单元格，输入公式“=B4*B6”，得到 0.128，拖动 B7 单元格填充柄到 F7 单元格。

单击 G7 单元格，按 Alt+= 组合键，计算出“合计”数，如图 38.2 所示。

	A	B	C	D	E	F	G
1	产品风险评估						
2	调研风险率		5%		实际总风险率		
3		产品1	产品2	产品3	产品4	产品5	合计
4	产品构成比	20%	20%	20%	20%	20%	100%
5	产品风险率	45%	30%	25%	85%	75%	
6	市场期望指数	0.64	0.55	0.36	0.98	0.86	
7	加权市场指数	0.128	0.11	0.072	0.196	0.172	0.678
8	加权风险率						

图 38.2　计算加权市场指数

步骤 3：计算加权风险率。

单击 B8 单元格，输入公式“=B4*B4*B5”，得到 0.018，拖动 B8 单元格填充柄到 F8 单元格。

单击 G8 单元格，按 Alt+= 组合键，计算出“合计”数，如图 38.3 所示。

	A	B	C	D	E	F	G
1	产品风险评估						
2	调研风险率		5%		实际总风险率		
3		产品1	产品2	产品3	产品4	产品5	合计
4	产品构成比	20%	20%	20%	20%	20%	100%
5	产品风险率	45%	30%	25%	85%	75%	
6	市场期望指数	0.64	0.55	0.36	0.98	0.86	
7	加权市场指数	0.128	0.11	0.072	0.196	0.172	0.678
8	加权风险率	0.018	0.012	0.010	0.034	0.030	0.104

图 38.3　计算加权风险率

步骤 4：计算实际总风险率。

单击 G2 单元格，输入公式“=C2*G7*G7+G8”，得到 12.7%。

步骤 5：规划求解计算最低风险率。

单击【数据—（分析）—规划求解】，弹出“规划求解参数”对话框。

在“设置目标”框中单击 G2 单元格；在“到”右侧的选项中选取“最小值”；在“通过更改可变单元格”框中，输入“B4、C4、D4、E4、F4”，或者直接拖动 B4：F4 区域。

在“遵守约束”部分，单击【添加】按钮，弹出“添加约束”对话框。在“引用单元格”框中单击 G4 单元格，“关系”设为“=”，“约束”框中输入数字 1，单击【添加】按钮。

添加第二个约束条件。在“引用单元格”框中单击 C2 单元格，“关系”设为“<=”，“约束”框中输入数值 0.13，单击【添加】按钮。

添加第三个约束条件。在“引用单元格”框中拖动 B4 : F4 区域，“关系”设为“>=”，“约束”框中输入数字 0，单击【确定】按钮，完成条件添加操作，如图 38.4 所示。

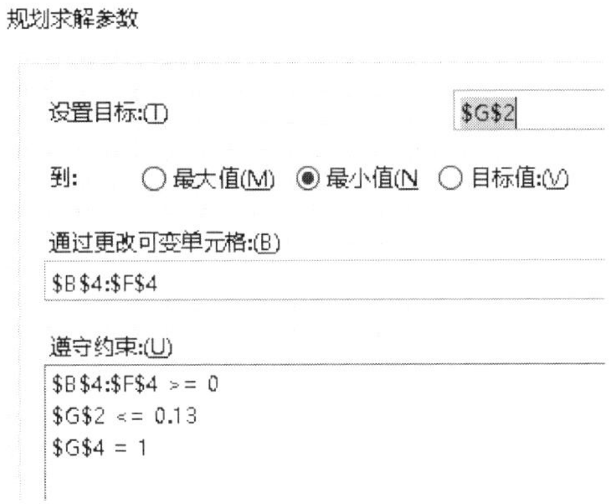

图 38.4　设置条件

在“规划求解参数”对话框中，勾选“使无约束变量为非负数”选项；单击【求解】按钮，弹出“规划求解结果”确认对话框，如图 38.5 所示。

图 38.5　规划求解确认框

单击【确定】按钮，得到计算结果，如图 38.6 所示。

	A	B	C	D	E	F	G
1	产品风险评估						
2	调研风险率		5%		实际总风险率		9.93%
3		产品1	产品2	产品3	产品4	产品5	合计
4	产品构成比	18%	28%	36%	8%	10%	100%
5	产品风险率	45%	30%	25%	85%	75%	
6	市场期望指数	0.64	0.55	0.36	0.98	0.86	
7	加权市场指数	0.115454	0.153494	0.128301	0.082506	0.085949	0.565704
8	加权风险率	0.015	0.023	0.032	0.006	0.007	0.08328

图 38.6　规划求解结果

查看求解结果，B4 : F4 区域自动被修改。5 种产品的生产比例分别为: 18%、28%、36%、8%、10% 时，公司的产品风险最小，为 9.93%。

子任务39 规划求解生产问题

在生产管理和经营决策过程中，经常会遇到一些规划问题。规划分析主要是解决资源的有限性与人的欲望（产值、收益最大化）无限性之间的矛盾问题，即如何合理地利用有限的人力、物力、财力、时间等资源，得到最佳的经济效果，也就是说达到产量最大、利润最大、成本最小、耗时最少等目标。

某个生产问题：某工厂有甲、乙两条流水线，可生产 A、B、C 三种产品。假定这两条流水线最多可用于生产的时间分别为 1760 小时和 1800 小时，目前三种产品的生产任务量分别为 800 件、1200 件和 1000 件，且已知用两条不同流水线加工单位数量不同产品所需的时间和加工费用如表 39.1 所示。问怎样分配流水线的生产任务，才能既满足生产要求，又使生产费用最低?

表39.1 用两条不同流水线加工单位数量不同产品所需的时间和加工费用

流水线类型	单位产品所需生产时间			单位产品的加工费用			可用时间
	A	B	C	A	B	C	
甲	0.4	1.1	1.0	13	9	10	1760
乙	0.5	1.2	1.3	11	12	8	1800

解决思路：假设在甲流水线上生产 A、B、C 三种产品的产量分别为 X_1、X_2、X_3；在乙流水线上生产 A、B、C 三种产品的产量分别为 X_4、X_5、X_6，则约束条件为:

$X_1+X_4=800$ ·················（1）

$X_2+X_5=1200$ ·················（2）

$X_3+X_6=1800$ ·················（3）

$0.4X_1+1.1X_2+X_3<=1760$ ·················（4）

$0.5X_4+1.2X_5+1.3X_6<=1800$ ·················（5）

X_1，X_2，X_3，X_4，X_5，$X_6>=0$ ·················（6）

最优函数为:

$\text{Min } Z=13X_1+9X_2+10X_3+11X_4+12X_5+8X_6$

对应文件“39 规划求解生产问题”。

步骤 1：单击工作表标签“规划求解”。

单击【文件—选项】，弹出“Excel 选项”对话框。在弹出的“Excel 选项”对话框中，单击左侧的【加载项】，再单击右侧的【转到】按钮，如图 39.1 所示。

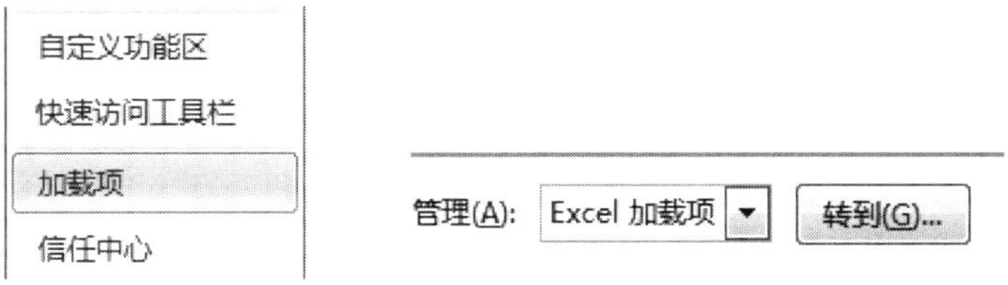

图 39.1　打开加载项

弹出“加载宏”对话框，如图 39.2 所示，勾选“规划求解加载项”选项，单击【确定】按钮。

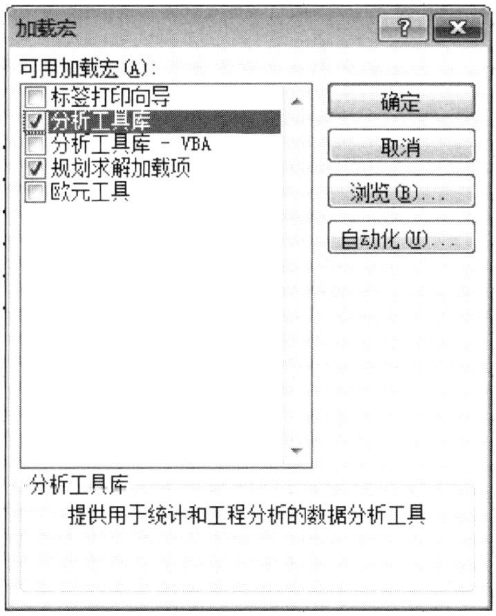

图 39.2　加载规划求解

步骤 2：输入最优函数公式。

单击 B1 单元格，输入公式“=13*B4+9*B5+10*B6+11*B7+12*B8+8*B9”；这个公式就是最优函数。

步骤 3：输入约束条件公式。

单击 A12 单元格，输入公式“=B4+B7”；单击 B12 单元格，输入“=”；单击 C12 单元格，输入 800；这个区域对应约束条件（1）。

单击 A13 单元格，输入公式“=B5+B8”；单击 B13 单元格，输入“=”；单击 C13 单元格，输入 1200，这个区域对应约束条件（2）。

单击 A14 单元格，输入公式“=B6+B9”；单击 B14 单元格，输入“=”；单击 C14 单元格，输入 1800，这个区域对应约束条件（3）。

单击 A15 单元格，输入公式“=0.4*B4+1.1*B5+B6”；单击 B15 单元格，输入“<=”；单击 C15 单元格，输入 1760；这个区域对应约束条件（4）。

单击 A16 单元格，输入公式“=0.5*B7*1.2*B8+1.3*B9”；单击 B16 单元格，输入“<=”；单击 C16 单元格，输入 1800；这个区域对应约束条件（5）。

步骤 4：单击【数据—（分析）—规划求解】，弹出“规划求解参数”对话框。

在“规划求解参数”对话框中，在“设置目标”框中选择 B1 单元格；在“通过更改可变单元格”框中，选择 B4：B9 区域，如图 39.3 所示。

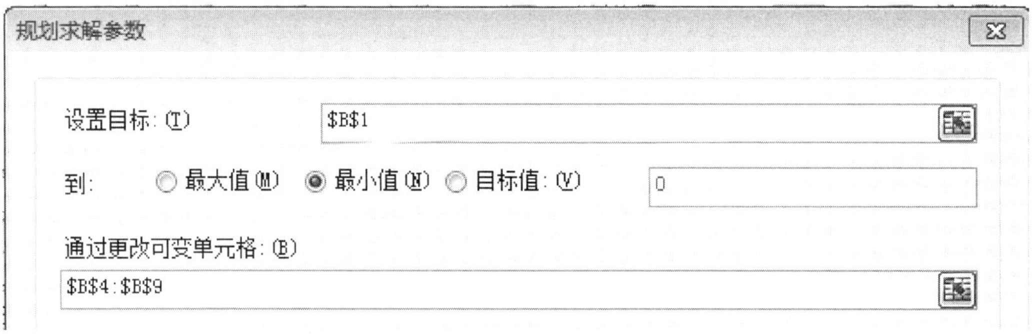

图 39.3　规划求解部分参数

单击“规划求解参数”对话框中的【添加】按钮，弹出“添加约束”对话框。在“添加约束”对话框中，在“单元格引用”框中选择 A12 单元格，“关系运算”选择“=”，在“约束”框中选择 C12 单元格；至此，第一个条件输入完毕，如图 39.4 所示。

图 39.4　添加条件一

单击【添加】按钮，将条件保存，继续输入剩下的 5 个约束条件 .

步骤 5：最后一个条件输入完毕后，单击“添加约束”对话框中的【确定】按钮，返回到“规划求解参数”对话框，如图 39.5 所示。

图 39.5　所有的约束条件

勾选“使无约束变量为非负数”选项，确保参数为正数。

由于相关参数采用系统默认，所以直接单击【求解】按钮，计算出结果，并弹出“规划求解结果”确认对话框，如图 39.6 所示。

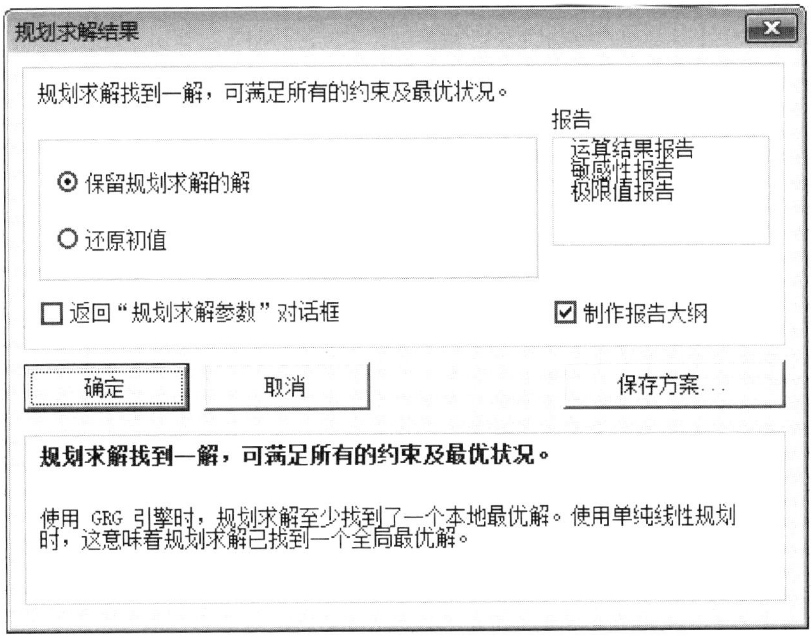

图 39.6 “规划求解结果”确认对话框

勾选“制作报告大纲”选项，单击【确定】按钮。

步骤 6：规划求解的结果直接在“目标”单元格 B1 中，参数结果在“可变单元格”区域 B4：B9 中，如图 39.7 所示。

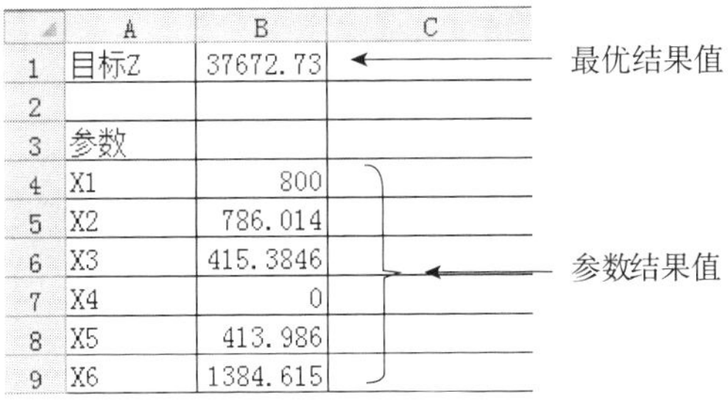

图 39.7 规划求解的结果

子任务40 规划求解运输问题

在进行生产销售的过程中，经常会遇到如何在许多可行的调运方案中，确定一个总运输费或总运输量最少的方案的问题，即为了把某种产品从若干个产地调运到若干个销地，已知每个产地的供应量和每个销地的需求量，确定一个总运输费或总运输量最少的方案。

某个运输问题：设某电视机厂有三个分厂，生产同一种彩色电视机，供应该厂在市内的4个门市部销售。已知3个分厂的日生产能力分别是50，60，50台，4个门市部的日销量分别为40，40，60，20台。从各个分厂运往各门市部的运费如表40.1所示，试安排一个运费最低的运输计划。

表40.1　从各个分厂运往各门市部的运费

单位：元/台

	门市部1	门市部2	门市部3	门市部4	供应量总计
工厂1	9	12	9	6	50
工厂2	7	3	7	7	60
工厂3	6	5	9	11	50
需求量总计	40	40	60	20	160

解决思路：规划求解运输问题解决思路如图40.1所示。

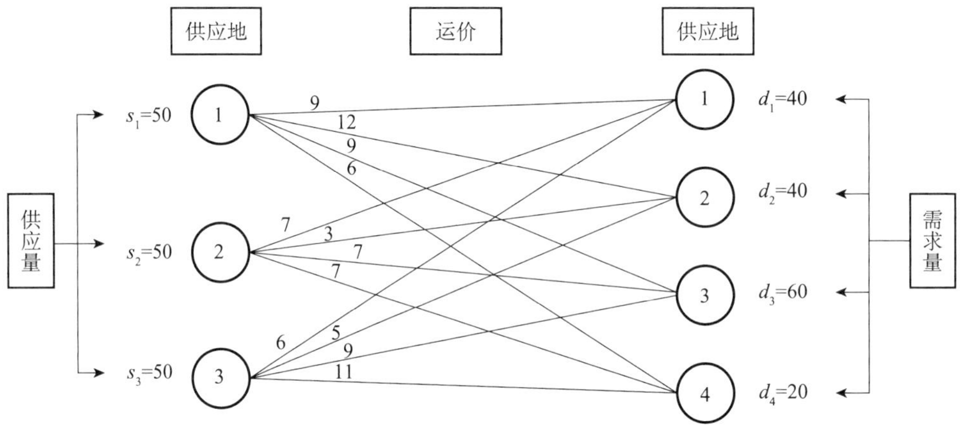

图40.1　规划求解运输问题解决思路

假设 x_{ij} 为由第 i 个工厂运到第 j 个门市部的电视机台数，c_{ij} 为由第 i 个工厂运到第 j 个门市部的运费，则原运输问题的线性规划模型为：

$$\text{Min}\quad Z=9x_{11}+12x_{12}+9x_{13}+6x_{14}+7x_{21}+3x_{22}+7x_{23}+7x_{24}+6x_{31}+5x_{32}+9x_{33}+11x_{34}$$

$$\text{s.t.}\begin{cases} x_{11}+x_{12}+x_{13}+x_{14}=50 \\ x_{21}+x_{22}+x_{23}+x_{24}=60 \\ x_{31}+x_{32}+x_{33}+x_{34}=50 \\ x_{11}+x_{21}+x_{31}=40 \\ x_{12}+x_{22}+x_{32}=40 \\ x_{13}+x_{23}+x_{33}=60 \\ x_{14}+x_{24}+x_{34}=20 \\ x_{ij}\geqslant 0\quad i=1,2,3;\quad j=1,2,3,4 \end{cases}$$

步骤1：单击工作表标签“规划求解”。

单击【文件—选项】，弹出“Excel 选项”对话框；在弹出的“Excel 选项”对话框中，单击左侧的【加载项】，再单击右侧的【转到】按钮，如图 40.1 所示。

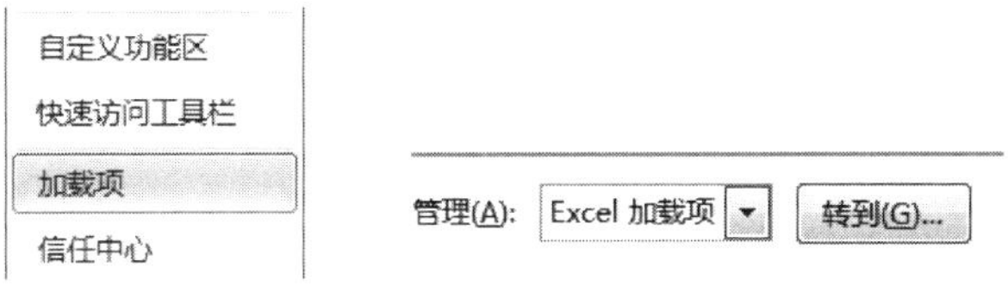

图 40.1　打开加载项

弹出“加载宏”对话框，如图 40.2 所示；勾选“规划求解加载项”选项，单击【确定】按钮。

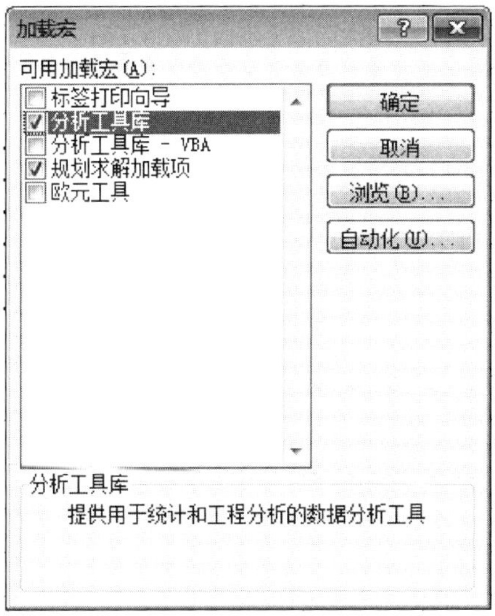

图 40.2　加载规划求解

步骤2：输入最优函数公式。

单击 C10 单元格，输入公式“=SUMPRODUCT(B2:E4,I2:L4)”；这个公式就是最优函数。

步骤3：输入约束条件公式。

单击 M2 单元格，输入公式“=I2+J2+K2+L2”；单击 N2 单元格，输入“=”；单击 O2 单元格，输入 50。

单击 M3 单元格，输入公式“=I3+J3+K3+L3”；单击 N3 单元格，输入“=”；单击 O3 单元格，输入 60。

单击 M4 单元格，输入公式“=I4+J4+K4+L4”；单击 N4 单元格，输入“=”；单击 O4 单元格，输入 50。

单击 I5 单元格，输入公式“=I2+I3+I4”；单击 I6 单元格，输入“=”；单击 I7 单元格，输入 40。

单击 J5 单元格，输入公式“=J2+J3+J4”；单击 J6 单元格，输入“=”；单击 J7 单元格，输入 40。

单击 K5 单元格，输入公式“=K2+K3+K4”;单击 I6 单元格，输入“=”;单击 K7 单元格，输入 60。

单击 L5 单元格，输入公式“=L2+L3+L4”；单击 L6 单元格，输入“=”；单击 L7 单元格，输入 20。

步骤 4：单击【数据—（分析）—规划求解】，弹出“规划求解参数”对话框。

在“规划求解参数”对话框中，在“设置目标”框中选择 C10 单元格；在“通过更改可变单元格”框中选择 I2:L4 区域，如图 40.3 所示。

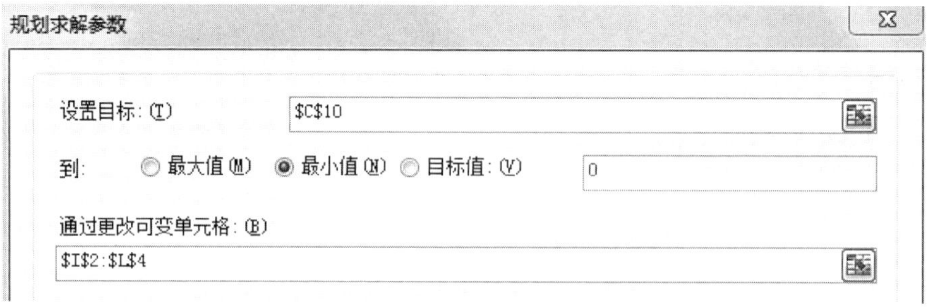

图 40.3　规划求解部分参数

单击“规划求解参数”对话框中的【添加】按钮，弹出“添加约束”对话框。在“添加约束”对话框中，在“单元格引用”框中选择 M2:M4 单元格区域，“关系运算”选择“=”，在“约束”框中选择 O2:O4 单元格区域；至此，第一个条件输入完毕，如图 40.4 所示。

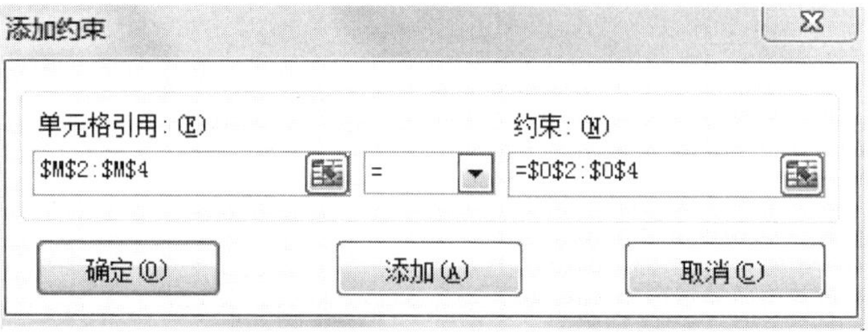

图 40.4　添加条件一

单击【添加】按钮，将约束条件保存，继续输入剩下的几个约束条件。

步骤 5：最后一个约束条件输入完毕后，单击“添加约束”对话框中的【确定】按钮，返回到“规划求解参数”确认对话框，如图 40.5 所示。

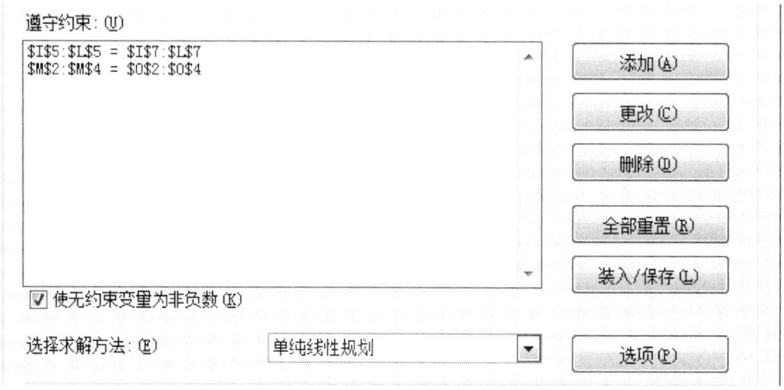

图 40.5　所有的约束条件

勾选“使无约束变量为非负数”选项，确保参数为正数。

由于相关参数采用系统默认，所以直接单击【求解】按钮，计算出结果，并弹出“规划求解结果”确认对话框，如图 40.6 所示。

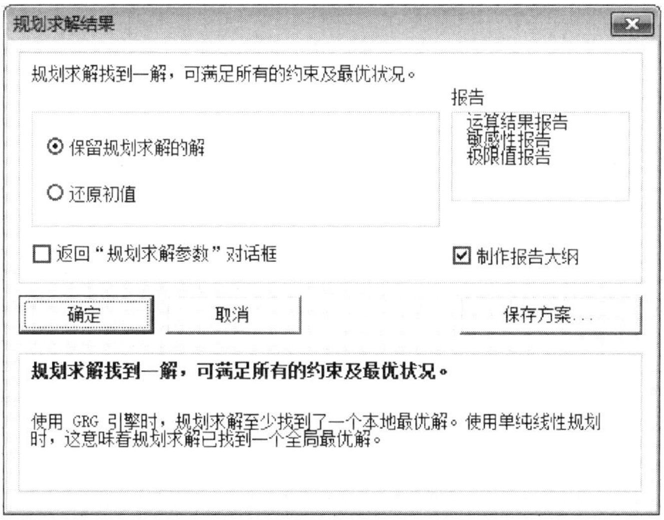

图 40.6 “规划求解结果”确认对话框

勾选“制作报告大纲”选项，单击【确定】按钮。

步骤 6：规划求解的结果直接在“目标”单元格 C10 中，参数结果在“可变单元格”区域 I2:L4 中，如图 40.7 所示。

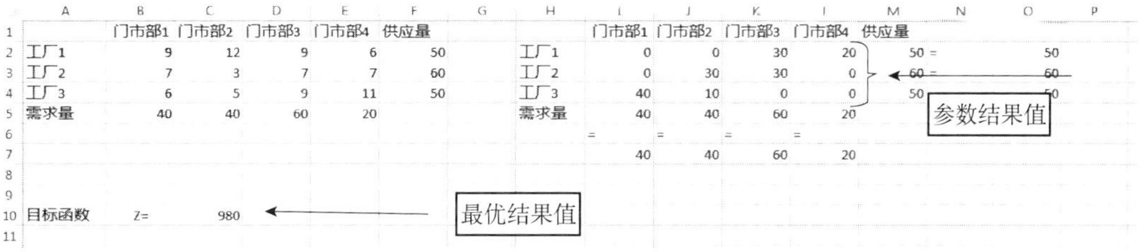

图 40.7 规划求解的结果

参 考 文 献

1. Excel Home. Excel 2010 数据透视表应用大全【M】. 北京：人民邮电出版社，2013.
2. Excel Home. Excel 2016 应用大全【M】. 北京：人民邮电出版社，2018.
3. 汪薇，袁胜，朱秀娟. Excel 2010 高效办公实战 228 例【M】. 北京：中国青年出版社，2012.
4. 庄君，黄国芬，王骞. Excel 财务管理与应用精彩 50 例【M】. 北京：电子工业出版社，2013.
5. 赛贝尔资讯. Excel 在市场营销中的典型应用【M】. 北京：清华大学出版社，2008.
6. 杨小丽. Excel 商业数据分析：实战版【M】. 北京：中国铁道出版社，2018.
7. 周庆麟，胡子平. Excel 数据分析思维技术与实践【M】. 北京：北京大学出版社，2019.
8. 中文 Excel 门户网站论坛. http://club.excelhome.net/forum.php.
9. 扬州工业职业技术学院精品课程网站. http://skyclass.ypi.edu